丝路百城传

丝路百城传

"丝路百城传"丛书编委会和编辑部

编委会

主　任：杜占元

常务副主任：陆彩荣

副主任：刘传铭

委　员：（按姓氏笔画排序）

丁　方　　万俊人　　马汝军　　王卫民　　王子今

王邦维　　王守常　　吕章申　　邬书林　　刘文飞

齐东方　　李敬泽　　连　辑　　邱运华　　辛　峰

张　帆　　张　炜　　陈德海　　胡开敏　　徐天进

徐贵祥　　诺罗夫（乌）　　黄　卫　　龚鹏程

阎晓宏　　彭明哲　　葛剑雄　　谢　刚

编辑部

主　任：马汝军　　胡开敏

副主任：邹懿男　　文　芳

委　员：简以宁　　蔡莉莉　　陈丝纶

NANTONG
THE BIOGRAPHY

江海门户

南通传

黄俊生 —— 著

出版说明

2013年，中国国家主席习近平向世界提出共建"一带一路"的倡议。自提出以来，"一带一路"倡议深刻影响世界，逐渐从理念转化为行动，从愿景转变为现实，建设成果丰硕，得到国际社会热烈响应。

古丝绸之路打开了各国各民族交往的窗口，书写了人类文明进步的历史篇章。新时代共建"一带一路"的实践，为沿线国家和地区相向而行、互学互鉴提供了平台，促进了不同国家和地区、不同民族、不同文化、不同文明的深入交流。

城市是人类文明的结晶。"一带一路"沿线的城市中，蕴藏着人类千年的历史、多元的文化和无尽的动人故事。我们希望通过出版"丝路百城传"，展现每座城市独一无二的历史和性格，汇聚出丰富多彩、生动可感的"一带一路"大格局，增进文化交流和文明互鉴。

这是一次前所未有的出版探索，我们虽竭尽全力，也深知有诸多不足。期待这套丛书能够得到读者的喜欢，也期待更多的读者、作者、专家、学者等各界朋友们对我们的出版工作给予指正。

"丝路百城传"丛书编辑部

第一章　浮海为洲：江与海的儿子
　　据江海扼南北 / 3
　　母亲的足迹 / 6
　　辟我草莱启东疆 / 9
　　消逝的古横江 / 13
　　终于长大了 / 16

第二章　凤鸣青墩：江苏的河姆渡
　　凤凰落脚的地方 / 23
　　一脚踩下五千年 / 27
　　青墩先民的时尚生活 / 32
　　面朝家园 / 36

第三章　五方杂处：华夏移民史缩影
　　从神话里走来的人 / 41
　　贾大夫来了 / 45
　　遗弃在车马湖边的马车 / 48
　　从"五胡乱华"到"废灶兴垦" / 52

第四章　通济天下：因盐而兴的黄金水道
　　西来一水运盐河 / 61
　　刻在碑文上的时光 / 67
　　朱清与海上漕运 / 71
　　古河两岸门第高 / 76
　　通吕运河的乡愁 / 81

第五章 长寿将军：吕岱的"海上凿空"

三国的历史天空 / 87

征战南北大司马 / 91

遣使南海第一人 / 94

高阳荡里悬素棺 / 99

第六章 曲项高歌：骆宾王隐踪之谜

一檄雄文千秋著 / 105

碑掘黄泥拨疑云 / 111

借取五山片壤栖 / 115

第七章 东瀛飞鸟：掘港国清寺与圆仁和尚

汹涌澎湃的航行路 / 121

长江口历险记 / 125

圆仁与《入唐求法巡礼行记》/ 129

掘港国清寺有话说 / 135

第八章 龙袍菩萨：坐观人间沧桑

狼五山仙踪 / 141

穿龙袍的菩萨 / 147

一眼望穿千年 / 153

军山，不得不出世的隐者 / 160

第九章 一步千年：雉皋自古多名士

柴荣的功绩 / 167

白衣帝师的前尘往事 / 169

金龟压钮集贤里 / 174

王观："逍遥逐客"的憋屈 / 177

仙侣天徒是李渔 / 182

　　　　　水绘园之恋 / 187
　　　　　有趣的灵魂与沉浮的人生 / 196

第十章　文山渡海：文天祥的江海遗篇
　　　　　一袭战袍显精忠 / 201
　　　　　遇到张阿松 / 206
　　　　　扁舟朝发卖鱼湾 / 212
　　　　　臣心一片磁针石 / 216
　　　　　留取丹心照汗青 / 222

第十一章　敬亭柳绵：雨打风吹絮满头
　　　　　通州龙城余西人 / 229
　　　　　江岸柳下小麻子 / 233
　　　　　柳将军高光时刻 / 236
　　　　　柳家巷口夕阳低 / 239
　　　　　南腔北调冠古今 / 243

第十二章　一柱楼案：历史衣襟上的斑斑泪痕
　　　　　用栟树和茶树做名字的古镇 / 247
　　　　　孝女蔡蕙·义僧寂然 / 251
　　　　　千古奇冤徐述夔 / 256
　　　　　谁都不是赢家 / 262

第十三章　独领风骚：中国民族企业家的楷模
　　　　　我踏金鳌海上来 / 267
　　　　　敦仁堂里缚竹苦读 / 272
　　　　　南通历史上的第三位状元 / 275
　　　　　洹上村那一夜煮酒 / 279
　　　　　中国近代第一城 / 282

张謇与沈寿 / 288

第十四章　江海丰碑：那些勇敢的行者

他们到来了 / 293

一腔碧血泪雨连 / 296

又见同侪并马归 / 300

苏中七战七捷 / 304

钟楼上的旗帜 / 307

第十五章　钟灵毓秀：老街古巷光阴里的故事

宽街窄巷是凝固的长短句 / 313

寺街的由来 / 317

"顾半街"与珠媚园 / 320

胡状元巧对乾隆联 / 323

李家梅花范氏文 / 326

西南营：静守在历史背影里 / 329

第十六章　江海食脉：东南第一佳味

舌尖上穿越古今 / 335

民风食俗江海韵 / 339

江海老味道 / 343

第十七章　瞰出东方：海上丝绸之路新出海口

孙中山《建国方略》里的吕四港 / 351

从江河到江海的华丽转身 / 355

向海图强 / 359

大事记 / 363

后　记 / 365

NANTONG
THE BIOGRAPHY

南通 传

浮海为洲：江与海的儿子

第一章

据江海扼南北

启东寅阳圆陀角，江苏第一缕阳光在这里升起。

圆陀角向东700公里，韩国济州岛就孤悬在苍茫的大海之上。如果在圆陀角与济州岛之间拉一条直线，你站在圆陀角之上，右手一指就是东海，左手一指就是黄海，你脚下就是东海与黄海的分水线。长江从唐古拉山各拉丹冬雪峰蜿蜒而下，流经万余里，绕过崇明岛，分两路扑入大海，南路从上海宝山入海，北路从启东寅阳入海。

如果，你从海安老坝港出发，沿着范公堤向东，经过小洋口、通州湾、吕四港，在南黄海岸拐个弧弯，便抵达启东角，也就是人们习惯称呼的寅阳蓼角嘴（又称廖角咀），长江与东海、黄海交汇的地方。在这里，大海与长江欢快地拥抱，风光旖旎，气象万千。

情形就是这样的。南边的长江岸线与北边的黄海岸线在启东寅阳握手，环抱一片8000多平方公里的半岛，人们把这半岛称作江海平原，这高处仅高出海平面两人之高、低处只高出海平面一人之高的冲积平原，名字叫作南通。

南通是江海的儿子，所谓"据江海之会，扼南北之喉"说的便是南通。南边是长江，与苏州、上海隔江相望，东边是大海，西边与泰州、扬州连在一起，北边则是海滨城市盐城，以盐城为走廊，连接广袤的苏北平原，通过铁路

狼山日出美景迷人

与欧亚大陆桥相连,从长江口出海,可达中国沿海和世界各港,溯江而上,可通苏、皖、赣、鄂、湘、川六省及云、贵、陕、豫等地。

这是我国最年轻的土地之一,南通主城区崇川区以及所辖海安、如皋、如东、启东、通州、海门六县市区范围内,除军山、剑山、狼山、马鞍山、黄泥山这五山为境内唯一的浅丘群外,其余都是低平的冲积平原,在长江三角洲26个城市中,南通与上海同处三角洲洲头,从空中俯视,长江下游像昂首向天的龙头,入海口则是张嘴吟啸的龙口,龙的上颚是南通,龙舌是崇明岛,龙的下颚就是上海。

南通境域按地理变化和历史渊源,大致分为北、南两部。南通北部的海安、如皋一带,春秋战国时期隶属吴、越、楚等国,东晋义熙七年(411)置宁海、如皋等县,属海陵郡,这是南通北部地区建县之始,而今天的南通南部的启东、通州、海门,旧称通海地区。

五六千年前,南通南部白浪滔天,与如今的十里洋场、国际都会上海一起,还在海底沉睡,等待横空出世的第一声啼哭。很难想象人类在这里能够生存,即使推断有零星人群居于皋丘,也一定是被潮汐驱赶来驱赶去,无法定所。人们无法用文字书写这段历史,哪怕最富有才情的文学家,面对这幕空白的场景也束手无策,这种沮丧的情绪,影响着后来的史学家们。2400年前的《左传》里说:哀公十二年,"卫侯会吴于郧",有注释称,"郧"是海安立发乡的古地名,鲁哀公十二年(前483),卫、吴国君在海安立发举行了会晤。这一极简的文字,算是这一境域里最早的人类活动文字记录,但它的确定性却成疑团,留给后来人去揣摩、推测。

与人类履迹罕见不同的是,大量白暨豚、江豚、中华鲟却选择在这里栖息、繁衍。白暨豚现在几乎已经灭绝,江豚也被列入《世界自然保护联盟濒危物种红色名录》。生活在这里的江海交汇处的江豚,是一种窄脊江豚,本地人称它为"江猪",它在地球上已经生活了2500万年,喜欢栖于咸淡水交界的海域,也能在大小河川的淡水中生活,在长江甚至能上溯到宜昌、洞庭湖和鄱阳湖。作为地球原住民之一的中华鲟,其生存历史要比江豚久远得多,据科学考证,它最早出生在距今1.4亿年前的侏罗纪,时名北票鲟,西周时期叫王鲔鱼,现代人称它"长江鱼王""水中大熊猫"。中华鲟非常痴迷旅行,夏秋两季,它们从黄海回游到长江,历经3000多公里的溯流搏击,回到金沙江产卵繁殖,待幼鱼长大到14厘米左右,又携带它们旅居外海,几乎整条长江,都留下它们的行踪。

这就带来了一个疑问:是什么原因让苍莽雄浑的江海据会之所,成为远古水中生物的自由王国?无他,食物。江豚喜食青鳞鱼、玉筋鱼、鳗鱼、鲈鱼、鲚鱼、大银鱼和虾、乌贼等,中华鲟主食栖息于水底层的蛇鲲属、蛹属鱼类和鳞虾、蚬类食物。长江之水从上游冲决而下,挟来大量泥沙,也带来丰富的微生物,积淀在淡水咸水汇合之处,给生活在海口的鱼类提供了充裕的养料。大鱼吃小鱼,小鱼吃小虾,这样的食物链,便是亘古不变的自然法则。

母亲的足迹

这是一则关于母亲的故事。

当长江的第一滴水从唐古拉山最高峰坠落的时候,也许没想到会走离家乡那么远,远到6380公里外的东海,这一长途跋涉,让她成为世界第三长河,仅次于非洲尼罗河与南美洲亚马逊河。远古时代,长江曾经向西流入地中海,流入欧洲与非洲之间的内海,这一匪夷所思的流向,源于地球东高西低的地理构造。300万年前,地壳再次运动,喜马拉雅山以惊人的速度撑破穹宇,青藏高原、云贵高原次第形成,长江西去的路途被阻,转过头向东而来,于是,华夏母亲河诞生了。

对逐水而居的华夏子民来说,这条贯穿东西的母亲河,流淌的不仅是滋养生命的奶水,还是沟通人类之间情愫的一条纽带。"我住长江头,君住长江尾。日日思君不见君,共饮长江水。"悠悠长江水,既是相隔千里的天然屏障,又是一脉相通的原生载体;既是悠悠相思、离愁别恨的象征,又是永恒相爱、遥寄相思的见证。但无论居住长江头还是长江尾,只要喝一口长江水,血管里就流淌着同样的血。

像天下所有负重前行的母亲一样,长江一路走来艰难而惊险。她穿过青藏高原的雪山峡谷,淌过四川云南的草甸荒滩,在湖北、湖南、江西、安徽汇合一条条涓涓细流之后,走向她的归宿地。一路之上,她的乳汁滋养了无以计

滩涂拾贝归来

数的华夏子民，留下无数令人心驰神往的神话传说，这些神话传说，激发着文学家与艺术家的诗情。当她告别大别山和黄山，最终从山峰叠嶂、峡谷纵横之中走出，经过南京继续东进的时候，脚步迟疑了：从哪里走进大海？

现在的长江入海口在崇明岛以东，如果上溯到远古，情形一定不是这样的。同样的想法，也无数次出现在当代人的心中。1961年，在如东县掘港郊区，人们挖出一条海船大铁锚，8个壮汉没能抬动；1963年，在铁锚附近又挖到一只10多米长的海船，船上还有一些古陶瓷；1969年，如东县双南乡地下6米的一根古船桅杆出土；1973年，如皋市几个小孩在池塘玩水，从河里摸到一块很大很大的木板，村民们很奇怪，下水摸索，在河床淤泥里找到一条古船，打捞上来一测量，船长超过17米，宽超过两米半，高1.6米，船上还有唐代瓷器用品和唐代制钱，这一年，在如东县新店与通州区石港之间，专家又挖出一条唐代古木船；1984年，如东汤园乡长田村村民在荷塘挖藕，连同藕一起挖上来的，还有一截近10米长的独木舟。这一艘艘古船，以及船上的陶瓷等生活物品的发现，似乎在告诉人们，这些沉船背后一定有故事。有人在地图上将出土的古沉船位置标示，大体呈直线状，人们猜测，这条直线所显示的应当是一条古河道，而这条河道，很有可能就是古长江。

对这一猜测给予肯定的，是中国科学院院士、南京大学地学院院长王颖教授。20世纪80年代，王颖院士在如东开展海岸带普查，发现距离长江入海口北侧50公里南黄海的大洋口海域，竟然有多条海底河道，最宽处有10公里，附近数座沙洲呈幅射状向深海延伸。一位渔民告诉王颖院士，有位船老大在这海域放了一网，竟然捕到50吨黄鱼，足足拉了二十几牛车。这让王院士陷入深思：如东沿海100多公里海岸线，为什么其他地方均是浅海，只有这里的水如此之深？王颖院士带着人几次出海，采用地震钻探、比对手段，确认这条古河道就是35000年前的古长江入海口，古长江从这里进入黄海，注入冲绳海槽，最终进入蔚蓝的太平洋。王颖院士给这片海域定了一个海洋地理学专属名词：蓝沙洋。

让人猜测的谜团揭开了。蓝沙洋的发现，使古长江有了完整的旅行线路图，更值得关注的是，它为南通是海上丝绸之路黄海航线上的重要转运站这一史实，提供了洋流潮汐与气候风向的肯定依据，而那一艘艘沉船的发现，则证实了南通作为海上丝路的驿站，至少在唐朝已经成熟。

辟我草莱启东疆

商周时期，南滨长江北临黄海的扬州，向东延伸出一个半岛，史称扬泰古沙咀。到了春秋战国时期，当北方战火纷飞、兵戎攻伐之际，长江还在为它的归宿寻找出路。居住在长江之头的人们，不仅早就用青铜铸造鼎、尊、彝这类祭祀重器，而且大量铸造铁器并将之运用到生产与生活之中，处于长江之尾的人们，却仍在为寻找落脚的地方而发愁。

这里是海头江尾的一个沙洲，荒凉滩地与盐碱沙窝上，生长无数芦苇和盐蒿草，但见芦花垂摆着头唉声叹息，盐蒿草在江风里低声絮语，偶尔有螃蟹从一个洞穴钻进另一个洞穴，间或一只野雉突然飞出草窝，惊得刨食草根的麋鹿抬头四望。这样的画面，也许就是当初"扶海洲"的场景。那个时候，古扬泰沙咀以东大片土地还沉睡在海水之下，唯有扶海洲，也即今天的如东县境，才刚刚形成小沙岛，漂浮在茫茫大海之上。

据《长江历史图谱》显示，3000年前，椭圆的扶海洲东西长，南北窄，在海水里荡漾，孕育着生命。它的南边，以无锡、苏州、常州为传播地的吴文化已经发育成熟。扬州与镇江镇守的江口，江面狭窄，水流湍急，犹如关隘，高大威猛的勇士，似乎只需奋力一跃，便可从江这边跳到江那边。过了隘口，前面豁然开朗，江面呈现喇叭形状，江水放慢脚步，从容地绕着扶海洲去与大海汇合，长江与大海就在烟波浩渺之中堆土造田，聚沙为岸。

如东东湖上的沙洲就是当年扶海洲的样子（赵卫东 摄）

　　扶海洲以及后来的大小沙洲，都是长江这位搬运工的杰作。千万年来，它把大量泥沙搬到长江口，使其沉积，慢慢长成沙洲。长江过了扬州，主泓甩了个头，偏向东南而去，江口的泥沙在北侧遇到海水顶托而淤积，黄河入海带的泥沙又从北向南压过来，浅海海床逐渐升高，形成了水下三角洲，渐渐露出海面成为沙洲。于是，扶海洲诞生了。

　　"秦汉时东阳废县，在州东百里。其东有长洲泽，又东有扶海州"（清《扬州府志》），说的是扶海洲至少在秦汉之前的位置。长洲泽在今如皋以东附近，是当时长江口北岸沙嘴延伸处的滩涂淤地。史载：长洲泽多麋鹿，千麋成群，掘食草根，其处成泥，名叫麋畯（麋群践踏过的田地），民众在此种稻，收获颇丰。麋鹿头像马、角像鹿、蹄像牛、尾像驴，俗称"四不像"，一度差点在地球上灭绝。

　　扶海洲最初叫"浮海洲"，后来的学者根据这块卵形沙洲奇特身世，推测名字的意思是"从海里浮出来的沙洲"，现代人叫"扶海洲"，则有"扶海为洲"的意思，这称谓始见于《后汉书·郡国志》，曾一度作为一种文化标签，进入南通人的文化记忆里。没有文字记载3000年前扶海洲有人类居住，这是不可思议的事，连想象一下都难。可是，民间却广泛流传一则故事：古代有兄弟三人，经过长途跋涉，抵达这茫茫沙洲。他们不畏海浪肆虐，不畏海风侵袭，日出而作，日落而息，日复一日，年复一年，在扶海洲留下了第一行足迹，收种了第一茬庄稼。后人敬仰他们开疆拓土精神，奉他们为沙洲先民，遂立庙祭祀，庙门东开，面对大海，匾额上题有"辟我草莱"四个大字，意为披荆斩棘，开辟荒滩。这段传说记录了扶海洲最早的人类活动踪迹，兄弟三人来自何方？于何年何时登岛？无考。

《后汉书》注有一段记载，让人们有了想象的空间。注中说，刘邦侄儿吴王刘濞的封邑广陵郡（今扬州）之东有扶海洲，"扶海洲上有草名蒟。其实食之如大麦，从七月稔熟，民敛获至冬乃讫，名曰自然谷，或曰禹余粮"。这是不是可以说，三兄弟自长洲泽而来，他们凿巨木以为舟，涉险东渡，登上扶海洲，见一种叫"蒟"的野草像大麦一样可食用，遂广而种植，乡人闻之，啸众来聚，于是，扶海洲便有了第一代移民呢？

这也许不是凭空想象，因为，1984年扶海洲西南部的汤园乡出土了一艘古代独木舟，虽然不能认定这就是三兄弟斫凿的那艘，但经C14测定，独木舟木材年代距今2000年左右。这意味着，至少在汉代，扶海洲就有人类居住，其年代与《后汉书》所载大致相同。

扶海洲与大陆的合拢，是南通成陆史上第一次大并接，大约发生在三国之后。西晋（265—317）时代，长江北岸主流收缩为一条夹江，横亘在大陆与扶海洲之间。夹江以优雅的脚步、袅娜的身姿，冲刷着刻满沧桑记忆的岁月，走向黄海。人们不再像早先那样斫木为舟，绑扎木排，涉险漂洋过海，而是可以轻而易举地横跨夹江，扶海洲日渐繁华。东晋（317—420）扬泰古沙咀东扩，扶海洲渐趋成熟，夹江收缩为一条由西南而东北走向的小河，古称小芹河。东晋太元七年（382），小芹河默默地告别河的形态，淤塞为陆地。至此，扶海洲历经数千年淤涨，终于与大陆连为一体，取代古扬泰沙咀，成为新的廖角嘴。

唐代，新沙咀非常出名，地理学上叫"唐廖角咀"，又叫如东古沙咀。如东古沙咀西边为大陆的一部分，南、东、北三面临海，形成弧形岸线，与长江断绝了联系。那个时期，淮南盐业兴盛，处于漕运枢纽中心的扬州，凸显经济中心地位，如东古沙咀吞江吐海，既是漕运通道，又是军旅航途，还是扬州门户、东疆要冲，其最东端的掘港，商贾云集，百业兴旺，一度号为"小扬州"。清代通州人李琪写过《崇川竹枝词》一百首，其中有一首专写扶海洲。通州是南通旧称，因这一带襟江带海、地势崇高，故而，北宋天圣元年（1023）一度改通州为崇川。李琪词曰：

淮南江北海西头，中有一泓扶海洲。
扶海州边是侬住，越讴不善善吴讴。

这首《竹枝词》准确地道出扶海洲的地理位置，描述扶海洲居民偏爱吴地民歌的风俗，反映出扶海洲莺歌燕舞、歌舞升平的繁华情景，是"小扬州"最直接的诗性写照。

消逝的古横江

扶海洲与大陆涨接之后,沙洲如雨后春笋般诞生,势头不可阻挡。不久,一个重要的大型沙洲出现了,这就是后来成为南通主城区也即崇川区的"胡逗洲"(亦称壶豆洲),在古如东沙咀南侧浮出水面。沙洲四边环水,洲上水泊、河道交织,封闭的环境与农渔盐生产的自给,使沙洲民风淳朴。宋初,乐史在《太平寰宇记》中写道:胡逗洲在海陵县(今泰州)东南两百三十八里海中,东西八十里,南北三十五里,民众多流人,煮盐为业。

西汉末年,王莽篡权,胡逗洲开始在水下孕育,到南朝(420—589)时期诞生。南朝,这由四个汉族建立的宋、齐、梁、陈王朝,上承东晋,下启隋朝,与北方黄河流域鲜卑人建立的北魏、东魏、西魏、北齐、北周等政权对峙,合称"南北朝"。与人间朝代更迭、兵燹频繁相同步,长江口也处在动荡嬗变、沙涨沙退之中,胡逗洲东边海上,浮出大大小小数十个沙洲。那时,胡逗洲以西陆地,曾设立一批县级行政建制,如蒲涛、临江、海安、如皋、宁海,这些县后又分别裁撤,到唐代并入海陵县。

"胡逗洲"最早出现于史籍,与一桩历史事件和一个叫侯景的墙头草式的历史人物有关。侯景其人,读过历史的应该不会陌生。南北朝时,侯景为北方东魏大将,投降了南方梁朝,又与西魏暗通款曲,后以"清君侧"之名叛梁,活活饿死梁武帝,把一个昌明繁华的梁朝搅得四分五裂,走向衰亡。史书将这一事件称作"侯景之乱",当时官评就说侯景"狡猾多计,反覆难知"。虽然,侯景曾以八千兵力横扫梁军,攻陷梁都建康,最终依然没逃过众叛亲离、身首异处的凄惨收场。

隋唐时期史学家姚察、姚思廉父子合著的《梁书》共有五十章"列传",其中第五十章专写侯景,文字居然长达一万八千字,这在古代史书中十分罕见。姚氏父子对侯景之乱的结局如此记述:

> 王僧辩遣侯瑱率军追景。景至晋陵,劫太守徐永东奔吴郡,进次嘉兴,赵伯超据钱塘拒之。景退还吴郡,达松江,而侯瑱军掩至,景众未阵,皆举幡乞降。景不能制,乃与腹心数十人单舸走,推堕二子于水,自沪渎入海。至壶豆洲,前太子舍人羊鲲杀之,送尸于王僧辩,传首西台,曝尸于建康市。

关于侯景之死,《南史·羊侃传》中记述得更为详细:

> 景于松江战败,惟余三舸,下海欲向蒙山。会景昼寝,鹍语海师:"此中何处有蒙山?汝但听我处分。"遂直向京口,至胡豆洲,景觉,大惊。问岸上,云:"郭元建犹在广陵。"景大喜,将依之。鹍拔刀叱海师使向京口。鹍与王元礼、谢答仁弟葳蕤,并景之昵也,三人谓景曰:"我等为王百战百胜,自谓无敌,卒至于此,岂非天乎?今就王乞头以取富贵。"景欲透水,鹍抽刀斫之。景乃走入船中,以小刀抉船。鹍以槊入刺杀之。

根据《梁书》与《南史》描述,侯景的结局是这样的:

侯景在松江被击败后,将二子推入水中,率心腹侍卫数十人向东仓惶逃窜,准备乘船从今上海西入海,逃往今山东境内的蒙山。船离岸后,侯景蒙头睡觉。侯景的小舅子羊鹍,已经萌发背叛侯景的念头,他吩咐船工听从自己的命令,改变航向,向西溯江驶往京口,暗地里去投靠梁军大营。船到了胡逗洲，侯景察觉行船方向不对，上岸打探，胡逗洲上有人告诉他，郭元建还在胡逗洲西边的广陵，侯景听后非常高兴，有心去广陵投奔郭元建。羊鹍不乐意了，拔出刀来胁迫水手将船开向京口。羊鹍和王元礼、谢答仁的弟弟谢葳蕤，都是侯景最亲近的人，三个人对侯景说："我们为大王作战，百战百胜，自以为天下无敌，而今竟至如此，岂不是天意吗？如今向大王求取头颅以谋富贵。"侯景一见，势头不妙，想跳水逃跑，被羊鹍拦住，侯景转身躲进船舱，用小刀挖洞欲逃，羊鹍持长矛破开舱门，将其刺死。"侯景之乱"就此收官。

从以上记述看，胡逗洲在梁朝时，经济社会发展已达到一定程度了，住民不仅能告诉侯景，胡逗洲西边就是广陵，还能告诉他，郭元建仍然驻扎在广陵，这足以说明，胡逗洲与外界保持畅通的联络，并非是孤悬寂寞的沙洲。

当侯景在胡逗洲江面蘸着鲜血，为自己发起的这场动乱画句号的时候，胡逗洲与大陆之间还横亘着一条长江入海水道，这条水道最宽处曾宽达七八十里，史书称作"古横江"。让人始料未及的是，这强悍的江道海沟，到隋唐时期竟变得柔弱不堪。唐天宝年间（742—756），开创过大唐盛世的风流天子唐明皇，最终把大唐领向衰败，安史之乱让他失去最宠爱的贵妃，也失去自己的帝位，只得终日在太极宫里追忆曾经的纤云弄巧、霓裳羽衣。此时此刻，长江走了上万年的入海通道，也被自己带来的泥沙所壅塞，只有小股小股的细流兀自低吟浅唱，徜徉徘徊。新千禧年来临之前，也即五代十国和北宋初年之时，古横江最终消失，胡逗洲与廖角嘴涨连一体，南通成陆史上第二次也是最重要的一次沙洲并接完成。

这次沙洲连陆，致使黄海海岸线内凹，处于海岸线的掘港、马塘、石港、金沙、余西、吕四，形成马蹄形海湾，地理学上称"三余湾"，其西部顶端即今通州区的石港，时称"卖鱼湾"，南宋末年，文天祥逃脱元军大营后，就在卖鱼湾渡海南下抗元。南宋建炎二年（1128），黄河南迁夺取淮河河道入海，近岸泥沙沉积大量增加，马蹄湾湾底岸线逐渐东移。1494年（明弘治七年），黄河全流夺淮，从盐城响水入海，三余湾岸线每年向大海延伸100多米，长江加速了她在入海口积沙造岛的步伐。

终于长大了

海门，南通的一个区，这个名字用了至少1000多年。

海门这个地名，不属于南通专享，浙江、广东都有。通常，一个地名在悠长的历史长河里总会发生几次更名、变化，譬如南通主城区崇川，在1000年的建制史上，就曾有狼山、静海、通州、崇州、崇川这些称谓，而海门于后周显德五年（958）与静海同一天设县后，就基本固定下这个名称。

北宋之前，胡逗洲以东水面出现顾俊沙、东洲、布洲以及名称已失考的许多小沙洲，这些沙洲均处于长江入海口，便有一个共同的名字：海门岛。那个时期，长江的脾气有点捉摸不定，主泓在入海口像龙的尾巴一样扫来扫去，一会儿向北贴近，一会儿朝南靠拢，致使江口的沙洲涨了坍，坍了再涨，极不稳定。顾俊沙几经涨消，最终形成崇明岛主体，东洲和布洲涨成一个洲，叫东布洲，成为海门县的主体，并且与西边的胡逗洲紧密结合为成陆地，海门岛其"岛"的形态消失了，海门岛这个名字逐渐被人淡忘，但"海门"作为海门岛的历史记忆，却一直沿用至今。

万千世界引人无限遐想，曾有传说，9000多年前，浩瀚的大西洋中有一岛，岛上有一个富足的国家，人民陶然自乐，尽享繁华。忽有一天，这块美丽富饶的岛屿悄然消失了。这个传说虽然很美，但毕竟是传说。而在波涛滚滚的黄海之上，海门岛倏忽间涨，倏忽间消，却是确切的存在，故事就发生在几百年至一千年之间。

有多部历史典籍清晰地记载过海门岛。南宋祝穆编撰的《方舆胜览》最先提到"犯死获贷者多配隶登州沙门岛、通州海门岛";明嘉靖年胡宗宪的沿海军事图籍《筹海图编》标识海门岛位于黄洋沙和甜水港东北的海中;明万历《通州志》记载"海门岛在州东北海中,宋犯罪者都有配于此。今没于海"。清咸丰年间通州人曹长恩在《东洲偶闻录》中的描述,不仅详细,还很具文学色彩:"海门岛居东海中,其形如伞如菌蕈,流人又称之为菌子洲,菌柄对陆地,菌伞对大海,柄长十四五里,宽可三四里,伞最宽处八十里,渐向海外伸展紧缩呈一穹窿形。"直接用文学样式来描述海门岛的则是清代诗人陆进,他近六百言的《海门岛赋》开宗明义地说:岛"在东南海中。兹登狼山眺望东北,隐隐一痕,其即是舆"。

海门岛一度是五代吴国的经济中心,重要的渔业、盐业生产基地。它们雄踞江口,犹如出入江海的门户,控制海上交通,乃兵家必争之地,钱镠吴越与杨行密吴国经常在海门发生争战,抢夺这块蛋糕。《五代十国大事件编年·公元919年四月》中记载:

> 梁命吴越大举伐吴,钱传瓘率战舰五百艘与吴将彭彦章大战于狼山江。传瓘命每船皆载灰、豆、沙,战起使顺风扬灰,吴人目不能开;及船舷相接,使散沙于己船而散豆于吴船,豆为战血所渍,吴人践之皆僵仆。传瓘因纵火焚吴船,吴兵大败,彦章自杀。传瓘俘吴裨将七十人,斩首千余级,焚战舰四百艘。

这段叙述颇有意思。吴越主帅钱传瓘诡计多端,把能想到的计谋都想到了,其手段迹近无赖。钱传瓘受后梁指派,从海门岛集结,溯江至狼山江面,与彭彦章率领的吴军水师遭遇。钱传瓘下令抢占上风上水,取得地势之利,在上风向敌方扬石灰、草灰,迷敌眼目,吴军水兵连呼吸都困难,在双方战船交接时,向对方甲板抛撒黄豆、赤豆,令敌站立不稳而滑倒,再用火箭攻射敌船桅帆,吴军战舰几乎焚毁殆尽,主帅彭彦章被迫自刎。

沪苏通长江大桥

　　战争没有永远的赢家。吴越与吴国连年征战，互有胜败，均疲惫不堪，还是罢战息伐，才获得修生养息机会，和平共处数十年。吴越与吴国罢战期间，东布洲与通州大陆完成连接，长江北岸砂咀扩展到现在的启东东部一带，其东南顶端古称宋蓼角嘴。东布洲的连陆是南通成陆史上的第三次沙洲大并接。

　　在接下来的时间里，情况就比较复杂了，长江口就像军阀混战一样，局面乱成一锅粥，潮涨潮落，沙涨沙退，今日是沙岛，明天为汪洋，人们随着岸线进退而迁徙，田无固畴，家无定所。公元958年海门建县之初，曾是长江口北岸一个大县，有三乡一镇，户口一百二十里，按一里作一百一十户计，达一万三千户。宋元以来，海门县沿江地带多次发生水灾，县城东洲镇屡遭江潮巨涛冲击。从元至正年到清康熙年的300多年间，海门县因坍塌而多次迁移县城，县境除吕四一角外，几乎没有土地了，只得割借通州部分土地，维持残局。清康熙十一年（1672），海门县不得不撤县为乡，并入通州。与此同时，通州东部盐场也被江潮侵蚀殆尽，金沙镇以东到吕四，只剩东西长、南北狭的半岛，楔入海中。

令人惊喜的是，到了清代，通州东南、崇明岛以北的长江水道中，又冒出来数十个沙洲，这片水域原为海门县坍塌的范围，就是说，海门县又长出来了。土地是农民的命根子，新沙出水，通州、崇明县两地以及江南的农民纷纷登陆，进行围垦，由垦民争地而引起的纠纷不断，于是，江苏巡抚报请清廷设立海门厅，归江苏省管辖，以平息争沙纠纷。清乾隆三十三年（1768），通州、崇明两地划出40个沙洲，建立海门直隶厅。

海门设厅前后，东南海口附近又涨出了一些沙洲，最早出现的是惠安沙，其后四周又有永丰沙、永泰沙、永兴沙、永旺沙等新沙长出。由于这些沙洲接近崇明县，大多由崇明移民开垦，归崇明县管辖，时称"崇明外沙"。这些沙洲在清光绪年间（1871—1908），终于和通州陆地连成一体。1928年，在崇明外沙设立启东县，以此为标志，南通东部境域最终形成。

南通，在长江与大海中苦苦挣扎了5000多年，终于长成今天的模样，成为中国年轻而极具活力之地。

NANTONG
THE BIOGRAPHY

南通 传

凤鸣青墩：江苏的河姆渡

第二章

凤凰落脚的地方

"凤鸣青墩"是江海平原最美丽动人的故事,5000多年文明史的演绎,都源于那可爱的凤凰。

海安沙岗乡(现为南莫镇)青墩村,从高空俯瞰,活脱像一只引吭高歌的凤凰,"凤鸣青墩"的传说在这里流传了5000多年。相传,在淮水一带巡视的伏羲,看到祥云托着一只美丽的五彩大鸟,翩翩降落在一棵梧桐树上,大鸟一声啼鸣,百鸟纷纷飞集而来,争先恐后地朝着美丽的大鸟齐鸣。伏羲见到如此奇异现象,忙召来木神句芒问个究竟。句芒笑着对伏羲道:"这是百鸟朝凤、有凤来仪的吉兆啊!"直到今天,还有人信誓旦旦地说,他确确实实在一个清晨听见凤凰的鸣叫,那声音,高亢而清亮,响遏行云,跟神话传说中描绘的无异。

在中国,哪里有神话传说,哪里就有凤凰,哪里有凤凰,哪里就有神话传说。凤凰栖息的地方,是人们心中的百福祥瑞之地。

青墩是一个四面环水的土墩。在天气晴好的时候,站在村中央环顾台地,可以看见有些迷茫空濛的阳光下,秀逸的凤尾草和挺拔的芦苇随风摇曳,低声叙说村庄的前世今生。还是5000多年前的模样,它从大海里一路走来的全部秘密,就深藏在土墩那黑油油的地底下。直到20世纪70年代初的一天,村里一位农民去南通城里办事,随步逛到中国第一家公共博物馆南通博物苑,在橱

这么个不起眼的四面环水的土墩，却埋藏着六千年的历史。（张光林 摄）

窗里看到陶罐、玉璧、鹿角化石，撇了撇嘴说："这些呆艮（东西）有什么稀奇，到我们青墩可以用拖拉机整车地拉。"这话恰好被一位叫邱丰的南通博物苑研究人员听到，立马向他打听细节。几天后，邱丰带着几人摸到青墩，站在正在开挖的青墩新河工地放眼一望，顿时惊呆：满河坎都是陶罐碎片和兽骨化石，一些完好的陶钵被当做鸡食盆随意扔在农民家门口。这是灰陶豆，这是黑陶罐，这是麋鹿骨化石，这是上古玉器，都是宝贝啊！于是，长江北岸、淮河东岸远古先民的生活场景，连同那沉寂了数千年的凤凰传奇，就这样不经意却又石破天惊地重回人们的视线，人们好奇地探索状若凤凰的土墩，就像当年伏羲好奇地打量百鸟来朝的凤凰一样。

伏羲是华夏民族人类始祖，汉代以后，人们尊奉伏羲是"东方青帝太昊伏羲氏"。这尊号背后，其实是一个历史误会，而且还是人们故意为之的误会，把本来的两个人说成一个人，就连郭沫若也在《中国史稿》中说："太昊，号伏羲氏。据说，伏羲作卦已是父系社会的事了。据记载，'陈，太昊之墟也'，今河南省淮阳县。那么，太昊应当是淮河流域的氏族部落想象的祖先了。"

伏羲与女娲所处的时代,史学家叫它母系社会向父系社会过渡期,考古学家称之为旧石器晚期向新石器早期过渡期。兄妹二人有个伟大的母亲,母亲没有名字,是一个叫作华胥部落的女首领,所以就叫"华胥氏"。没有人知道伏羲、女娲的父亲是谁,无奈何,战国道家学者列御寇就在其《列子》中杜撰了个故事:伏羲的母亲华胥氏,年轻的时候与小伙伴在雷泽玩儿,发现沼泽地上有一巨大的非猿非人的足印,雷泽居住一位人首蛇身的雷神,这脚印很有可能就是雷神留下的,华胥氏好奇地赤脚踩上去,与大脚印做比量,不料想,回去后竟然受感怀孕,这一怀孕,就怀了十二年零两个月,产下一个人首蛇身的男孩。女娲像她哥哥一样,也是人首蛇身,但没有人知道她父亲是谁。不过,这与华胥氏所处的母系社会状况相符合。那个时候,不是一夫一妻或一夫多妻或一妻多夫制,家庭伦理与君权神授思想远未产生,谁做孩子的父亲,都合理。

伏羲、女娲的母亲是位非常了不起的女首领,她带领着部落四处征战,不断游徙,足迹遍布黄河流域,开创了中华渔猎、农耕文化,创造了璀璨的华夏文明,"华夏"之"华",也源于华胥之"华"。伏羲子承母业,将渔耕文化向长江流域、淮河流域传播,教民织网耕耘,演算八卦。作为东夷部族生活在淮河之东的海安青墩先民,一定在这个时期接受了伏羲的教化。

这不是臆断。伏羲的脚步频繁出没于江淮两岸时,海安早已成陆,海安西部青墩台地一线,西周时期就连成陆地。海安面朝黄海,海水经常浸淹农田,南朝设县取名海安,有"永不扬波"之意。不过,海安这个名字在漫长的历史进程中,单独使用的时间并不长,只在南朝与唐朝各使用过十数年,其他时间里,不是另有冠名,就是建制归属其他郡县,直到1948年才固定下称谓。

海安处于苏北里下河边缘。里下河不是一条河,它是以兴化为中心,由宝应、高邮、江都、泰县、东台、盐城、阜宁、淮安连线圈起来的一片潟湖湖区,地势低洼如锅,兴化为锅底。很久以来,里运河简称"里河",串场河俗称"下河",潟湖区处于这两条河道之间,所以,里下河地区也称里下河平原。这是个多灾多难的平原,公元前486年,吴王夫差为北上中原争霸,利用江淮之间的众多湖泊,开挖了沟通江淮的邗沟,以通粮道。此后这里逐渐得到开发，成为富饶的鱼米之乡。但历史上几次黄河夺淮，尤其是宋金对峙时的 1128 年，金朝听任黄河游徙，夺取淮河入海，破坏了淮河下游的水道系统，淮河从此变为东突西窜的猛兽，里下河灾害频发。历代政权为了保证漕运通畅，遇到大水时，常常不惜打开里运河，分泄洪水，里下河民众蒙受巨大灾难。海安就在这巨大的灾难之中喘息。

一脚踩下五千年

青墩究竟有没有凤凰栖息，只有到神话传说里去寻找答案，但作为里下河一块台地沙岗，既承受了大海的恩赐，又被大海潮汐涨落所驱赶，青墩先民创造的"代表当时中国文化最先进水平"的历史和"居于最前沿位置"的文明（江苏省社科院研究员吴功正语），一夜之间神秘消失，任何史书都没留只字片言，只有青墩人用"唱凤凰"的说唱形式，挽留那段灿烂的时光。许多年后，里下河人依然在农闲时节，舞动着彩纸裱糊的凤凰神鸟一唱一和：

一轮明月照九洲，
小小凤凰到桥头。
什么人造桥什么人修？
什么山上出石头？

一轮明月照九洲，
小小凤凰到桥头。
张班造桥鲁班修，
栖霞山上出石头。

一轮明月照九洲，
　　请把石头说根由。
　　石头上面几个眼？
　　哪个眼里出犀牛？

　　一轮明月照九洲，
　　我把明月说根由。
　　石头上面三个眼，
　　当中的眼里出犀牛。
　　……

　　沉寂与重现在倏忽之间转换，似乎在玩捉迷藏。人们对于青墩文明的复出，不仅惊奇，还很惊喜。考古界此前一直认为江淮东部没有新石器史前遗址，京杭大运河以东地区文化史从何起算悬而未决，青墩遗址的发现，把江海平原的成陆史，由2000多年前一下子追加到5000多年前，整整推进了3000年，江海文明终于找到了源头。

　　两万多平方米的青墩台地，发掘面积才400多平方米，揭开的秘密仅是冰山一角，却足以让人震撼。每个走进青墩的人，都会把脚步放慢、放轻，生怕惊扰一个远古的梦，半个世纪前开挖青墩新河时，一双沾满泥土的大脚将窄口铁锹踩下去，带出来一段埋藏了5000多年的秘密，那种震惊，至今犹存。人们来到这里，倾听淮东先民追江赶海的足音，抒发江海儿女承接文明的情怀，或者俯身随意捡起几块破碎的陶片，触摸一段沉睡的时光。他们相信，这里的历史堆积很厚，厚得随便捡一块石头都可能是历史；这里的文化遗存很浓，浓得雨水冲刷，带走的都可能是文化。

　　青墩遗址出土上千件文物，除了大量的黑陶、灰陶、兽骨、石器、玉器，还有成团的碳化稻谷、整齐的干栏式屋基、完好的农业耕作工具，其中被认定为重大考古发现、最具神秘色彩的，是青墩古人在麋鹿角枝上留下的刻画符号，一些学者认定是易卦起源的初始符号，史学界据此称为"东方第一卦"。

1978年考古部门对青墩遗址进行发掘，出土大量文物遗存。

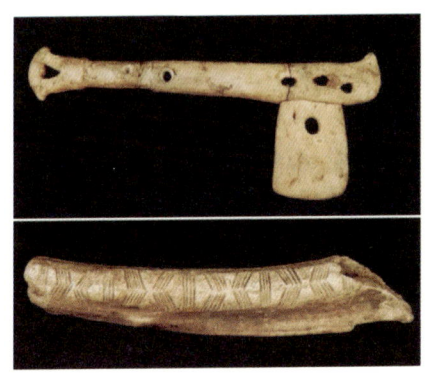

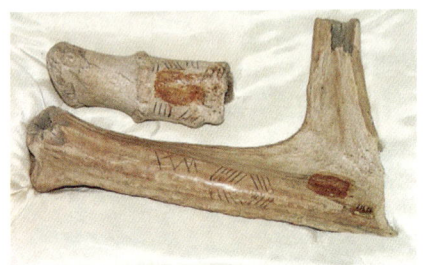

青墩遗址发现的兽骨遗存

还有许多专家认为，神秘的刻画符号可能是中国最古老的文字，比殷墟甲骨文还早2000多年。倘是如此，江淮东部地区并非没有史前记载，只是现在人们还没能读懂它。

一件有柄穿孔陶斧引起人们的极大关注。石斧是上古时期的生产工具，在以往的考古发掘中并不鲜见，但作为生产工具的模型，或者是代表显赫身份的陶制饰物，却是青墩考古的一大发现。这把带柄穿孔陶斧，泥质为红陶，长

青墩干栏式建筑与我国南方的吊脚楼极为相似

18厘米，重70克，形状十分精致。这之前，人们对石斧与柄到底怎么组合，一直迷惑不解，看到带柄穿孔陶斧后，方才恍然大悟：原来是这样的！带柄穿孔石斧分为柄和穿孔斧两部分，柄为椭圆形棒状，前粗后细，前端翘起，有浅槽可以嵌入穿孔斧，槽后面有三个孔，可以穿绳，以绑住穿孔斧，使它固定在槽里面。柄后端呈半月形，并且有一个三角形的穿孔。这件陶器，为穿孔石斧的装柄方法提供了珍贵的实物证据，说明当时的青墩人，已经熟练掌握了穿孔技术及榫卯嵌套原理。

不仅如此，专家在一件陶豆的圆形柄上发现一组图案，竟然是五等分圆，青墩先民似已处于原始社会数学以及几何学研究的最高水平；一只不起眼的陶制纺轮，上面镌刻着华夏纺织文化的雏形，青墩先民很早就脱掉腰间的兽皮，穿上麻纺的衣衫；"回旋镖"曾经是澳洲土著最典型的文化标志，五六千年前青墩人就用来作狩猎工具，而今，它作为一种文化象征第一次走进我们的视线。

经过将近半个世纪的考证，专家们用他们的研究成果，这样来描述当年青墩先民的生活场景：

他们主要从事原始农业，使用磨制石器，种植稻谷等庄稼；他们饲养了猪、狗、羊等牲畜；他们采集果实、猎取麋鹿等野兽和捕捞鱼贝等，扩大食物的来源；由于滨江临海，气候温湿，他们建造了干栏式高架木屋居住；他们根据生活的需要，烧制了种类繁多且造型精美的陶器；他们掌握了原始的纺麻织布技术；到了晚期，产品渐有剩余，分工开始出现，有了贫富差异，出现了陶和玉制作的礼器，文明的曙光照耀到黄海之滨……

这种描述，使人联想到成吉思汗所抒发的理想："花角金鹿栖息之所，戴胜鸟儿育雏之乡，衰落王朝振兴之地，白发老翁享乐之邦"，这是一代天骄为鄂尔多斯设计的乐土，也是青墩人在5000多年前栖息的乐土。"暾将出兮东方"，江淮文明的曙光在这里冉冉升起。

青墩先民的时尚生活

青墩遗址地处长江北岸，但它与苏北地区新石器时代的遗存，似乎并不是一个家族，与江南崧泽文化和良渚文化的血缘，反而浓于南京、镇江新石器的遗存。远古时期崧泽人与良渚人的生活场景早已被现代人复原，青墩先民的原始生活场景，则随着当代考古的逐步深入拉开了帷幕，像多幕话剧一样，一幕幕呈现在观众眼前……

6000多年前，古老的长江尽头，浩瀚无垠的大海奔腾不息。万里长江千折百回，裹挟着大量的泥沙东流入海，伴随着海潮顶托，日积月累，在江海交会的浅滩处浮现大大小小土墩与沙洲，泰州与海安一线，形成一条长达数十公里的沙嘴，青墩就是其中一个四面环水的绿色皋地。

后来，海水东退，水网纵横的长江口地带，亚热带季风吹拂，落叶阔叶林覆盖，亚洲象、麋鹿、獐子、野猪、狐狸，成了青墩最早的居民。追逐着大象、麋鹿脚印的青墩先民，由他们的首领太昊率领，来到这里聚居，采集耕作、结网渔猎，他们的足迹，与青墩有了一种神秘的契合。

清晨，太阳一如既往地升起，沙岗前的草地上弥漫着缕缕薄雾，郁郁葱葱的灌木丛与小树林间戴胜鸟、松鼠、野雉跳跃鸣叫，引得拴在干栏房下刚被驯化的麋鹿、野猪有了连锁反应。青墩寨子东头的人家今天要动工建房，整个部落族人都去帮忙。房屋的格局是统一的干栏式建筑，下边用木柱、横梁搭建成半人高的干栏，上面建房，既可避洪水、野兽，也能隔挡悄无声息的瘴气。太阳刚刚爬到小树林梢头，男女老少就围着宅基地边舞边唱起来：

> 东西起云，众神禳之。
> 南北起云，宅神避之。
> 朱雀飞动，众神安之。
> 贵登向阳，无有病裹。
> ……

众人每诵唱一遍，老人就在房基四周撒一圈细土，青壮小伙子则将二三十根一头削成圆锥形或斜面的木头，插入黑土中，围成一间房大小范围。有人用卯榫连结木料，建成一个木架，在木架上铺设木板，板上再立木柱，沿立柱的四面用芦苇或秸杆围起来，内外抹上厚厚的泥，用火烘烤成坚硬结实的墙，最后在房顶铺设茅草，一栋下面挑空的干栏房就建好了。当然，主人不会忽略在屋里木板上覆一层焙烤过的红烧土，留个火塘位置，保持火种不灭。

这样忙碌过好几天，在最后一天里，当太阳落进大海的时候，主人拿出麋鹿、野獐、野猪干肉和丽蚌、野茨美食，用陶制二流、三流壶盛满自酿米酒，招待全村的人。大家引燃艾草、青蒿，驱赶蚊虫，又燃起篝火，吃起来、喝起来，吃饱喝足了，就围着篝火跳起来、唱起来，把欢乐撒向这片充满希望的土地。

季节转换，秋风响起，洼地里的稻子已经收割，水面上的菱角、芡实也快采摘完，狩猎的季节到了。太昊首领安排好人手，十人一组，进入猎场，在西自青墩、东到吉家墩的范围内，小心翼翼地向树丛、荒草里搜寻。猎手们精赤上身，有的紧攥麋鹿骨、回旋镖，有的手持韧性极好的桑枝弓，箭竿绑着野猪獠牙磨成的箭镞，有的举着柞木柄石斧，腰间插着锐利的骨叉和骨匕首，一步步向前包抄。蓦的，半人高的草丛里蹦出一头麋鹿，顿时，四下里响起骨哨声，一支骨镞飞射出去，正中麋鹿脖颈。麋鹿跪倒在沼泽中挣扎，一个健壮的小伙子冲上前，双手死死地掰住鹿角，几位猎手迅疾举起石斧，向麋鹿斫下去。血花迸射，麋鹿倒下了，四下里响起"嗨嗨"的欢呼声。

　　三天过去了，猎手们或抬或背着猎获的麋鹿、野猪、野兔、獐子，从几十里外的吉家墩往回返。大家兴高采烈地欢笑、歌唱，浑身有使不完的劲。草地已经泛黄，猎手的欢歌笑语像种子一样落入草丛，明年会在草丛里长出鲜花来。

　　在猎手们狩猎的同时，首领安排的另一拨人手，正在青墩周边的河汊湖荡投掷鱼镖，布网捕鱼。那鱼镖用兽骨或鹿角磨制而成，柄后有一乳突，一侧有一到两个倒刺，尖端锋利。在水草丰美的河流中嬉游的鱼儿，一经刺中便无路可逃，又到又大又长的鱼是经常的事。老人与孩童则泡浸在河塘里摸丽蚌捞蓝蚬，河塘里蚌蚬多，一筐筐地捞回去，和着剥去壳子的菱角用水煮，老人孩子都特别爱吃。

　　青墩人获取食物的来源，要比其他部落宽泛得多，除了围猎、网鱼、捞河鲜、驯养家畜、种植燕麦和大豆外，还种植一种叫"稻"的植物。这种植物是太昊首领发现的，长在浅浅的淡水里，春夏之交抽穗，入秋成熟，捋下稻头，去掉芒壳，果实白花花的，用水在釜里煮熟，香喷喷很好吃。因为这植物在水里生长，首领叫它"水稻"。首领教会族人把湿地一片片翻耕出来，播种育秧。播种之时，人们举起火把，围着水田跑一圈，然后边撒种边歌唱，祈求秧苗茁壮。到稻田呈现金灿灿的时候，就是收获季节了，首领举行祭拜仪式，感谢苍天厚土赐予的丰收，仪式完毕，大家就载歌载舞地跳进金黄之中，收获喜悦与希望。随即，家家干栏房里飘出沁人心脾的稻谷芬芳。

　　青墩寨子周边是纵横交错的河荡和沙岗，河坎边、沙岗后生长着一种叫"麻"的植物，这种植物的叶和茎，麋鹿、野猪、大象都不吃，但如果把它的皮剥下来，用石器锤烂，再用水泡洗，就能得到一团团麻丝，女人们用陶纺轮将麻丝纺成线，织成麻片披在身上或系在腰间，既轻便，又漂亮，比蒲草裙子和葛绳串起来的树叶经久耐用多了。

　　陶纺轮这类陶器的制作技术，青墩族人早已熟练掌握了。男人们从湖沼或洼地里挖出腐熟的泥，掺进骨屑、丽蚌或蓝蚬贝壳碎末，反复拌和，做成尊、钵、釜、壶、罐的雏坯，用骨片里外刮光滑，放在树荫下阴干，最后，将阴干的陶坯架在火上烧烤几天，就成了日常用品。考究的，还在陶器身上描绘彩色图案，或者雕成镂空花纹。首领会从中挑选精美的陶器诸如红陶鬶作为祭神礼器，那些小巧玲珑的陶器，首领将它们与兽骨、贝壳、玉石栓在一起，挂在身上做佩饰，那件有柄的穿孔陶斧，就是首领最喜爱的饰物。

每年的特定日子或重大日子里，太昊首领就率领全部族人举行祭祀仪式，祭天祭地祭神灵，祈求苍天庇佑，风调雨顺。首领本身就是太阳神，是所有东夷族人的"东方青帝"，统领黄河、淮河、长江下游广袤的土地，地位何等尊崇。今天的祭祀，要比往日更加庄重，因为，首领请出了青玉璧，只有需要作重大抉择时，青玉璧才会出现。太昊首领炯炯有神的双目半开半合，手舞之足蹈之，口中念念有词，似与神鬼交谈，身上的陶斧、贝壳、兽骨铿锵作响。如此这般了许久，首领双手将青玉璧高举过顶，虔诚地向着太阳跪下，身后所有族人无分男女老幼，全都齐刷刷跪下顶礼膜拜。稍顷，首领放下玉璧，取出麋鹿角架，用骨刀在上刻划，以求卦相。半晌，首领高喝道："天神保佑，凤凰昭示，好卦，好卦呀！"整个部落顿时欣喜若狂，如痴如醉。待山呼之声平息，首领宣布凤凰旨意：近亲通婚，子嗣不聪；异族婚媾，神力通天。此后，凡我族男女，不再族内通婚，一概向外族择偶。

此情此景，意味着华夏民族由母系社会进入父系社会。

面朝家园

青墩先民创造的灿烂文明，一夜之间消失得无影无踪，要不是今天的青墩人开挖新河，它还在地底下沉睡。是什么原因让青墩文明停止了步伐？青墩先民去向了哪里？历史上没有任何记载。叩问青墩，青墩无言，只有金黄的稻子垂着沉重的脑袋在沉思。

既然没有记载，那么，就有多种可能：地震，海啸，潮汐变化，长江口改道……每一种可能，都可能是一定。今天的人，根据一些蛛丝马迹，提出一个个推测，描绘一幅幅画面，用来支撑丰富他们的想象：

岁月更替，时光荏苒，青墩先民在这块富庶的土地上已经生活了上千年。青墩，外有舟楫通达之便，内有丛林湖沼之屏；退而甘食沃土之果，进而可享渔猎之利。这里是他们美丽的家园，这里是他们生生不息繁衍后代的地方，他们的祖先，就头朝东方安睡在寨子西头的地下，祖先的魂灵，保佑着子孙后代的安宁。他们曾经驾驭竹排远航，到达长江之南，与那里的东夷部落沟通交流，带去麻布，带回玉石。青墩一带没有山，所以不产玉材，青墩男人架不住女人爱美的追逐，便南渡长江，到江南的崧泽、良渚采集美玉原石，带回来琢磨。青墩男人雕琢玉器的手艺不差，远近闻名，这情形就像后来的扬州一样，扬州自身不产玉石，却成为全国玉材集散地和玉器制作中心。

但是，首领在最近一次仰观星象打了一卦后，神色凝重地对族人说：近来天空出现三次"九星地心会聚"天象，必将灾害频发，家将不家，国将不国。首领的话，把大片阴霾罩向青墩族人头顶，压得人喘不过气来。

首领的话很灵验。不久，大地气温下降，霪雨不绝，海水上涨，洪水经久不退，吞噬着江淮东部平原。让族人感到绝望的是，海潮倒灌导致木屋倒塌，稻田被毁，淡水鱼蚌消失殆尽，就连喜爱温湿的麋鹿也在海水的威胁下另走他乡。

某一天清晨，青墩族人从睡梦里突然醒来，发现海水已经侵袭到脚下，富饶的家园已成汪洋。他们唤醒孩子，收拾好农具，带上稻种，一部分人向西，迁到淮河上游，找到一块沙洲定居下来；一部分人向南，渡过长江，去与崧泽人、良渚人交流植稻渔猎技术；更多的人脚步不由自主地迈向东方，像夸父追日一样，朝着太阳升起的地方追逐。他们带着稻种，带着先进的水稻种植技术，一路人从山东半岛跨海进入朝鲜半岛，越过朝鲜海峡、对马海峡，踏上日本九州；一路人走陆路，从山东绕过渤海湾、辽东湾，由辽东半岛进入朝鲜，穿过朝鲜全境，渡海登上日本九州。在九州，他们的脚步没有停歇，继续沿着狭长的走廊，向着东北方向，一直走到东瀛岛的边缘。一路之上，他们播撒稻种，传播先进的稻作文化。

海安青墩种植水稻的历史，与江南良渚、崧泽一样久远，在中国考古发掘中，只有两处遗址发现新石器时代水稻遗存。今天的人，对余姚河姆渡水稻遗存比较了解，殊不知，青墩不仅种植水稻的时间不比河姆渡晚，还把水稻种植技术带到朝鲜、日本，直接催生了日本弥生稻作文化。令人感叹的是，在日本九州的墓葬遗址中，墓葬主人头虽朝太阳升起的方向，却用石头垫高脑袋，使之面朝西方，回望他们曾经的家园，回望他们曾经繁衍生息的地方。这是何其强烈的望乡情结呀！

NANTONG
THE BIOGRAPHY

南通传

第三章 五方杂处：华夏移民史缩影

从神话里走来的人

中国有句古话"逐水而居",是说人类自古就喜欢在有水的地方定居栖息,游牧民族寻找水草丰美之地安扎毡房,转场放牧;农耕民族靠近河流朝出夕归,春耕秋收。水,滋养了人类,也创造了人类文明。

江海平原滨江临海,江河环绕,四通八达,物产丰饶,南通人爱陶醉地说自己脚下是"崇川福地"。然而,令人匪夷所思的是,这样一处非常符合"逐水而居"理念的地方,却没有原住民,史书记载其"多流人,煮盐为业",貌似并不是什么福地。流人是些什么人?按现在的话说,就是流放、逃难的人,不是犯人,就是难民,他们被势所迫,四处流窜,不得已在长江入海口停留下来,煮盐、捕渔、耕耘。事实上,他们已无路可去,再往东,那是一望无际的大海。

青墩是江海平原最古老的土地,青墩先民创造了可与良渚文化相媲美的史前文明。青墩先民是土生土长,还是外来移民?有说是从江南一带迁移过来的,也有说是从更远的北方流徙过来的,众说纷纭,莫衷一是。几十年前,在青墩遗址发掘到98座墓葬,尸体无分男女,都头朝东方,显示出崇拜太阳、追逐太阳的信仰。让人难以理解的是,青墩先民脸盘大,眼睛小,颧骨高,鼻梁塌,呈现蒙古人种的骨骼特征,与黄河流域和长江流域从事农耕生产的人种体质不同。莫非江海平原的先民来自蒙古高原?这太不可思议了,蒙古高原距

筚路蓝缕启东疆

离江海平原数千公里，5000年前的祖先是怎样完成这样的长途跋涉的呢？

往事如烟，岁月悠悠，先人们留给南通的移民史料实在少得可怜，宋元之前的更难寻觅。但是，一种寻根问祖的使命感，驱促今人艰难地沿着漫漫历史长河溯流而上，去探寻祖先们迁徙的履痕，无论是或深或浅的印迹，还是世代相承的口头传说，兴许可以从中获得一些合乎逻辑的推断。人们把目光锁定神话故事，试图从中搜寻到江海居民的源头。

中国古代神话，虽然一向比较零散，不成体系，但体现了古人对宇宙形成与进化的探索精神，既有天真的想象，又有朴素科学的成分，后人据此可以了解先民的生活背景和人文状态。史学家认为，上古时期的一些战争，尤其是阪泉之争、涿鹿大战、北逐荤粥这三大战事，与华夏民族的融合和人口的分布，有着密切的关联。

阪泉之战是一场两个兄弟部落之间的纷争。黄帝与炎帝，本是一个母亲所生，一个是北方部落首领，一个是南方部落首领，各领天下一半，两大部落之间经常发生争势夺利摩擦，"黄帝行道而炎帝不听"（贾谊《新书》），最终引发一场长达三年的战争。

此战黄帝获胜。黄帝仰慕炎帝的医药和农耕技术，没有为难炎帝，兄弟握手言和，结为联盟。这场战事是有文字记载的第一场战争，被称为"史前文明第一战"，开启了华夏文明之源。

涿鹿之战是黄帝与炎帝联手对付蚩尤部落的战事，这场战事，实现了中华民族第一次大融合。"蚩"是傻的意思，"蚩尤"就是特别傻、傻到极致。蚩尤原来叫"赤尤"，后来兵败于炎黄联盟而被杀，才被炎黄正统史籍篡改了名字。其实，蚩尤很勇猛，很聪明，不然怎会当上有81支氏族联盟的九黎部落首领。他挑起涿鹿之战，乃出于部落之间争夺农耕资源和生存空间的需要，并非是傻人做傻事。

蚩尤大本营在黄河中下游的山东曲阜，黄帝根据地在河北釜山，炎帝活动范围在河南一带。战事由蚩尤北犯炎帝的中原地区而起。蚩尤九黎部落联盟生产力水平较高，善用青铜制作盔甲、兵器与农耕器具，武器精良，勇猛善战，所向披靡，炎帝溃不成军，领地尽失，只得向黄帝求援。黄帝早就对蚩尤心存不满，因为，阪泉之战后，天下诸族均臣服，唯有"蚩尤作乱，不用帝命"（《史记·五帝本纪》），遂发兵征讨蚩尤。

黄帝发明了指南车，用东海神兽"夔"皮蒙了80面战鼓，鼓舞士气，震慑敌军，又请来旱神阻止蚩尤呼风唤雨，最终在涿鹿围歼了九黎联盟，斩下蚩尤首级。蚩尤战败，族人有的投降，有的逃往北边，有的向东、向南退缩，组成新的联盟，继续与黄帝对抗，为蚩尤复仇，这才有刑天与黄帝的单挑，才会有"刑天舞干戚，猛志固常在"的艺术形象。

涿鹿之战后，蚩尤残余势力被驱赶到长江流域下游以及江淮区域，黄帝由此而夯实了华夏民族大融合的基础，成为天下共主，华夏族由游牧和半游牧时代进入农耕时代。那时，北方存在一个人数不多却很彪悍凶猛的荤粥族群，这个族群就是后来的匈奴族。荤粥族虽然对黄帝构不成什么威胁，但倏忽来去，飘忽不定，时而骚扰，使黄帝烦心，于是，在消灭蚩尤后，黄帝挥师北上，"北逐荤粥"，将其驱逐越过太行、燕山，赶到更远的蒙古草原上去了。

这三场战事虽然都发生在中原一带，但对华夏民族的大融合、大统一，对中华民族的文明进程，以及人口的迁徙分布，产生了巨大影响，具有重大意义，对江淮地区的先民，尤其是青墩原住民而言，找到一条有迹可循的来源，但还不能说，青墩先人就是蚩尤的残兵败勇。

涿鹿之战导致东夷集团向东南发展，从而产生分支"淮夷"，江淮地区人口增多，在更南的地方形成"三苗"族群。本来，海浸时常发生的盐碱海边，并不适合人类居住，若不是不得已，怎愿往此迁移？这情形与客家人相似，战乱与天灾迫使他们不断朝着大海和高山迁徙，成为最不稳定的族群。

偏偏在阪泉与涿鹿之战后，中国气候产生极端变化，逐渐变得干旱极寒。气候的变迁，对世界的影响巨大，这一过程漫长而又缓慢，而人的一生太短，千年方可看王朝更替，万年才可见斗转星移，沧海桑田岂是常人所能见证，作为社会的主体，人类无可避免地必须直面这场变迁，北方旱了，就往南方迁徙，只要环境勉强可供生存，难民就争涌而去，有点饥不择食的况味，南方人口就逐渐多起来。黄帝北逐荤粥，荤粥人并没有全部逃往蒙古高原，有的被俘，随军发往江南、江淮，再由江南、江淮迁到青墩，成为青墩也即江海平原最早的住民，这样看来，现在的史学家推断青墩先民从江南迁移而来，应该是有道理的，江南人大多是北方移民。这就不难理解，青墩墓葬先民为何呈现蒙古人的体质特征了。

贾大夫来了

贾大夫跟那些人不一样,他是自己把自己放逐到这凄风苦雨的海边来的。他来的时候,扶海洲还在海上飘摇,胡逗洲还没有影子,他站立的脚下在扬泰沙岗的最东边,海水拍击着沙岸,沙岸微微颤抖,放眼一望,除了芦苇,就是盐蒿,还有刨食的麋鹿,情景苍凉而又雄浑,却也不乏生机。

那些人与贾大夫不同,那些人不是战争遗留下来的军人,就是逃难而来的流民,历史上没有留下姓名;而他,是贵族,身份毕竟不同,要不是自己的国家被晋国吞灭,他仍然是行有车、食有鱼,受万人仰视的伯爵大夫。

春秋时期,扬泰沙岗是吴、越、楚兵戎相见的征战沙场,诸国轮番统治这片土地,真个是你方唱罢我登场。每次政权更替,都有一批军人被留下来,现今的海安市立发镇是最早安置吴国转复军人的地方。本来,这个还处在长江大海堆土造岸过程中的沙岗,与世代居住黄土高原的贾大夫风马牛不相及,他可是与周天子同宗同族的贵族啊。当年,西周三世天子康王姬钊,在山西襄汾拨了块地方,封给贾大夫的祖先姬公明建立贾国,到贾大夫这一代,已经过去340年。不久前,即公元前678年,同宗同族的晋国把贾国给灭了,贾大夫失去了国土,成为晋国客卿,一下子由本国人变成外国人,身份颇为尴尬。

贾大夫原名姬南屏,因封国于贾,遂改姓贾。贾大夫宗室氏族观念较重,奉行周公礼乐之治。让他不能接受的是,地处曲沃的小宗国晋武公,居然把大宗国冀城给攻陷，贾大夫打抱不平，联合了虢国、芮国、梁国、荀国，出兵攻打曲沃，没想到，伐晋不成，贾国反被晋武公吞并，食邑被褫夺，只落得个客卿身份。

贾大夫本可像后世陈国后主陈叔宝那样，在晋国挂个闲职，或者，也像陈叔宝那样，申请个有实权的差事干干，但贾大夫不是这样的人，他最敬佩不食周粟的伯夷、叔齐的风骨。他很欣赏他一位叫林回的朋友，这位朋友在贾国被晋国吞并后，放弃了价值千金的玉璧，只背着自己刚出生的孩子逃离贾国。有人问道：你是为了图钱财吗？婴儿并不值钱啊；你是怕受拖累吗？带着婴儿逃难多麻烦。你丢弃了价值千金的玉璧，却背着初生的婴儿逃跑，这是为什么呢？林回说：那块玉璧是因为值钱才与我有关联，而这个婴儿，却与我骨肉相连啊！贾南屏大夫闻知，大为嘉许，暗暗下决心，要像他朋友一样，携带家人，远离伤心之地，更要效仿先贤伯夷、叔齐，义不事晋，寻一处类似首阳山的地方，隐居起来。

于是，他收拾了细软，带着刚刚入门的新婚妻子雷氏，驾车向东而去。一路上，经过卫国、鲁国，拜谒泰山，登临绝顶，纵览而众山小，心胸荡生豪情。之后，他转向南下，进入吴越交界的长江入海口停住：不能再走了，前面是大海。

这里叫海阳赤岸村，在今天的如皋市东陈镇，没有山，只有赤色沙丘，沙丘外是沼泽地与江滩，江滩芦苇荡里，常有狐狸、野雉出没，看惯了黄土高坡沟壑纵横、黄沙漫天景象，再看长江岸畔芦叶摇曳、孤舟起伏，感觉新鲜，也不寂寞，倒也没有故土之思，唯有一件事，一直萦绕心头，不得释怀。

贾大夫身材伟岸，性格忠勇刚毅，但他翻唇龅齿，相貌奇丑。妻子雷氏貌美如花，娇嫩欲滴，贾大夫对娇妻宠爱有加，又是老少配，更是百依百顺。不过，嫦娥自古爱少年，整天面对一张又老又丑的脸，雷氏始终闷闷不乐，无论贾大夫如何逗趣、奉承，雷氏过门三年来从没露过笑脸。对此，贾大夫无计可施。

这一天，贾大夫趁着天朗气清，驾车带着妻子到沼泽地兜风散心。当走到水边一块高地时，贾大夫一时兴起，仰天长啸，惊得几只野雉从芦苇丛里扑楞着翅膀飞了出来。贾大夫眼明手快，疾忙从腰间取下随身悬挂的硬弓，搭上羽箭，"嗖"一声，一只野雉应声而落，箭簇刚好从野雉脖颈穿过。贾大夫喜滋滋地上前捡起野雉，献与妻子，不料想，雷氏一见，竟展颜开心一笑，三年坚冰，终于融化。从此，雷氏对贾大夫有说有笑，柔情似水。得到意外惊喜的贾大夫感慨地对妻子说："才之不可以已。我不能射，女遂不言不笑。"人哪，不能没有才能，我若是不善于射箭，你就不可能跟我有说有笑了。

贾大夫"如皋射雉"的故事，迅速传扬开来。如者，到也；皋者，水边高地也；如皋射雉，即到水边高地射野雉也。贾大夫如皋射雉博取美人言笑一事，后来被收进《左传》，历代文人笔下也常常出现如皋射雉典故，西晋潘岳《射雉赋》里说："昔贾氏之如皋，始改颜于一箭。"唐代杜甫《哀江头》诗中写道："辇前才人带弓箭，一笑正坠双飞翼。"宋代苏轼《和人会猎诗》中描述："不向如皋闲射雉，归来何以得卿卿。"甚至明代小说里也引用这典故："他年射得如皋雉，珍重今朝金仆姑。"西汉大儒董仲舒曾亲自拜谒过贾公祠，董仲舒担任江都相时，到邗沟铺拜谒贾公祠，作《南屏公赞》："上国大夫，贾公帝胄，射雉春风沸扬，才气庙貌巍峨。"历代这么多文人对"如皋射雉"感兴趣，一方面是赞颂贾大夫义不事晋的壮举，一方面是这故事颇有雅意，文人都爱附庸风雅，自是不会放过这么一段极好的演义素材。

《如皋贾氏宗谱·序》载：贾大夫"义不事晋，与德配雷夫人偕隐，窜处海滨。……慕其义者相率偕来，渐成村落，人烟稠密，遂有如皋之称"。由于贾大夫在海阳赤岸村隐居，许多人慕名追随而来，来人越来越多，赤岸村成为移民聚集之地。东晋义熙七年，海阳建县，根据贾大夫"如皋射雉"典故，取县名为"如皋"，又称"雉皋"，这名称用了1700年。2600年前贾南屏大夫隐居如皋，成为如皋最早的有史料记载的移民，如皋贾氏一族，从贾南屏一世开始，至今已赓续九十世。

这些后话，贾大夫离开故国时决计未曾料及。

遗弃在车马湖边的马车

南通的土地半熟半生，说半熟，它的北半部，历史可上溯到上古时期，甚至更远；说半生，它的南半部，上世纪初才最后定型，时间不过百余年。与此同步，它的移民历史，也由北向南逐步成熟。

南通西北一带古称"郧"，春秋时期归吴、越、楚分辖。郧地靠近长江的地方有一浅湖，湖里鱼虾肥美，湖岸风景秀丽。公元前472年的一天，一驾马车停在湖畔，从车上下来一个风骨神秀的长衫花甲老者，老者回身掀开车帘，搀下一名闭月羞花、弱柳扶风的美少妇，两人并肩向湖边徐徐而行。老者名叫范蠡，美少妇便是西施。

湖面上停泊一艘大船，艄公用撑篙别住船头，等候二人登船。范蠡在湖边停住脚步，目光穿过船蓬向南眺望，目力所及之处，湖水连接江水，白茫茫一片，江对面，有座山叫姑苏台，山上有座行宫叫馆娃宫，身侧这位美少妇就曾在馆娃宫里住过好几年，那可是一段强装欢颜、和泪而笑的日子啊！

站在湖边，范蠡的思绪飘向远方。多少年了，他陪伴越王勾践卧薪尝胆，谋划兴越灭吴雄图大略，励精图治20年，趁吴王夫差北上会盟之际，发兵攻伐吴国，于姑苏台围困夫差，迫得夫差蒙羞自刎而亡，终于一雪前耻。

有志者，事竟成，破釜沉舟，百二秦关终属楚；苦心人，天不负，卧薪尝胆，三千越甲可吞吴。虽然辅佐越王获得成功，但范蠡明白一个道理："飞

范蠡画像　　　　　　　　西施画像

鸟尽,良弓藏;狡兔死,走狗烹。"他了解越王为人,知道越王只可同患难,不可同享福。在越王大摆盛宴犒劳三军的那天夜里,范蠡带上西施,悄悄出了姑苏齐门,乘上早就备好的木船,穿过护城河,直向太湖而去,在太湖北边的五里湖边隐姓埋名住了下来。不久,闻知相国文种被越王赐死,他便连夜迁往长江北岸的郧地发阳(发阳是如皋、海安的古称)。在发阳居住一段时间,觉得发阳离越王还是太近,遂决定走水路去山东齐国,带西施到海边隐居。

一阵江风吹来,身旁的美人打了个哆嗦,范蠡侧转头看向这位身形单薄的女子,眼里尽是温柔。这个他在苎罗山浣纱河边寻到的奇女子,外柔内刚,深明大义,自愿担纲"美人计"的主角,助他完成兴越灭吴大业。他替女子紧了紧披风,目光掠过西施肩头,看到沙土田间,有一些精赤上身、皮肤黝黑的壮汉正在耕作。这些人,有的是吴王夫差留下来的军士,当时,夫差正在中原会盟诸侯,越国趁隙攻打吴都,夫差紧急回师驰援,南返途中"封其民于江淮之间";有的是越王勾践北渡淮水,进军中原,会盟诸侯时遣派的屯垦移民。如今,他们不再是军人,而是地地道道的淮夷俚人。他们曾为了各自的国家厮杀于沙场，不过，那不是他们的本愿，他们不希望战争，战争是朝廷庙堂所关心的事。如今，脱下戎装，他们是发阳最早的移民，战场的鼓角号鸣渐渐远去，心中荡漾着江风海韵，他们将互相包容，世世代代在这里渔猎耕作，繁衍生息，他们的命运与这方土地融为一体。

范蠡将目光从他们身上收回，轻轻叹了口气，转身搀扶西施登上木船。艄公挂起风帆，竹竿轻点，大船飘向远方，消失在浩瀚无垠的大海之上。从此以后，世上不再有"范蠡"这个人，只有"鸱夷子皮"这个名字；不再有越国庙堂范大夫，只有布衣商贾陶朱公。

湖岸上，遗弃的马车孤零零，十分醒目。

多少年后，这片无名浅湖有了个名字：范湖，湖中小洲叫范湖洲，丢弃车马的地方叫车马湖。清代通州人李琪有《崇川竹枝词》云：

> 鸱夷已泛五湖船，车马犹留湖水边。
> 一卷养鱼经若在，铸金师事自今年。

今天，浅湖早已淤为陆地，但"范湖""范湖村""车马湖"的地名，默默地叙说2500年前那场绝非风花雪月的事。

白衣苍狗无常态，璞玉浑金有定姿。白驹过隙，世事无定，但历史仍按既定轨道而行。西汉初年，东海王摇光曾组织四万人迁徙江淮间，汉武帝刘彻也向江淮迁来四五万闽越人。吴王刘濞管辖广陵时，人员结构又发生变化。刘濞是汉高祖刘邦的侄子，二十一岁就被封邑三千里，拥兵五十万，统领东南三郡五十三城。刘濞利用朝廷修生养息之便，专心致志做两件事，煮盐和铸钱，以充盈国库。"吴有豫章郡铜山，濞则招致天下亡命者盗铸钱，煮海水为盐"（《史记·吴王濞列传》），这样，扬泰沙岗一带迎来了新移民——盐丁，这些烧盐人便是南通2000多年烧盐业的先驱。

与陶朱公仗义疏财截然相反，刘濞是个苛刻盘剥的"官商"，煮盐也好，铸币也好，所役之人不是获刑罪徒，就是狼奔豕突的亡命之徒，这些人，不听命刘濞，死路一条，听了，苦虽苦些，但还能混口饭吃，于刘濞而言，则最大限度地降低了劳动力成本，获利更丰。

刘濞对历史最大的"贡献"是开创了"清君侧"先河。公元前154年，刘濞联合七国，打着"诛晁错，清君侧"旗号反叛朝廷，虽然，三个月后就被剿灭，却为后来的侯景、安禄山、朱棣之辈提供了借鉴。当然，汉武帝也从他身上接受了教训，加强了中央集权，将煮盐铸币权属收归国有，从四方招募民众赴海滨煮盐，盐丁队伍日益壮大，东南沿海人口迅速增加。同时，分布在浙江、福建的古越人，迭遭内乱，纷纷迁居于江淮地带。

东汉末年，刘汉与孙吴合力抗击曹魏，江淮沦为割据之地。曹操担忧孙权抢夺滨江州县，强行内迁居民，江淮之地数百里难见一人，境内遂成一片空野；东吴大司马吕岱回乡广招流民回归，海陵如皋渐次恢复生机。吴魏在江淮之间的拉锯战，变为两国对江淮地区的反复移民，这一现象，成为中国战争史上的一个奇观。

从春秋时期吴王夫差吞并邗国往江淮之间移民起，中间经历了楚国、越国大举移民，到汉朝初年，由越王勾践后裔在浙江中南部温州、丽水、台州一线建立的东瓯国，举国迁至江淮，几次移民，都有一部分人散落到南通，他们将吴越文化带到了这里，呈现南方文化北上的趋势。

从"五胡乱华"到"废灶兴垦"

两晋南北朝是中国历史上非常奇特的时期,这个时期,文化大放异彩,经济南盛北衰,社会处于大分裂、大动荡之中。300多年间,西晋虽然统一了南北,但昙花一现,大好局面迅速被政权内部八股势力搅得四分五裂,这就是著名的"八王之乱",有司马家这八个亲戚搅局,直接导致羌、氐、羯、鲜卑、匈奴"五胡乱华",中国进入刀光剑影、鼓角铮鸣的最黑暗时代,血流成河,尸骨如山,民众生命就如同蝼蚁一样轻贱。西晋统一之初,全国有3500万人口,在经历了八王之乱、五胡乱华、衣冠南渡、东晋北伐、淝水之战、朋党之乱后,人口急遽减少,只剩下1740万左右,不到原先的一半。

战争是人类迁徙的加速器,中国历史上第一次大规模移民潮就出现在刀光剑影中,南北方人口进入大融合时期,这种融合,主要是人口稠密的北方人口,向相对稀少的南方转移。

晋武帝平吴统一中国后,向外流失的淮夷之民开始大批回迁。中原地区战乱频繁,连年自然灾害,出现了人吃人的悲惨现象,于是,饱受战乱天灾之苦的难民,大量逃离黄河流域,涌向长江流域,涌向社会经济相对繁荣的江南。史载,山东兖州南迁的近百万"流人"中,约有半数移居江淮,许多氏族整体迁入。曾定居于河南、皖北一带的江西客家人,为原住民所不容,也被迫南迁,其中一支进入江淮之地。络绎不绝的北人南迁,使劳动力匮乏的江淮人口迅猛增加，长江以北淮河以东地区第一次出现人丁兴旺的气象，人口分布北多南少的格局得到根本性扭转。

这里不得不说一下隋炀帝疏浚大运河的事。隋炀帝在位14年，以骄奢淫逸、横征暴敛的形象留存于史。客观上讲，隋炀帝算是位有文韬武略之才、文治武功成就的君王，只是亡国之君，多有毁誉，自古以来历史就是这么写的。隋炀帝颇有诗才，《隋书》评价他"并存雅体，归于典制"，承袭梁陈诗风，他那首《春江花月夜》对张若虚有很大启示，或者说，张若虚《春江花月夜》的构思，就受隋炀帝启发。

> 暮江平不动，春花满正开。
> 流波将月去，潮水共星来。

隋炀帝在位期间，至少做成了一件大事，即贯通南北大运河。大运河始建于春秋时期吴国开凿的邗沟，是世界上里程最长、工程最大的古运河，与长城、坎儿井并列为中国古代三大工程。隋炀帝贯通南北运河，不局限于军事目的，更有经济与政治的考虑。中国古代的经济重心，很长时间里是在黄河流域，到魏晋南北朝时，社会发生了深刻变化，战乱使北方经济受到严重冲击，南方经济获得迅猛发展，隋朝先后定都长安和洛阳，政治中心在北方，经济中心在南方，这样的政权格局，极其需要一条快速通道，来打通南北交流，南可弹压门阀世族的蠢蠢欲动，北可调运东征西战的粮食物资，这些物资包括江南的粮食、江淮的盐。大运河的开挖，客观上造成盐业生产日益兴旺，扬州成为盐业漕运枢纽，围绕盐业生产形成产业链，商业经济空前繁华，而沿江沿海的滩涂不断淤长，对四方民众产生巨大的吸引力，不断有人来此安居。

北宋范仲淹在天禧年间担任泰州西溪盐仓监，西溪现属盐城东台市，盐仓监官级正八品，可以担任京畿周边县令的县处级干部，北宋时期在这个岗位上走出三位宰相，分别是吕夷简、晏殊、范仲淹，可以说，西溪是北宋的"宰相摇篮"。范仲淹曾有《至西溪感赋》诗云：

> 谁道西溪小，西溪出大才。
> 参知两宰相，都从此间来。

吕夷简与晏殊在西溪盐仓监任上的政绩少有记载，范仲淹却因率众修建捍海堰而名留青史。

范仲淹就任西溪盐仓监时已年过而立，他的职责是监督淮盐贮运及转销。西溪处于黄海之滨，唐代李承实曾在此修筑过海堤，因年久失修，多处溃决，海潮倒灌、卤水充斥，淹没良田，毁坏盐灶，盐耕生产受到严重威胁。于是范仲淹上书江淮制置发运副使张纶，痛陈海堤利害，建议沿海筑堤，重修捍海堰。有人说范仲淹这是越职行事，一条裤子三条管——多了一管。范仲淹道："我乃盐监，百姓逃荒去了，何以收盐？筑堰挡潮，正是我份内之事！"张纶深明大义，奏请朝廷批准，转任范仲淹为兴化县令，全面负责修堰工程。后来，范仲淹母亲病逝，辞官守孝，尾期工程由张纶主持完成。时人虽为张纶立了生祠，但后人将唐代淮南节度判官黜陟使李承实，以及宋代泰州知事王文佑、西溪盐仓监范仲淹主持修建的捍海堰，包括明清续修的由阜宁至吕四的海堤，统称为"范公堤"。清代乾隆年间，海安西场仲鹤庆诗赞范仲淹，当能表达后人敬仰、缅怀之情：

> 茫茫潮汐中，矶矶沙堤起。
> 智勇敌洪涛，胼胝生赤子。
> 西塍发稻花，东火煎海水。
> 海水有时枯，公恩何日已。

时至今日，范公堤防潮挡浪的作用不复存在，但千余年来，它像一条蜿蜒起伏五百多里的巨龙，俯卧在海边，形成一道屏障，镇守身后万顷良田与盐场，使乡民盐民由流离失所转为安居乐业，范公堤居功至伟。事实上，范公堤修筑后，各盐场之间开凿了串场河，方便了盐业运输和农业灌排，制盐方式从"煮海为盐"到"刺土成盐"再到"晒灰采卤"，技术的革新，使盐业生产不断发展。由于广泛使用了中原移民带来的曲辕犁、弯月镰等生产工具和先进的生产技术,农业生产得到较快发展,南宋《舆地纪胜》描述"民居以鱼盐自给,不为盗贼","讼庭多虚,囹圄空隙,殆有古之淳风"。如此稳定繁荣的局面,产生一种虹吸现象,吸附外来移民,同时,本地人口繁衍能力苏醒,出生成活率上升,推动淮南人口增长。重要的是,过去移民至此,多因战争与灾荒,这回不同了,他们是慕名而来,是被那些盐灶和荒地招引而来,江海平原第一次摆脱了凄风苦雨的形象。

这中间,中国历史上发生一次重大事件,即"靖康之乱",因是北宋朝廷昏聩而导致的奇耻大辱,史称"靖康之耻"。靖康之乱中,北宋两位皇帝徽宗与钦宗被北人掳掠,同时被掳走的还有1800名皇亲国戚、朝廷重臣、能工巧匠等精英人才,至此,北宋灭亡。"泥马渡江"脱困后的九皇子康王赵构继位,定都南京,后觉得南京离北方太近,改为建都杭州,南宋开埠。南宋建炎二年(1129),宋高宗赵构巡狩扬州,金兵南下,杀近扬州,高宗弃城仓惶逃往镇江,金兵将扬州城内的女子玉帛一抢而空,未及逃出的5000多名宫女和官员女眷也全被掳掠北去,金兵抢掠半个月退出扬州时,纵火焚城,城中所有建筑全被烧毁,史称"扬州屠城",这与后世清兵"扬州屠城"如出一辙。几十年后,词人姜夔经过扬州时自度《扬州慢》一曲,以释黍离之悲,词曰:

> 淮左名都,竹西佳处,解鞍少驻初程。过春风十里,尽荠麦青青。自胡马窥江去后,废池乔木,犹厌言兵。渐黄昏、清角吹寒,都在空城。
> 杜郎俊赏,算而今重到须惊。纵豆蔻词工,青楼梦好,难赋深情。二十四桥仍在,波心荡、冷月无声。念桥边红药,年年知为谁生。

都过去几十年了,仍是"清角吹寒,都在空城"景象,足见扬州元气大伤,加上宋金交战于两淮,人口外逃,江淮为之一空。直至元世祖忽必烈统一中国,为了消弥战乱创伤,采取"以民自实两淮荒田,免税三年"等措施,两淮农业生产与淮南盐业生产才慢慢恢复,外流乡民陆续返回。

元朝末年,泰州东台白驹场盐民张士诚率众起义,反抗朝廷残暴统治。

元至正十六年（1356）张士诚据守苏州称王，另一支农民武装朱元璋于元至正二十七年攻克苏州，张士诚被俘。朱元璋对久攻苏州不克积怨颇深，遂于明洪武二十一年（1388）驱逐大批苏州阊门一带百姓，至张士诚家乡及淮南各盐场，从事煎盐劳役。后又因"戍边屯田"，陆续从苏州、松江、嘉兴、湖州、杭州等地迁十万余众于淮河间，仅苏州就有四万多流失土地的乡民，到南黄海之滨各盐场充作烧盐煎丁和垦民，史称"洪武赶散"，又称"阊门赶散"，这是中国历史上规模最大的官方移民行动之一。明永乐年间（1403—1424），因"燕王靖难"，苏、锡、镇、宁境内民众纷纷移居淮南以及如皋、如东盐区躲避战乱。明清两朝，南通南部地区逐渐成陆，从江南乃至山东、安徽、山西、陕西、广东迁来的商贾，带来江南水乡的农耕技术，以及资本主义萌芽阶段的商品意识和经营之道，南通工商业得以发展。

土地是农民的命根子。随着长江入海口沙洲逐步成陆，大批江南江北的移民追随着潮涨潮落的步伐麇集于此，开荒种植，这些移民被叫作"沙地人"，他们既有开疆拓土精神，又有犹太人一样的精明头脑，当地住民索性称他们是"东方犹太人"。

龚自珍是清代的思想家、诗人、文学家，他的革新变法思想，对光绪皇帝影响很大，他写过《海门先啬陈君祠堂碑文》，颂扬一位叫陈朝玉的农民，他将沙滩不毛之地变为沃土千里，成为海门县最早的垦荒者。

陈朝玉是崇明县排衙镇人，生于清康熙二十七年（1688）。屡涨屡圮的海门复涨成沙，涨为数十个大小沙洲，其中最大的叫三角沙，地势较高，无人开垦。陈朝玉携妻登沙，搭茅屋栖身，伐木除草，制作农具，披星戴月，辛勤耕作，历尽艰辛，终于使咸水变淡，使松散的沙地坚实起来。经过十年的努力，陈朝玉垦田45万亩，成为远近闻名的富户。消息传到崇明，乡亲们纷纷牵着牛，带着油、盐、粮食，拖儿带女举家投奔陈朝玉，他们"斩刈葭菼，开生成熟，广泛垦田"（《崇明县志》），没几年，三角沙人口达二三千人，人们还在那里建起了九房仓。

清末民初，南通先贤、清末状元张謇先生在担任南京民国临时政府实业总长兼两淮盐政总理，以及中华民国政府农商总长兼全国水利总裁期间，废除历代王朝对沿海荒地禁垦的规定,大力提倡废灶兴垦。张謇兄弟在南由启东吕四场,西至连云港云台山之间的700多里地上,组建了70多家盐垦公司,规划用地460万亩地,投资1700余万元,废灶兴垦,种植棉花。一批又一批"沙地人",响应号召,举家北迁,去实现从盐民到农民的身份转换。据何循真、朱国建《南通移民史话》记载,当年淮南盐垦区的移民达30万之众。至今,老一辈"沙里人"还能描述当年情景:他们卖掉仅有的一点土地和微薄的家产,带着干粮,车推肩担,三五成群徒步北迁。挑担者前挑孩子,后担锅席,称为"一担挑"。他们面对茫茫荒滩,艰难困苦,披荆斩棘,栉风沐雨,坚韧不拔地与大自然搏斗,开创新天地,建设新家园。

废灶兴垦究竟有什么历史意义?江苏作家叶兆言在《江苏读本》里这样说:

> 废灶兴垦是盐城历史上很重要的一条分界线。这以后,农业成了盐城地区的大事,因为盐,盐城这个城市诞生,因为废灶兴垦,盐城这个城市开始彻底地进入了现代化。

在今天的盐城市东台、大丰、射阳等地,存在一些"方言岛",方言岛上的居民,基本都说"沙地话",与当地母语江淮方言形成鲜明的差异。

沙地话,是分布在南通的海门、启东、通州、如东、开发区部分地区以及苏州的张家港、上海的崇明岛、宝山、南汇、奉贤一带的土话,属于吴语一系,生活在南通说沙地话的人,就是"沙地人"。

数百年来,吴语的范围在不断往南缩减,而沙地人,却是唯一将吴语北进的人群。近代张謇废灶兴垦,沙地人云集影从,从煮海为盐,到耕作植棉,成为黄海之滨新的垦荒人,他们的后人,便是说着沙地话的新江淮人。

大丰是盐城的三个区之一,这里是麋鹿故乡、丹顶鹤栖息地,与麋鹿为伍、与丹顶鹤共舞的还有10万之众沙地人,从他们的祖上跟随张謇北上垦荒100多年以来,已经在这里繁衍了四五代。无独有偶,盐城的东台、射阳,乃至连云港的云台山,说着沙地话的人都不下10万,他们与当地人一起,建设他们新的家园。

可以说，沙地人是大江南北"流人"追逐土地的拓荒者，为南通人群的最终形成画了圆满句号，但是，从四面八方朝江海大地奔赴而来的脚步并没有就此停息。上世纪末，世界最大的水利工程三峡大坝从蓝图走向建设，世代居住在那里的上百万住民命运发生改变，他们的身份由居民变为移民，与三峡相去千里的南通，便是他们中一部分人的归宿地。曾经"君住长江头，我住长江尾"，如今，君与我均住长江尾，三峡人成江海人。

此心安处是吾乡。佘武蓉是三峡工程最后一批移民，她来到南通落户的第二年，成功应聘农村合作医疗管理员，考取保险代理人资格，当选为通州区政协委员、人大代表；魏祥云在海安市紫石中学附近开了餐馆，生意兴隆，与左邻右舍关系融洽，毫无违和感；杨洪玲在海门利用流转土地种植羊草、搭建羊棚，养殖与阿尔泰细毛羊齐名的海门波尔山羊，引种三峡特色橘，年收入增加10万元。

江风海韵，包容兼蓄。从大江南北、四面八方汇聚而来的人们，说着各自的方言，组成一幅和谐的生活画面。他们的祖先来自哪里，这已经不重要，重要的是，他们都以自己是南通人而骄傲。不过，熟悉各地方言且心细的人，从南通人的互相交谈中，还是可以分辨出语言的细微差别。在北方语系中，"不要说话"一句的辨识度和通行度很高，但在南通，却会有好几种表述：

"不要则声"，这是海安人。

"别说话"，这是崇川人。

"喔响"，这是沙地人。

"莫乱冒皮皮"，这是三峡人。

这是多么生动有趣的场景！

NANTONG
THE BIOGRAPHY

南通 传

第四章 通济天下：因盐而兴的黄金水道

西来一水运盐河

很久很久以前,在山东半岛胶州湾一带,住着一个原始部落,部落里有位勇士叫夙沙氏,聪明能干,膂力过人,善于用绳子结网捕鱼,每次外出打猎,都比其他人有收获。那天,他像往常一样,提着陶罐打回半罐海水,架在火上,准备煮鱼。突然,一头野猪从眼前飞奔而过,夙沙氏见了,岂能放过,拔腿就追,等他扛着死猪回来,罐里的水已经熬干了,陶罐底留下一层白白的细末。他用手指蘸点放到嘴里尝尝,味道又咸又鲜,用它就着烤熟的野猪肉,吃起来味道好极了。这白白的细末,便是从海水中熬出来的盐。

这样的传说,真实性自然不可考。写这传说故事的人,起初是出于对盐的尊崇,编出一段故事来,可他写着写着,把自己都写相信了;传播这故事的人,起初带着揶揄的表情来讲述,可讲着讲着,就当了真,脸上的调侃变成一本正经。于是,人们就把夙沙氏尊为盐祖,建祠堂来供奉他。

无独有偶,相传与夙沙氏同处黄帝时代的负责粮食管理的官员杜康,在不经意间发明了酒。当时,农耕发展已比较成熟,粮食连年有余。吃不完的粮食,就储藏在山洞里,山洞阴暗潮湿,时间一久,粮食全都腐烂了。杜康见状,苦思冥想储粮的方法。这一天,杜康在树林里散步,看到几棵枯死的大树,树干只剩下空荡的树洞。杜康灵机一动,把粮食倒进树洞里储藏。过了一段时间,杜康来到树林里查看粮食,他惊奇地发现,储粮的枯树前,横七竖八

江海交汇地

地躺着一些野猪、山羊和兔子,一动不动,好像死了一样。他连忙走近看个究竟,发现树洞裂开了几条缝,由里向外不断渗水,这些动物是舔吃了这水才躺倒的。这究竟是什么水?杜康凑过去一闻,只觉一股清香扑鼻而来,他不禁尝了几口,顿感神清气爽。这水,就是后来李白一喝就能写出诗百篇的"酒"。因而,杜康被人们尊称为酒祖。

无论是今人,还是古人,在写到上古的事情时,很多是带着揣度、推测的心态来的,关于发现盐和酒的情景,有谁亲眼目睹过呢?把传说故事当作历史来记录,要么是对美好愿望的寄托,要么是对丑恶现象的鞭挞,只要承载这情感的载体确确实实存在,就够了。而盐和酒,确确实实存在。

确确实实存在的,还有盐的五千年文化史,以及淮盐的兴盛史。

南通盐文化史起于何时?会不会是青墩时期?这说不上来,但年代肯定不会早于凫沙氏。往近了说,汉代初年统领广陵、豫章、会稽三郡,面积相当于今天大半个华东地区的吴王刘濞,应当是南通乃至整个两淮地区煮盐历史的书写者。

这是有案可稽的。在扬州、泰州一些地方,民间把吴王刘濞当作财神供奉。一个性情极为剽悍、勇猛且有野心的地方军阀，老百姓为何尊他为财神？其中必有缘由。

说刘濞彪悍、勇猛、有野心，这是纵观他一生行为举止而下的结论。刘濞21岁时跟随叔叔刘邦平定英布叛乱，立下不小功劳，刘邦封他为吴王，镇守东南，以防轻佻强悍的越地人不服教化而生异心。刘濞铁腕施政，大力发展煮盐铸钱产业，富可敌国，雄霸一方。

吴王刘濞画像

刘濞的外貌是什么样子？史书未见具体描述，仅有司马迁引用刘邦的五个字予以概括："若状有反相。"由此猜测，刘濞面相必有暴戾之气。刘邦在分封刘氏诸王后，召唤刘濞觐见。可能刘邦以前没见过刘濞，所以一见，刘邦肠子悔青，觉得不该封他为吴王，因为，刘邦从面相上看出刘濞日后必会谋反。后悔归后悔，下达的旨意不好更改，刘邦唯一能做的就是敲打敲打刘濞。他拍着这个侄儿的肩膀说："汉朝建立后五十年，东南方向将发生叛乱，难道是你吗？天下同姓皆为一家，希望你谨慎一点，不要造反。"吓得刘濞叩头不止，连说："不敢、不敢。"

刘濞确实做到了"不敢"，就连他的儿子被当时还是太子的汉景帝失手打死，也只是赌气称病不来朝拜而已。要不是晁错撺掇景帝削藩，动了他的根基，刘濞也不至于发起七国之乱。

刘濞所统辖的吴地老百姓没有赋税，这使得刘濞在辖地深得民心。刘濞实行了按劳付酬的"工薪制"，兵卒按规定卫戍，刘濞给他们发工资，按出勤率支付相等的金钱。他重视人才的发现与培养，时常去慰问辖区内有才能的人，给他们赏赐。其他郡国的逃犯，刘濞总是设法隐匿并收容下来，这样，其他郡国就多了一个仇人，而他刘濞就多了一个知恩施报的人。吴地豫章有铜山，广陵有海盐，刘濞大力采铜，用来铸钱，以至于钱多得用不掉，后来联合七国谋反时，他才有底气拍胸脯说：你们只管出兵，一应用度由我负责。刘濞还广招流民、逃犯来海边煮盐，迅速造就了扬州的繁荣。在老百姓眼里，谁对我好，谁给了我实惠，我就感恩谁。刘濞富庶了一方，给一地百姓带来财运，所以，他就是老百姓眼里的财神。至于他是不是有野心，与谁合谋造反，那是他们刘家自己的家事，与老百姓无涉。

今天的扬州古邗沟南边有座吴王庙，民间叫财神庙，殿内神台上供奉着两尊袍带飘逸、古貌岸然的塑像，东为春秋吴王夫差，西为汉初吴王刘濞。殿前的四根抱柱上，有两副楹联：

曾以恩威遗德泽，
不因成败论英雄。

遗爱成神乡俗流传借元宝，
降康祈福世风和顺享太平。

这两副楹联，饱含着扬州人对两位吴王的感念之情。

吴王夫差始建邗沟，遗福扬州，扬州百姓感念他；吴王刘濞为何配飨财神庙？清乾隆年间《扬州画舫录》说得很清楚："自茱萸湾通海陵、如皋、蟠溪，此吴王濞所开之河，今运盐道也。"刘濞也是因为开河有功而被感念。两位吴王功德在民，所以同被祀奉。

公元前195年初冬，沟汊纵横、芦苇摇曳的广陵茱萸湾湿地，迎来一位被卫士簇拥着，头戴冕冠，身着玄色上衣、朱色下裳的王者，他高耸的鹰钩鼻，双目如猎隼一样锐利，环顾间放射骇人的厉芒。他就是吴王刘濞，率领他的近臣幕僚，来实地考察，准备开挖一条由茱萸湾连接如皋蟠溪盐场的运盐河。

那个时候，广陵已是淮盐集散中心，各个盐场的海盐通过人挑肩扛，运送到广陵，再由广陵运往各地。这样的运输方式，效率太低，而且非常辛苦，对此，刘濞内心十分焦虑。海盐，可是他的钱袋子，他把从盐民手里收购来的盐，转手倒卖给其他郡国，可获利20倍。刘濞把属下找来商议，有位官员建议从广陵到如皋开挖一条运盐河，盐场与盐场之间以串场河相连，用船运来代替人挑肩扛，既快捷便利，又大大降低运输成本。对于这条建议，吴王刘濞决定采纳，他当即吩咐手下：现场办公。

广陵近海内陆是大面积潟湖区，湖泊沟汊星罗棋布，彼此之间并不相连，吴王夫差当年因势利导，开沟引流，将一些湖泊串联为河流，打通了长江与淮河之间的关联，夫差遂成京杭大运河的奠基人。现在，刘濞站在茱萸湾湿地，纵目向东眺望，心里已经奔涌起大河的波浪，那舟楫往来、吴盐胜雪的繁忙场景，让他热血沸腾起来。他伸手止住几个反对挖河的官员的唠叨，现场拍板：今冬明春开工。

两个月后，汉高祖十二年（前195）隆冬，吴王刘濞亲自在茱萸湾摆设香案，祭拜天地。随后，一位官员挥舞黄色小旗，顿时，数十面牛皮鼓一起擂响，其声势浩大，不逊于冲锋陷阵的战鼓，在场所有人都血脉贲张。鼓声里，数万民工抗着锹，推着车，挑着簸箕，涌向湿地。

运盐河工程正式开工！

运盐河工程从广陵茱萸湾出发，经过泰州海陵仓，向东过姜堰、曲塘、海安，再南下，抵达如皋蟠溪仓，全程195公里。清代有位诗人写过一首《海陵竹枝词》：

> 西来一水绕城流，远客千帆次第收。
> 眼底烟花太寥落，淮南赖有小扬州。

这里的"西来一水"，就是指的古运盐河。

古运盐河是我国历史上第一条东西走向的运河，吴王刘濞开挖它时，吴王夫差开凿的邗沟已经存在了300年，蜀郡太守李冰父子建造的都江堰已经使用了60年，但它比隋炀帝开通通济渠早780年，比京杭大运河全线贯通早1400多年。从高祖十二年刘濞坐上吴王位置起，到景帝三年刘濞因谋反被诛止，这条运盐河挖了41年，是刘濞在位的全部时间。为什么会如此费时？有点让人费思量，因为，后来隋炀帝开挖通济渠、疏通古邗沟、开凿永济渠、疏通江南运河，全线贯通大运河，也不过耗时6年。

尽管如此,古运盐河值得称道的地方很多。不知道2000多年前的先民,有没有意识到,这条人工运河,居然是江淮东部长江水系与淮河水系的分水河。更为神奇的是,在地形上,古运盐河的走向沿着扬州蜀冈隐入地下的余脉东迤,如果以古运盐河为分界线,分界线南部为滨江冲积平原,地势广阔平缓;分界线北部地势低凹,形若釜底,为众水所归的下河地区,古运盐河巧妙地避开了南高北低的地势落差,使河流按照人们的意图而逶迤前行。

这很了不起。今天,人们可以凭借勘测仪器与测量技术,精确地测绘出地形的高差来,但在2000多年前,他们是怎么确定这河道的方位与走向的呢?这绝对不是简单地用偶然、巧合所能解释得通,人们只有展开想象的翅膀,去揣摩这种计算的精妙思路,赞叹先民的聪明智慧。

那时,南通大部分地区还没有成陆,如皋处于江海最前沿,是淮盐主产地,如皋蟠溪盐场是当时煮盐最早、规模最大、收入最多的盐场。1000多年前的秋天,一位叫杜甫的诗人来到如皋蟠溪,这里是他祖先杜预战斗过的地方。杜甫到来的时候,淮南道黜陟使李承实在如皋兴建的捍海堰刚刚竣工,喜欢体察各地民生的杜甫却没有去观赏这项了不起的工程,不像他的晚辈韩愈那样,在海陵当官时有事没事就到如皋和捍海堰逛逛,杜甫一脚直奔蟠溪仓,去体验煮盐的壮观场面。

参观完毕,杜甫写了一首《白盐山》诗,以纪其事:

> 卓立群峰外,蟠根积水边。
> 他皆任厚地,尔独近高天。
> 白榜千家邑,清秋万舸船。
> 词人取佳句,刻画竟谁传。

杜老先生运用他惯常的朴实手法来描写如皋蟠溪盐场,没有风花雪月,没有奇山妙水,只有辛勤的盐丁为国家经济命脉劳动的场景,以及古运盐河两岸"千家邑""万舸船"的繁荣盛况。

两年后,老先生在贫病中谢世。

刻在碑文上的时光

盐业的兴盛，带来了城市的崛起。元狩四年（前119），汉武帝将射阳县东部靠黄海的一部分划出来，另立一县，称盐渎县。东晋时，盐渎因"环城皆盐场"，而更名为盐城，此名一直延用至今。

同样，南通城镇的形成，最早也是由盐亭盐场发展起来的。

刘濞修建了中国最早的运盐河，古运盐河并没有因他兵败被杀而湮废，相反，经过历朝历代不断疏浚、拓宽、增建、延伸，最终一直延伸到南通主城区崇川区，并向东抵达启东吕四盐场。相应地，其功能也发生变化，由单一运盐，发展为漕运、灌溉、排涝，成为连接长江与大海运输的大通道。后来，即清宣统元年（1909），将河名由邗沟、上官盐运河、南运河改名叫通扬运河。作为2000年来南通盐文化与农耕文化的亲历者，它催生了两岸城镇的兴起。

如果从今天的南通市区和平桥往西北步行十八里，就到陈桥街道西陲小村河口，河口村南距南通市区、西离长江边天生港老镇、北到刘桥老镇，各相距十八里，故称"十八里河口"。十八里河口是胡逗洲西北境最早成陆的沙洲高地，古称"老岸"。晚唐时，胡逗洲与北岸间尚存一条长江支泓，支泓从白蒲经由河口折东北向西亭、石港、掘港入海，可通海船，是通州与如东境内运盐河赖以浚通并流转通海十大盐场的主要自然河道。十八里河口就处在江河双流交汇要冲，左海右江，盐艘皆经此过。

通常，被都市喧嚣抛却的是乡村，被城市文明遗忘的是古村落，但城市文化的根脉，往往不在都市里，而是深扎在古老的村落。没人想到，河口这么个小村落，竟然埋藏着南通城市久远文明的根脉。

1971年的河口叫南通县陈桥公社第九大队第九生产队，那年的秋冬之交，生产队开挖大寨河，一位民工抽罢旱烟，随手在一块露出一角的青石上敲了敲烟杆锅，准备起身再挖河。这本是个下意识动作，他却发现青石上似乎有文字，叫来人将青石全部挖出，抹去泥土一看，是一块墓碑，正面有"唐东海徐夫人墓志铭"楷书，四周纹饰是八卦图案、十二肖属动物图像和日月星辰，四个侧面是青龙、白虎、朱雀、玄武，碑的背面有长达千余字的碑文。可以判定，这是一块古墓墓碑。但县里并没当回事，一个电话，便让南京博物院派人将墓碑拉走了。

这事传到南通一位文化人耳里，他立即派人奔赴南京，对刚刚入藏南京博物院、后来成为国家一级文物的墓碑铭文进行拓印，这位文化人就是南通博物苑书记穆煊。拓印拿回来一看，吓了一跳，碑文居然详细记载了墓主姚氏家族，在唐末五代的半个世纪中，统兵占据江海岛域、设立建制的创业史。

难怪专家们会吓一跳，因为南通在宋代之前的历史基本无考，更没有实物佐证。狼山北麓园题名坡有一段摩崖石刻，被认定为南通最早的文字记载：

  天祐三年□月十四日东洲静海都镇谒使姚存上西都朝觐迴到此。

南通史学家们对这26个字作了多种推测与考证，均不得要领，因是孤证。河口出土的墓志铭，与狼山摩崖石刻联系起来，互为印证，终于把南通建制历史捋出清晰线路。

《唐东海徐夫人墓志铭》记载了徐夫人墓葬的位置：

  葬于静海都镇管下永兴场王铎铺界新河北、永兴场运盐河东二百步，以安玄寝。

短短32个字,史料价值极其珍贵,它为我们留下了早期上官运盐河南北航道延伸开拓的十分重要的历史信息。唐末五代时期,永兴场的运盐河已有新老运河之别,所谓"新河",乃是古运盐河自河口交界往东南延伸而开凿的运河。那时,河口所处的永兴场西北境已具村落形态,有了商铺,盐民们在此聚居繁衍,运河口岸商旅川流,十八里河口市嚣鼎沸。

1971年在十八里河口发现的《唐东海徐夫人墓志铭》

河口村见证了1000多年前运盐河开浚与贯通的历史,《唐东海徐夫人墓志铭》就是一部意义重大的文献史料,河口的地下,埋藏着南通城市文明史的发源和城市军事、政治、经济活动肇始的全部秘密。

据《两淮盐运志》所载,"如皋蟠溪古煮盐区,是两淮和江浙地区煮盐之始"。由汉至唐,其间700余年,如皋因大海东移而成内陆,蟠溪盐场不复存在,其盐场之首的位置,揖手拱让给处于今天河口的永兴盐场。那时的永兴盐场和运盐河,真个是囤银积雪、耸峙山岳,河口古津渡,呈现一番千帆竞发、百舸争流的壮观景象。

来自苏州的姚氏家族,就于此时统治了南通半个世纪,几乎贯穿整个五代时期,《唐东海徐夫人墓志铭》如此记载:

> (夫人)年十五,适于吴兴公。其先始祖于姑苏,蝉联位望,为代所称。其后枝分派引,从宦过江,佐唐、吴二朝,历官四世,镇东陲江海之奥府,静边鄙,安民庶,务耕桑;复竭家财赡义勇将士一千人,设官吏,烈将校,上佐国家,已安边地;司煮海积盐,蕴峙山岳;专漕运,

副上供。此公家世之绩业也。

夫人十五岁时嫁给吴兴姚公。姚公先祖在姑苏兴家，地位与声望为世代颂扬。后来姚氏家族分出一支，举家随任，迁往江北。辅佐唐朝和吴国，四代为官，守卫江海东疆物产丰饶的重镇。肃清边远地区，安抚民众，发展农桑；祖上招募兵丁千人建立军队，设置官吏，选拔将官，对上辅佐朝廷，对下安定边境；执掌海水制盐生产，海盐堆积如山；办理水上运输，向国家交纳盐粮物资。这是姚公家族的业绩啊。

唐末五代，是处在唐宋两大统一王朝之间的一个短暂分裂时期。907年唐朝亡，960年赵匡胤建宋，中间的50多年，史称"五代十国"。这是中国历史上又一个分裂动荡时期，版图破碎，战乱频仍，经济萧条，地方藩镇割据，民众苦难深重。姚氏家族任它沧海桑田，时事变化，东风来向西倒，西风来向东倾，在风雨飘摇中稳稳把持南通地方政权，直至周世宗柴荣攻克静海，姚氏家族才退出历史舞台。

后周显德五年（958），柴荣设通州，下辖静海、海门二县。静海制置巡检副使王德麟征发民夫，兴筑土城，由是，南通遂有城矣。其时，徐夫人已去世多年，她把历史的一段隐秘藏匿于地下，诚如其墓志铭所云：

惊埋玉而地厚，将刻石兮天长。

朱清与海上漕运

1271年，忽必烈建立元朝，定都于今天的北京，号大都，以与草原上的上都区别。大都与上都都是元朝的政治与外交中心，皇帝在两地轮换居住处理政务，而政府机构、百姓商贾纷纷迁往新都，一个拥有50万人口的大都市迅速形成。这样就带来一个问题，政治中心在北方，经济中心在南方，政治中心与经济中心分割，"百司庶府之繁，卫士编民之众，无不仰给于江南"（《元史·食货志》），这样，长江三角洲一带的钱财、粮食、海盐等只有依靠漕运，大运河就成为唯一的运输线。可是，元代时的运河浅隘，不容大舟，有些地段还要将粮食从船上卸下，走陆路，车运一番，然后再上船，相当的不便，而且运输量小，损耗大。无奈之下，朝廷只得动用民夫，开挖新河，引海水来提升运河河道。这种方法劳费不匪，效果却微乎其微。

就这样，局面勉强维持十来年，公元1283年春天，新河工地的劳动场面依然十分壮阔，上至忽必烈，下至河工，都把扩大运河运输能力的期望寄托在这项工程上。一天，一位官员急急匆匆、气喘吁吁、兴高采烈地一路跑来向忽必烈禀报："不用挖新河了，海运船队到了！"说话间，一支由60艘海船组成的船队，装载着46000余石粮食，从江南太仓出发，经南通州出海，扬帆颠簸，抵达大都东郊北通州。押运这批粮食的，是曾当过海盗、出生于时属通州姚刘沙（今上海崇明）的朱清。

元代海上漕运创始人朱清画像

这条海上航线,朱清6年前走过一次。至元十三年(1276),元宰相伯颜率军灭掉南宋后,命朱清押送南宋皇宫的衮冕、符玺、图籍、宝玩等,由海路运往大都。伯颜之所以选中朱清,因为他曾是海盗,熟悉海上情况,有航海经验。元人刘埙《隐居通议》卷三十介绍:朱清"本樵夫,乘乙亥丙子伯颜入临安之时南北云扰,入海剽劫啸聚,凡所杀掠,皆富商巨贾,由是大富"。

朱清少时曾不堪富户盘剥压榨,愤而将其杀之,潜逃去贩私盐,又被南宋官府追捕,遂入海成为商贾闻名胆寒的巨盗。他频频纵舟入洋,曾到过沙门岛(山东烟台)、高丽(朝鲜)、文登(山东半岛东部)、燕山碣石(葫芦岛)等海域,长年闯荡海上,不仅掌握了精巧的水上航行技能,而且熟识了长江口南北水道及各岛门户,对何处有险情、何处可过船、哪里有潜流、哪里有暗礁,了如指掌。雍正年间《崇明县志·朱清事迹》记载:

> 往来飘忽,习以为常,东北海道,遂无不熟。

那次海上运送宝籍,朱清选择沿海岸线航行,航程13000里,历经无数个激流浅滩,两个月后到达大都,元世祖忽必烈由衷赞叹:

> 古云北人骑马,南人驾舟,朱清真海上奇人也!

这次航行,使朱清成为海上运输线的开拓者。人生经验丰富的朱清,见到南粮北运的局面窘迫,意识到建功立业的机会到了。他主动请缨,请求承担由海路向元大都运送粮食的任务。1282年,他如愿领命。

有了上回航海的经验，朱清知道，仅凭普通船只，想顺利航行万万不能，于是，他奏请朝廷建造大型沙船。忽必烈不知沙船为何物，朱清解释说，沙船船身扁浅宽大，船底平，方船头，方船尾，船面少建筑，使重心低而受风小，航行平稳少颠簸，特别适宜在沿海行驶，即使不慎搁浅，也因底平而不易倾覆。加上沙船多桅多帆，行进快捷，两舷装置水板，有助于把握航向，逆水航时也不会发生横漂。元世祖忽必烈闻言大喜，令他与上海镇总管罗璧督造沙船60艘。

朱清选择太仓浏河港为造船基地，绘制沙船图样，采购上好材料，征召能工巧匠，打造大型沙船。他勤于职守，用心巡视督察，即便细小处也不放过，务使条条沙船合乎规格。

至元十九年（1282）隆冬，历史上前无古人的海运壮举拉开帷幕。朱清在太仓浏河港装粮，大船装载1000石，小船装载300石。每船安排16名监运水兵。朱清出海航行的消息在通州传扬开来，船工们纷纷报名，跟随朱清出行。朱清喝下乡亲们的壮行酒，亲自在前开道，由张瑄殿后，从太仓浏河港启碇。张瑄早年也是个混社会的引车卖浆之辈，追随朱清成海盗，又与朱清一起归顺元朝。

海运漕粮船队在朱清指挥下，绕过崇明西沙，经通州海门县东岸的黄连沙头、万里长滩，沿着海岸线北上，经淮安、盐城，转过山东半岛最东端的成山角，进入渤海湾，入海河口，历时四个月，于第二年春天，到达直沽港（天津港）。

这次航行，与6年前的线路差不多，基本傍岸而行，随时有搁浅、触礁的危险。亏得朱清熟知沿途的水情地貌，全神贯注观测领航，曲折蜿蜒，避开无数个沙洲、暗礁、漩涡。虽然多次船翻粮沉，但最终，首次海运漕粮获得成功。

海运漕粮首航成功，忽必烈大悦，专门设置了负责海运的"运粮万户府"，朱清由管军千户擢升为海道中万户，从此，他官运亨通，一路飙升，直至江东道宣慰使、江南行省左丞。就在朱清运粮船队抵达大都之际，民族英雄文天祥在元大都慷慨赴死，他以忠肝义胆的民族气节，铸就有宋一代最后的风骨。

朱清是个善于总结与不断进取的人,他觉得首航的线路太长、太险,一个航程费时几个月,途中险滩涡流像一个个陷阱,时刻准备吞噬运粮船。他精心探索着,想寻找一条最佳航线。渐渐的,新的航道在他心里慢慢形成,他断定,如果避开海岸,船队进入深水洋面,即便逆风,一月可达。于是,他亲率船队,再次扬帆,出长江口,往北驶过万里长滩后,朝东北折向大海深处的青水洋,再穿过黑水洋,绕过成山角,进入渤海湾抵达直沽。接着,朱清对新航道又作修正,使船队10天就到达大都,粮食年运输量从10万石猛增到330万石,粮食损失率由百分之十五降低至百分之二左右。

历经11年,朱清不断实践、探索、总结,终于开辟了航程又短又安全的新航线。他在日志里将航行的方位、地点、时日、风向、水情、地貌、险情,一一记载下来,元代赵世延将其收录进《大元海运记》书中。后来,郑和下西洋就选的这条线路,现代上海到天津的海上交通,仍然基本是这条线路。

不过,元代人却把这些功劳归于宰相伯颜名下,《元史·食货志》云:

> 自丞相伯颜献海运之言,而江南之粮分为春夏二运。盖至于京师者一岁多至三百万余石,民无挽输之劳,国有储蓄之富,岂非一代之良法欤!

这"一代良法"之功被伯颜冒领,殊不知,真正的功臣是朱清。

朱清的功绩不仅开通了海上粮运航道,更是推动了海上丝绸之路的兴盛。浏家港原来是个江边小码头,乡民靠耕耘与打渔为生,自朱清开辟海上航运以后,一下子变为盛极一时的东南巨港,千舟汇聚,桅杆如林,居民漕户云集,高楼大宅列若鳞次。不仅如此,朱清还招来了东北亚、东南亚各国的商船。明代张寅《太仓新志》有载:

> 刘家港巨艘大舶,帆交番夷中,奇珍异货,皆于此交易。

民国《崇明县志》也有记载：朱清"大通番舶，琉球、日本、高丽诸国咸萃焉，太仓初只数十家，至是称天下第一都会。"

由是，浏家港有了"六国码头""天下第一都会"的之称。后来，郑和七次下西洋的庞大船队，也是从这儿入海出发。

朱清打破了 700 余年来运河为南北交通唯一水上通道的历史，对于清代的南通来说，他则在无意之间造就了海上沙船运输"通海帮"的崛起和兴旺。

南通因有沿海地理位置的优势，产生了大批熟悉航线、航海技能娴熟的船员，造船业和海运业发达。朱清监造的平底沙船，给南通船工提供了海上快捷运输工具，他们驾驶着沙船，在海上往来于江南与山东、东北之间以及东亚、东南亚之间，运输粮食、大豆、棉花、布匹、豆饼等，占据了沙船海运三分之一江山。2022 年 11 月 21 日，在崇明岛长江口横沙水域打捞上来一艘古沉船，发现大量商品瓷器和其他文物，专家认定，这是一艘清同治年间的商船，典型的平底沙船，这是不是当时横行海域的"通海帮"所属？专家还在考证。

不过，据南通学者赵明远考证，"通海帮"虽在航运上拥有绝对的话语权，可以在上海等大城市买房立户，势力达到"骄逸成性"的地步，但他们基本都是在外面扬名立万，并没有发现他们像徽商一样反哺故土的事例，这实在令人非常遗憾。

古河两岸门第高

管仲,名夷吾,字仲,史称管子。他是春秋时期的政治家、思想家、军事家,还是一位经济学家,因为,他对商品、生产、贸易、货币、价格、市场等,都有深刻的认识与实践,他的商业哲学是以利为中心,在商海之中明辨利害,趋之以利,创造条件规避风险,获取利润,后人常说的"商人重利",即源于管仲。

管仲在齐国为相40年,做了许多影响后世的事,但在淮盐产地,人们更在意他在推行官盐制度上的贡献,把他尊奉为三位盐宗之一,建庙供奉。三位盐宗分别是海盐开创者夙沙氏、贩卖食盐的鼻祖胶鬲、官盐专营制度创始人管仲。

不过,管仲虽然制定了食盐民产官收、官方运输、官营买卖的规制,却一生没有亲自煮过盐,也没有亲手操持过秤杆,让他意料不到的是,1800年后,他的一位后人,赓续他的事业,来到南黄海边,煮海为盐,以盐创业。

元朝元贞二年(1296),管仲六十一代孙管重和降生在武进凤墅桥管家村,父亲管仁一,给他这头胞胎长子取名堂一,字重和,后来又生四子,分别叫堂三、堂四、堂五、堂六,缺个堂二,估计早夭。

管重和从小面相清奇,乡人观其相貌,都说此子有官相,因为乡里流行一句谚语:头大额头宽,长大好做官。管重和就是这副"头大额头宽"的面相。

作为家里长子，家庭的担子必然要早早担在肩上，所以管重和从小就能吃苦耐劳。管重和21岁结婚，妻子是兵部主事秦某次女；32岁中殿试第一甲，赐进士及第，秩从六品，后来历任河南临漳武安县县尹、彰德路同知，应了乡人"长大好做官"的话。当官期间，由于"为政端先，职可开先"，被朝廷颁奖，授予"奉政大夫"荣誉，以嘉勉他"清白之风，率勤之志"，他夫人秦氏也被赠予"宜人"名分，褒奖词中称秦氏"护家佑族，宜家之风，厚道和睦，具见同心"。

然而，好景不长。元朝后期战乱纷起，时局动荡，元人又轻视汉官，管重和便挂印辞官，带着家人隐居常州，开馆授徒，当上一名老师。可不久，常州也不安全了，张士诚起兵，两年后攻下常熟、苏州、常州、无锡、镇江等地，常州陷入兵荒马乱之中，管重和把资产交于弟弟管堂六管理，率领儿子管正七，孙子管八二、管八三、管八四等数十人，渡过长江，到天涯海角一般的如皋县掘港场，定居于串场河畔，操起他先祖管仲倡导的营生：煮海为盐。

按说，管重和好歹是元朝的官，子女也应该取个像模像样的名字吧，这管八三管八四的，谐音不三不四，哪像人名？可元朝就是这样规定的，汉人的孩子，出生时是几月几日，就按日子起名，管你什么奉政大夫不奉政大夫，这个面子不能给，只要是汉人，概莫能外。就如那个后来推翻蒙古族统治建立明朝的朱重八，就是十六日出生的，只不过给他取名的可能是位学究，把十六拆分开来，化为两个八，弄来弄去，只能在数字上做游戏。这有点像日本人，在田里出生就叫"田中"，在松树下降生就叫"松下"。蒙古人给汉人下了这么个死规定，完全是为了截断汉族文化传承，打击汉人文化自信，如果元朝存在时间再长点，汉族文化会不会出现断层，还真未可定。

管重和为何要逃跑，而且逃到天之尽头扶海洲的掘港？他的心理不难推测。他虽然辞官当了教师，但毕竟曾是元朝的官，在盐民起义的张士诚统辖区域内，这是个污点，挺不直腰板儿。说起来他也是生不逢时，别人当官，扬眉吐气，他当官，两头不见容。这就是张士诚来了他要举家外逃，而他弟弟却不肯挪窝的原因。

管重和为官期间就对掘港场做过了解，这里偏隅南黄海一角，东边临海，南边靠江，串场河往西至丁堰闸，直通泰州，连接大运河，水路交通非常方便，天高皇帝远，既远离战祸，又便于逃匿，加上有亲友在如皋为官，彼此有个照应。

管重和在掘港定居煮盐，开枝散叶，一不小心成为掘港管氏一世祖。他率儿孙垦荒建房，广置盐灶，逐步成为制盐大户。后来局势越来越混乱，老家乡亲纷纷来投，加入他的盐民队伍，他把烧盐过程中摸索出来的经验和技术革新小窍门，毫不吝啬地传授给其他盐民，使掘港盐业生产进一步发展，掘港逐步繁荣。

一晃10年过去了，儿子正七已病故，孙子八三、八四被征服兵役徭役，一去不归，家中只剩下八二侍奉祖父母。1368年初，朱元璋建立大明王朝，定都南京，立即诏告天下，遗民逸士可入京应试服官。管重和的弟弟写信给他，催他尽速回京复职，他说自己年事已高，已没做官欲望，辞而不往。这一年，他的妻子秦氏久病医治无效，撒手人寰，享年71岁。1381年，86岁的管重和走完他动荡与凄苦的一生，去与他貌美贤淑的妻子重相厮守。

无独有偶，明初期，又一先哲后裔壮大了南通盐民队伍阵容，其先祖便是孔子七十二贤人中性格急躁、刚勇莽直的子路仲由。

子路曾做过大官，但为了追随孔子，他辞去官职，随孔子周游列国，并且跟随孔子时间最长。在《论语》中，孔子对这位弟子的评价最多，时有褒贬。子路的秉性刚直，果敢决断，侠义守信，这一点，孔子大加赞赏，但子路的逞勇好斗之性，孔子常予呵斥，认为不足取。后来，子路出于信义，挟勇救主，被对方打落帽子，受孔子教育多年的他，割不正不食，席不正不坐，"君子死，冠不免"，即便死，也不能有失君子风度。于是，他赶紧收拾帽带，戴好帽子，对方乘机一拥而上，把他剁为肉酱。孔子闻之，痛心疾首。

今海安市西场镇仲氏祠堂供奉三位先祖，正中为子路坐像，左侧乃子路四十九世孙、北宋末年护卫康王南渡的仲基，右边是子路五十六世孙、明朝初年避朱棣兵难而迁泰州的仲子宣。地处海安市开发区的仲子书院和仲子文化广场，由全国仲子历史文化研究会理事长仲跻和兴建，以传播仲子"忠、义、勇"传统文化。仲跻和不仅收集到全国各地的仲氏后裔族谱、家谱数十上百种，还编辑出版了仲子文化研究集大成的《仲里广志》一书。《仲里广志卷八·流寓》记载，海安仲氏族人迁自泰州富安场东海滨（今属盐城东台），与如皋仲氏族人同宗同支。海安仲氏主要居住在西场、壮志、李堡、大公诸乡镇，并向今泰州市海陵区迁出。

海安时属泰州，是淮盐"三十六盐场之咽喉，维扬之锁钥"，淮南上中下盐场大部分运盐船，均经由海安运往泰州盐仓，而角斜则是淮盐重要盐场之一。仲子宣移民海安，是不是在角斜场煮盐，没人知道，只知道他像管重和一样，因盐而兴，因盐传家。仲氏第七十一世孙仲贞子，精擅诗书画印，曾作《海安西场仲氏家世歌》，可看出仲氏迁来海安的大致线路。歌云：

> 仲氏家族，始祖子路。居于山东，出身贫苦。孔子门生，卫圣御侮。百里负米，孝敬父母。闻过则喜，政绩显著。
> 子孙繁衍，全国分布。四十九世，基公南渡。定居吴江，泰州后图。分支西场，永乐之初。代有名人，各有建树。

仲氏是南通一大世家，乾隆初年，仲之琮在西场建古树园，郑板桥、罗两峰、李复堂等书画名家在此雅集；乾隆末年，仲振奎写成戏曲《葬花》一折，成为《红楼梦》戏曲改编第一人；后辈中，才女仲延康与魏家公子魏锡侯联姻，他们的长子叫魏建功。魏建功的头衔很多，但只要记住中国现代语文学开拓者、北京大学中文系古典文献专业奠基人、《新华词典》之父、台湾推广国语（普通话）创办人这几个就够了。尤其是在台湾推广普通话这一项，居功至伟，著名作家老舍之子、曾担任中国现代文学馆馆长的舒乙写道：

> 到了台北，一下飞机，遍地的台湾"国语"声，亲切得不得了，和在香港听到的口音大不一样，大有到家了的感觉。全岛二千万人会说北京音的"国语"，真是一大奇迹。原来，有一大批从大陆过去的语言学家，早在抗战胜利之后，就到了台湾，抱成一团，拼死拼活地干，硬是用"国语"把台湾的语言彻底地人工地改造了，把日语的影响从根儿上

加以铲除，实现了语言上的大统一。语言，在这儿，出人意料地，成了海峡两岸统一的坚强的纽带；而语言学则是祖国统一这一伟大实践的天然的先行者。

通吕运河的乡愁

南通因水而兴，却也因水而滞。

一条运盐河，催生了运河两岸杨柳村郭，条条串场河，沟通着镇场村郭之间的舟楫航道。南通所处又是江又是海的，在古代虽有交通之利，却也迭遭江洪海侵之患。从宋代到民国的970年里，南通发生旱灾水患300余次，差不多三年就出现一次赤地千里或汪洋俘殍情景。宋代元丰四年（1177）七月甲午夜，静海、海门沿江2730间官舍私房被淹没；元大德五年（1301）五月，包括通州在内的沿江34800余户庐舍没入水中；明洪武二十三年（1390）七月，吕四一带盐场捍海堤溃毁，溺死盐丁三万余口；明嘉靖十八年（1539）闰七月，海浪溢过堤防，溺死民灶人丁29000余口，淹没房舍畜产不计其数；清康熙十一年（1672），海门几乎全部坍入江中，仅存田亩39顷多，废县为乡，并入通州；清光绪三十一年（1905）八月初三，台风携海潮骤至，沿海民众溺死万余。据此，南通女诗人王蝶飞写道：

> 有多少流水就有多少落花
> 有多少月光，就有多少梦牵魂绕的诗句
> 初看，运河水悠悠
> 再看，我的泪悠悠……

江潮海浪，不停地、反复地肆虐这方土地，百姓苦不堪言。历朝历代为防水患，不停地筑堤建闸，疏浚与开凿河道。自从第一条人工大河古运盐河贯穿南通西北境后，后周显德年间（954—958），姚氏政权从通州向西北凿河十里，越过古横港，接通白蒲镇。进入宋朝之后，凿河修堤的工程逐渐频繁起来，宋咸淳元年（1265）起，两淮制置使李庭芝开凿盐粮运河，从通州经金沙至余庆场（今余东镇），长四十里；明成化二十年（1484），巡盐御史李孟旴续凿七十里；明嘉靖十六年（1537），通州同知舒缨再凿三十里，贯通全线，此即为今天始于崇川区节制闸分水岛衔接老通扬运河，向东流经通州区、海门区，由启东市吕四船闸入海的通吕运河，史称南通"第一运河"。

对于很多人来说，通吕运河只是一条河流，只不过航运地位重要罢了，但对于南通人来说，它还承载了时代变迁的记忆和延绵不绝的乡愁。携一缕清风，掬一泓流水，和运河来一次亲密接触，触摸这条河流的脉动，捕捉它的来龙去脉。

通吕运河是好多代人童年成长的摇篮。夏天，孩子们三五成群，瞒着父母结伴到河滩玩耍。摸螺蛳、抓螃蟹、拔茅针、吹芦笛，运气好的话，还能捡拾几枚放鸭人漏捡的鸭蛋。桑果成熟时，就爬上岸坡的桑树尽情吃个够，常常弄得衣服上红一块紫一块。孩子们"听惯了艄公的号子，看惯了船上的白帆"，遇到背纤的船夫，争先恐后拉上纤绳，附和着船夫的号子，体验一下纤夫的艰辛。孩子们最爱玩的，还是爬上停泊的木排，在排面上追逐嬉闹，那上下起伏的木排，就是儿时的水上乐园。

河流是有记忆的。这记忆，不仅通吕运河有，由古运盐河衍生而来的老通扬运河有，九圩港河、新通扬运河、新江海河、如海运河、栟茶运河、如泰运河、北凌河、遥望港河、焦港河、通启河也有，作为曾经的运盐、串场河、漕运河，它们都亲身经历与亲眼目睹了这片土地上发生的灾难与沧桑变迁，留下不可磨灭的记忆。唐代以前的事且不必说，因为那时胡逗洲还未曾与大陆并接，这些河流好多还未形成。且说宋代宝元年间（1038—1039），通州判任建中，在通州城西五里筑二十里江堤，人称"任公堤"，是为南通筑堤防

唐闸运河边"大生马头"牌坊建成于1907年,四个字由张謇题写。码字无石,寓意大生是匹活马;马只三点,意思是大生财富永驻。

(黄俊生 摄)

汛之肇始,此后又有狄公堤、沈公堤、桑子河堰、包公堤等,均以主持修筑堤防的官员命名,最著名的当属范仲淹主持修筑的捍海堰"范公堤"。

有河就有堤,有堤就有闸桥,元代在黄泥山的长江边和白蒲镇建"通济闸"三座,在通州城濠河上建桥,那时叫通济桥,今天叫长桥。后来便有唐家闸、西清闸、东渐闸、西被闸、陆洪闸、盐仓闸这些称谓。南通河多,桥亦多,多到不胜枚举,许多地名和乡镇名都以桥来称呼,立发桥、仁桥、袁桥、潮桥、刘桥、陈桥、北兴桥、五接桥等等,都是人们聚集那里进行商品交易,逐步形成的集镇。

所有的这些记忆,都是人与天斗、人与地斗的记忆。其实,所谓"与天斗,其乐无穷;与地斗,其乐无穷",只是一种浪漫主义的乐观精神而已,经历过这过程的人们,永远不会忘记其中的悲壮。曾几何时,南通先民逐水而居,因江因海因河而兴,却也因此而倍加艰辛,千百年来,南通先民与江海的抗争从未停歇,直至民国三年(1914),状元公张謇还在邀请荷兰、瑞典、英国、美国的水利专家，来通州商讨沿江保圩方案，聘请荷兰特莱克担任南通保圩会工程师，主持沿江筑堤工程。状元公直至生命的前一刻，还在酷暑里顶着烈日视察筑堤工地，从而染病身故。

可以说，状元公张謇不仅是教育家、实业家、爱国者，他的一生，也是大兴水利、保圩安民的一生。

俱往矣，数风流人物，还看今朝。今天的南通，进入了大江、大海、大河、大桥时代，昔日的灾难，已成今日的回忆。君不见，苏通长江大桥、沪苏通长江公铁两用大桥、崇启长江大桥飞架南北。2022年，张靖皋、海太、北沿江3条过江通道同年开工，苏通二通道环评首次公示，崇海通道也在前期研究中。"八龙过江"的交通格局正在逐步形成。

太阳落山的地方就是天涯，河流经过的地方就有乡愁。通吕运河，承载着江海儿女的乡愁，流向蔚蓝大海。

NANTONG
THE BIOGRAPHY

南通 传

长寿将军：吕岱的『海上凿空』

第五章

三国的历史天空

在《三国演义》的刀光剑影和鼓角铮鸣中，几乎难以寻到吕岱的身影，吕岱的名字，只在第一百零八回《丁奉雪中奋短兵 孙峻席间施密计》孙权临终托付后事时出现过一次：

> 太和元年秋八月初一日，忽起大风，江海涌涛，平地水深八尺。吴主先陵所种松柏，尽皆拔起，直飞到建业城南门外，倒插于道上。权因此受惊成病。至次年四月内，病势沉重，乃召太傅诸葛恪、大司马吕岱至榻前，嘱以后事。嘱讫而薨。在位二十四年，寿七十一岁，乃蜀汉延熙十五年也。后人诗曰：
> 紫髯碧眼号英雄，能使臣僚肯尽忠。
> 二十四年兴大业，龙盘虎踞在江东。

一位活到96岁的东吴良将，罗贯中在书中仅寥寥数语就给打发了，而且安排在孙仲谋人生谢幕之前才登场，完全一个跑龙套的角色。其实不然，寥寥数语就已告诉读者，吕岱是孙权所信任和倚重的近臣，不然不会把他作为顾命大臣来托付后事。再说，罗贯中是文学家，《三国演义》是部文学作品，以魏蜀吴三国争锋为背景来叙述历史进程，素材的选择，情节的安排，都必须服从主题的需要。吕岱虽为东吴名将，但他的战功基本都在平定内乱、巩固东吴局面方面，在与魏蜀正面交锋中很少出场，包括官渡之战、赤壁之战、夷陵之战这些重要战事中均无表现。

所以，罗贯中不把吕岱作为重要人物来描写，完全可以理解，只"乃召太傅诸葛恪、大司马吕岱至榻前，嘱以后事"这一句就足够了。

陈寿就不一样，他是史学家，史学家无需创作构思，秉笔直书就是，所以，在《三国志》里，陈寿用两千多字来介绍吕岱的生平和事迹，为吕岱立传。作为史书，每一个字，每一个细节，都必须准确，有据可凭，孙权去世时，吕岱是上大将军，还没坐到天下兵马大元帅的位置，大司马这一职位，是孙权的儿子孙亮继位后才委任的，文学家罗贯中可以提前这么称呼，史学家就不能。

如皋城里吕岱塑像和蔼可亲，活脱一副慈祥长者形象。（黄俊生 摄）

明代杨慎在他的《临江仙》词里唱道：

滚滚长江东逝水，浪花淘尽英雄。是非成败转头空。青山依旧在，几度夕阳红。

白发渔樵江渚上，惯看秋月春风。一壶浊酒喜相逢。古今多少事，都付笑谈中。

这阕词，让后人读得荡气回肠，意味无穷，或慷慨激昂，或沉郁苍凉。历史是一面镜子，镜子里是白面书生，还是虬髯壮汉，完全取决于照镜子的人，镜子折射的是悲喜人生，没有人生观照，镜子就是摆设。《三国志》就是一面镜子，折射出一个个鲜活的、跌宕起伏的悲喜人生，吕岱只是其中的一个。

《三国志·吴书·吕岱传》开首说：

> 吕岱字定公，广陵海陵人也，为郡县吏，避乱南渡。

那时，广陵郡属徐州，海陵县即今之泰州、海安、如皋一带，准确地说，吕岱出生在今天的如皋市林梓镇，那年是公元161年。这一年，至少出生了两位三国重要人物，除了吕岱，还有一位就是刘备刘皇叔。吕岱父亲是个地方官，具体什么职务陈寿没有说，吕岱本人也在县里当小吏。刘皇叔就不同了，出生贵胄之家，中山靖王刘胜后裔，不过，到他这里也已经落魄了，与母亲贩鞋子、织草席为生，貌似境况还不如吕岱。生在东汉末年，大家日子都不好过，社会动荡，民不聊生，江淮之地被曹操强令迁徙，差不多成为一片隙地，吕岱不得已南渡长江，到江南谋取生路。恰好，东吴孙策战死，其弟孙权执掌江东，下令广纳人才，吕岱上门应聘，被孙权赏识，委以吴县县丞一职。

> 孙权统事，岱诣幕府，出守吴丞。权亲断诸县仓库及囚系，长丞皆见，岱处法应问，甚称权意，召署录事，出补余姚长。

县丞是县令的助手，本质上还是个吏。吕岱出任县丞时，已快40岁，出道很晚。对吕岱来说，县丞这个位置是他仕途的转折点，他管理内政的才华得以充分展现。当孙权亲自召集各县县丞考核仓库物资储备和监狱管理情况时，吕岱的回答特别周全，孙权非常满意，于是，把吕岱留在身边当秘书，辅佐自己处理文书。不久，机会来了，余姚县县长位置出现空缺，孙权便让他补了这个缺。

县长就是官了，可以独立处置辖内军政事务。吕岱第一件事就是招募精丁，挑选1000多人，训练成一支体格强壮的军队，这支队伍后来跟随他南征北战，立下赫赫战功，吕岱的军事才能亦随之显现出来。211年，会稽郡发生吕合、秦狼二人叛乱，波及五个县，声势颇盛。孙权派都尉蒋钦发兵征讨，委任吕岱为督军校尉，辅佐蒋钦，合力平叛。陈寿没有详细叙述平叛经过，只说"遂禽合、狼，五县平定，拜昭信中郎将"。这次平叛后，吕岱因功被拜为昭信中郎将。中郎将说大不大，说小不小，介乎于将军与校尉之间，中高军职，意味着吕岱在军方的地位得到巩固，这年，他50岁。这个年龄，在三国时期已算高龄，那时，比他小14岁的周瑜已经丢下娇妻小乔撒手人寰，与他同龄的刘备刚刚成为孙权的妹夫，与东吴秘密达成协议，联合谋取刘璋的益州，孙权便令昭信中郎将吕岱督兵随刘备入蜀。

征战南北大司马

吕岱跟随刘备入川一事,《三国志》有载,《三国演义》却只字未提。《三国志·吴书》曰:

> 建安十六年,岱督郎将尹异等,以兵二千人西诱汉中贼帅张鲁到汉兴寨城,鲁嫌疑断道,事计不立,权遂召岱还。

这段记载不是陈寿原文,而是南朝宋裴松之注释《三国志》的补文,后人对这段记叙颇有争议,认为吕岱狂奔几千里,穿越秦岭,到曹操实际掌控的境内引诱张鲁,不合情理。事实上,东汉建安十六年(211),是比较重要的一年,这一年,曹操、刘备、孙权势力都有突破:曹操实际控制了关中地区,刘备开始实施诸葛亮《隆中对》中谋取益州的部署,孙权收服了南方交州蛮夷诸郡,三方处于一种相对和谐与共赢的局面。吕岱配合刘备率兵引诱张鲁,意图断其后路聚而歼之,生性多疑的张鲁没上当,计划告败,后来,孙权将吕岱召回。不管怎样,这是吕岱见诸史书直接参与三国正面争锋的军事行动之一,另一次是建安二十年(215),配合吕蒙收复长沙三郡的行动:

> 建安二十年,(吕岱)督孙茂等十将从取长沙三郡。又安成、攸、永

新、茶陵四县吏共入阴山城，合众拒岱，岱攻围，即降，三郡克定。权留岱镇长沙。安成长吴砀及中郎将袁龙等首尾关羽，复为反乱。砀据攸县，龙在醴陵。权遣横江将军鲁肃攻攸，砀得突走。岱攻醴陵，遂禽斩龙，迁庐陵太守。

公元215年，孙权派吕蒙带领大军，攻入被刘备借去不肯归还的长沙、桂阳、零陵三郡。荆州守将关羽兵力不足，只得将三郡拱让。刘备注意力放在谋取益州上，其时庞统已阵亡，诸葛亮、张飞、赵云、黄忠、魏延这些重臣猛将都在蜀中，荆州兵力也被大批调入蜀地，所以，无暇顾及三郡，只得承认长沙、桂阳两郡归属孙权，孙权也做出让步，把零陵还给了刘备，史称"湘水划界"。

在攻取长沙三郡中，吕岱虽然没参与什么大战，事实上也没发生大的战事，但吕岱总督十支部队，小摩擦、小战斗还是时有发生。长沙郡所属安成、攸、永新、茶陵四县，一些维护汉室正统、忠于刘备的官吏先后涌入阴山城，聚集在一起，联合抵抗吕岱，吕岱派兵围剿，迫使城内抵抗力量投降，三郡平定。吕岱再一次证明他平定叛乱的军事才能，孙权遂留吕岱镇守长沙。

这期间，另一支吴军叛乱发生，就是安城县令吴砀与中郎将袁龙暗通关羽反叛。此次叛乱细节无法考证，是吴、袁二人主动与关羽"首尾"，还是关羽暗中策反二人，不得而知。有一点，对于长沙、桂阳在自己手上丢失，关羽心存芥蒂无疑，所以，吴砀、袁龙的叛乱，关羽一定介入了。这就为他后来被孙权擒获，孙权并没顾念关羽是自己妹夫刘备的结拜兄弟，就直接砍了首级而埋下祸患。

吴砀、袁龙二人反叛后，吴砀占据了攸县，袁龙占据了醴陵。孙权派鲁肃进攻攸县，派吕岱进攻醴陵。鲁肃虽破攸县，可吴砀突围逃脱；吕岱攻下醴陵，抓获袁龙，将其斩杀，献首级与孙权。两相比较，吕岱战绩似乎好些，因此升迁为庐陵（今江西吉安一带）太守。

延康元年（220）是东汉皇帝汉献帝刘协第六个也是最后一个年号，延康年号只存在七个月，汉献帝即被迫将皇帝位禅让给曹丕，东汉灭亡，中国历史正式进入三国时代。这一年，60岁的吕岱接替步骘担任交州刺史，走向最辉煌的人生。

交州是汉代十三州之一，也是汉朝最南部疆域，汉末设七个郡，其中交趾、九真、日南在今越南北部和中部，南海、苍梧、郁林、合浦在今广东、广西、湖南境内。交州因处于曹刘孙势力可及范围，三方都想染指，建安十六年（211），东吴大将步骘趁刘备西夺益州之际，占据交州。220年，关羽被孙权所杀，悲愤至极的刘备整军备战，要为丢失荆州向孙权复仇。面对陡然上升的军事压力，孙权急调步骘率一万多人到长沙布防，交州刺史改由吕岱接替。

作为步骘后继者，吕岱首要任务就是维持住东吴在交州的局面，毕竟汉人统治在这里的基础向来薄弱，吕岱能维持住现有局面就已属不易。然而，吕岱治理交州，恩威并施，搞出了大动静：

> 到州，高凉贼帅钱博乞降，岱因承制，以博为高凉西部都尉。又郁林夷贼攻围郡县，岱讨破之。是时桂阳浈阳贼王金合众于南海界上，首乱为害，权又诏岱讨之，生缚金，传送诣都，斩首获生凡万余人。迁安南将军，假节，封都乡侯。

吕岱刚到任，合浦郡高凉县的山贼首领钱博就主动请降，吕岱顺势任命其为高凉西部都尉。都尉军职已经不低了，钱博自是十分感激，誓死效忠。吕岱这样做，有向其他山贼示范的意思，步骘带走一万多人，交州军事力量空虚，地面上想要搞事的不少，吕岱不得不招降纳叛，充实兵力。对于那些一意作乱的寇贼，吕岱毫不手软，坚决剿灭。郁林郡的蛮夷发动叛乱围攻郡县，吕岱迅速击破；桂阳郡浈阳县贼首王金聚众南海郡交界处，祸乱地方，吕岱受命征讨，斩杀俘获万余人，生擒王金，押至都城。吕岱剿贼以少胜多，靠的是恩威并施手段，当柔便柔，当狠便狠。吕岱因治理交州有功，孙权拜其为安南将军，赐予先斩后奏权力，封都乡侯。

如果说，吕岱初来乍到，面临的是交州杂牌势力，应对起来游刃有余，那么，针对地方上势力最强劲的士燮家族的挑战，就尽显铁腕手段。

遣使南海第一人

所谓最强劲的对手，指的是士燮家族。士燮从187年起至226年去世，在长达40年时间里，担任交趾太守。虽然交州刺史换了一任又一任，但士燮才是交州的王，三个弟弟分别担任合浦太守、九真太守、南海太守，交州七郡，有四郡掌控在士家手中。在东吴控制交州之前，刘表欲染指交州，上表任命了自己人赖恭为交州刺史，曹操为阻止刘表，极力拉拢士燮，以朝廷名义封士燮为绥南中郎将，总督交州七郡，同时兼任交趾太守。这样交州就有了双重头领，即交州刺史赖恭与总督七郡士燮。流水的刺史铁打的士燮，不管交州刺史是东汉朝廷的、刘表的、曹操的，还是孙权的，他们在交州的权势都远比不上士燮。不过，天下三分局势越来越明朗，荆州被孙权所控，切断了交州与曹魏的联系，士燮无法再左右逢源，只能名义上服从孙权，双方相安无事。

226年，90岁高龄的士燮去世，维持交州地方与东吴政权微妙平衡的关键人物不在了，交州各方顿时陷入紧张的气氛中，山雨欲来风满楼。

孙权率先动作，任命士燮之子士徽为安远将军、九真太守，把原先士燮把持的交趾太守位置交给校尉陈时。这样做的目的，是把士氏家族从交趾支开，实行改朝换代。

对于主公欲收拾士氏家族的意图，吕岱自是意会，他向孙权建议，将交州拆分，交趾、九真、日南三郡设为交州，将军戴良任刺史，南海、苍梧、合浦、郁林四郡设为广州，吕岱任刺史。中国历史上第一次有了"广州"这个地名，吕岱成为广州第一任父母官。吕岱这样做，目的是把士氏家族隔开来，用两名刺史分而治之。心知肚明的士徽当然无法接受，陈兵抗拒新任交州刺史戴良赴任。这正中吕岱下怀，主动请求带兵讨伐，带兵三千，渡海南进。

交州诸郡属于未开发的偏远地区，地形复杂，行军缓慢，达不到奇袭效果，吕岱便采取海上行军。有人表示担忧，提醒吕岱："徽藉累世之恩，为一州所附，未易轻也。"岱曰："今徽虽怀逆计，未虞吾之卒至，若我潜军轻举，掩其无备，破之必也。稽留不速，使得生心，婴城固守，七郡百蛮，云合响应，虽有智者，谁能图之？"

有人说："士徽凭借家族声望，州内很多人都归附于他，此去恐怕不轻松啊。"吕岱答道："如今士徽虽然谋划叛乱，却料想不到我军速度之快，如果我们能攻其不备，打他个措手不及，定可一举成功。反之，如果我们稍有迟疑，正遂了士徽之愿，使他产生信心，继而坚守城池，时间久了，这七郡的蛮夷部落就会纷纷响应，到时候，有再多的计策也没意义了，就拿士徽再也没办法了。"

正如吕岱所料，士徽没想到吕岱来得如此神速，果然非常震惊，慌乱之中不知如何是好，只好带着兄弟六人脱去上衣，赤膊投降。结果，吕岱断然采取颇受争议的举动，将士徽兄弟们全部斩杀，首级送到武昌。这一系列行动，如果给罗贯中描述，定会用几个章节，陈寿却只用二十八字交代而过：

> 徽闻岱至，果大震怖，不知所出，即率兄弟六人肉袒迎岱。岱皆斩送其首。

士氏家族在交州几十年，并无残暴之举，甚至可以说颇得民心，吕岱担心行动慢了，当地人会群起响应，所以，将士徽等人斩首，以绝后患，其用意可以理解。但士徽既然已经投降，吕岱却皆尽杀之，后人认为吕岱有些过了，无怪乎士徽的部将甘醴、桓治等人"率吏民"攻击吕岱。当然，最终都被吕岱一一击破，斩杀一万多反抗者。作为一位智勇双全的高级将领，吕岱对剿匪平叛特别在行，每次平乱都能建功立业，屡战屡胜，从无败绩，连孙权都不得不佩服，赞扬吕岱"忠武之节，于是益著"，欣慰地说"国家永无南顾之虞"了。为此，孙权进封吕岱为番禺侯，拜镇南将军。不久，孙权又将岭南七郡合并，重新恢复交州建制，仍让吕岱当刺史。

岭南既定，交州彻底被东吴节制，汉人在南夷一带的地位得到巩固。吕岱除了清剿残匪、安境抚民之外，花费很多精力去做另一件大事，这件事，《三国志·吕岱传》里描写得并不详细：

又遣从事南宣国化，暨徼外扶南、林邑、堂明诸王，各遣使奉贡。

如果不留心，读到这里很可能一带而过。其实，这"南宣国化"对当时以及后世的影响十分巨大，不仅强化了东吴对交州实际统治，而且使东南亚诸国都知道了强大的东吴帝国的存在，对拓展华夏文明，有着非常深远的影响，具有开创性意义。这一点，身在其中的孙权没有意识到，就连吕岱本人，也不一定明白其意义所在，但后代人却是看得清清楚楚，史学家范文澜在《中国通史简编》中明确告诉人们，吕岱的南宣国化行动"从此开始了中国和海南诸国的正式往来"，有人还通过归纳对比，认为吕岱可与东汉班超出使西亚相媲美：班超是陆上丝绸之路"清道夫"，吕岱是海上丝绸之路"拓荒者"。

当然，这断言为时过早。东汉之前的秦朝甚至更早时期，就已开通海上贸易往来，西汉时期，随着南海丝绸之路的开辟，中国对东南亚和南亚的情况，已经有了一定了解。东汉时期，曾有究不事（柬埔寨）、掸国（缅甸）、叶调（印度尼西亚）等东南亚国家派遣使者访问中国，与东汉朝加强经济联系和文化交流。但是，有史料记载的、中国第一次往南洋派遣官方使者的，吕岱当属第一人。所以，作为海上丝绸之路拓荒者，吕岱乃不二人选。

事情是这样的：吕岱在平定士氏家族和南方诸夷动乱以后，觉得应当把对外宣扬东吴国威、教化南海诸夷放到议事日程上来。正好，一个叫秦论的大秦商人，由罗马经越南来到吴国武昌，孙权召见了他，询问一路所见，孙权听了很感兴趣，萌发遣使海外的想法。主公与臣子心意相通，于是，吕岱派出中郎将康泰和宣化从事朱应，驾驶巨大战船出使南海诸国。康泰与朱应两位都是管理海上事物的官员，熟悉海上航海，带去的士兵都是出生南方的水手，个个习惯海上生活。那时，东吴的造船技术很高，在福建福州就有造船基地，由一名典船都尉负责造船，所造之船

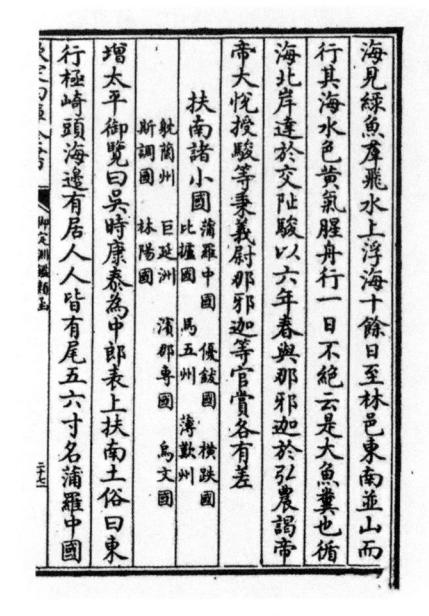

《四库全书》中记录了康泰出使扶南所见所闻

吃水深，吨位重，上下五层，可载三千士兵。孙权曾专门派船将秦论送回罗马，可见吴国的海运技术已经强大到远渡重洋如履平地的地步。凭借如此先进的船舶，康泰和朱应一路南下，出使"西南大海洲上"，到达今天的越南中部、柬埔寨、老挝中北部和南洋群岛一百多个国家，康泰和朱应作为我国最早到达南洋地区的官员，比郑和下西洋早1000多年。毫无疑问，他们不是用大炮轰开南洋诸国大门的，他们带去怀柔政策，当然还有见面礼，所以，东南亚很多国家都与吴国建立了良好的外交关系，一些小国家臣服东吴，每年遣使进贡，成为吴国附属国。两位远行看世界的使节，回国后分别记述了所探行的海上航线，各自向朝廷写了"考察报告"，康泰记录了前往中天竺（印度）的航道，朱应记载了从印度洋到罗马帝国的海上航程。可惜的是，康泰所写《吴时外国传》、朱应所写《扶南异物志》这两本记录当时东南亚国家的珍贵文献，原书已经佚失，只能从一些古籍所摘录的片段中，捕捉这两本书的踪迹，以及两本书所记录的东南亚国家的风土人情。这些记录

康泰、朱应行踪的古籍中，最重要、记载最详尽的，当属姚察、姚思廉父子的《梁书》。

吕岱遣员出使南海诸国，这么一件古代外交史、航海史上的大事，为何陈寿只是一笔带过？历代学者种种猜测，不得全貌，尚为疑团。

高阳荡里悬素棺

"七十多来西,八十小弟弟,九十不稀奇,村村有期颐",这是流行在如皋城乡的顺口溜。截至 2021 年 1 月 1 日,如皋 142 万人口中,80 岁以上老人 6831 人,90 岁以上老人 1150 人,百岁老人 525 人,其中 105 岁以上老人 16 位,因此,如皋被国际自然医学会评为世界六大长寿乡之一。

如皋人长寿,由来已久,有历史记载的第一位长寿之星就是吕岱。

三国是个英雄辈出的年代,也是极不适合生存的年代,战乱、人祸、天灾,哪一样都要人命。三国时期人的平均寿命极低,有说 30 岁,有说 40 岁。瓦罐不离井边破,将军难免阵上亡;自古美人与名将,不许人间见白头。像吕岱这样的武将,居然活到 96 岁,而且直到 92 岁才"退休",真的是凤毛麟角。

也不是说三国时期就没有长寿老人了,匪夷所思地能活过 90 岁的不乏其人。比如,被吕岱铲除的士氏家族首领,交趾太守、东吴卫将军士燮就活了 90 岁,与他同寿的还有曹魏司徒、太尉高柔,汉室宗亲刘寔活过了 91 岁,蜀汉的孟光,官至大司农,"年九十余",司马懿的弟弟司马孚活了 92 岁。甚至,还有两位比吕岱活得更久,一位是饱学儒士来敏,活到 97 岁,一位是隐世高人张臶,神奇般的活了 105 岁。然而,一生戎马倥偬,开疆拓土、平叛定乱,生命不息,战斗不止,吕岱乃三国第一人。

吕岱是大器晚成的将军。他年近不惑才出道当县丞,十年后官拜昭信中郎将，55岁当庐陵太守，60岁当交州刺史，65岁平定士徽家族，75岁平定南部三郡，80岁与宰相陆逊共治武昌，依然提缰纵马，东征西战，在炎热的气候与恶劣环境下，身披坚甲，平定临贺郡的廖式以及零陵、苍梧、郁林诸郡叛乱，85岁被孙权封为上大将军，与诸葛恪分领武昌，孙亮继位后，拜92岁的吕岱为大司马，统领天下兵马。他这一生，不知道有多少英雄豪杰成为他身边的匆匆过客，凭着自己的长寿与赫赫战功，吕岱熬到孙吴后期最重要的位置上。

陈寿写到吕岱平定各路叛乱后说："郡县悉平，复还武昌。时年已八十，然体素精勤，躬亲王事。"奋威将军张承给吕岱写过一封信《与岱书》，张承说：

> 昔旦奭翼周，二南作歌，今则足下与陆子也。忠勤相先，劳谦相让，功以权成，化与道合，君子叹其德，小人悦其美。加以文书鞅掌，宾客终日，罢不舍事，劳不言倦，又知上马辄自超乘，不由跨蹑，如此足下过廉颇也，何其事事快也。《周易》有之，礼言恭，德言盛，足下何有尽此美耶！

张承写《与吕岱书》时也已60多岁了，可以算是老臣，不过，跟吕岱比起来还是年轻人，信中虽有溢美之词，但都是他的肺腑之言。这封信翻译下来是这样的：

> 过去，周公旦、召公奭辅佐周朝，有人作《周南》《召南》来称颂二公。如今，您与陆逊就相当于吴国的周公、召公。忠诚勤奋一马当先，劳累辛苦谦逊相让，从来不争名夺利，把精力放在教化百姓上，高尚的人赞叹您的品格，卑微的人喜欢您的美德。您兼任荆州公文，宾客络绎不绝，但您一旦工作起来就不肯休息，从来没听到您叫苦叫累。听说您现在还能自如地纵身上马，连马镫都不用踩，如此看来，您老当益壮超过古之廉颇啊，怎么就能做什么都超乎常人呢？吕公品德高尚，言行谦

逊，长寿又健康，天下所有的美好都被您占尽了啊！

吕岱清廉奉公，凡是他任职过地方的人们都这样评价他。当年在交州刺史任上，吕岱一门心思治理交州，把俸禄都分给了部下们，多年来，后方家中老婆孩子忍饥挨饿。孙权听说后，叹息不已，当着群臣说道："吕岱在万里之外守卫疆土，为国家做贡献，结果家里却遭受贫困，我竟然不知道。你们这些肱股耳目之臣，责任感跑到哪里去了？"孙权下令给吕岱加赐钱米布绢，每年定时送到吕家。

吕岱气度宽宏，善于纳谏。早先，吕岱听闻吴郡有个叫徐原的人很有才，见面后，吕岱对徐原赏识，赏赐给他头巾和衣服，时常与之讨论问题。吕岱推荐徐原走上仕途，徐原后来官至侍御史，主要职责就是监察官员的言行是否违法。

徐原性格耿直，直来直去不徇私情，即便是吕岱有做得不对的地方，也毫不留情直言谏诤，当着群臣，毫不避讳。在其他人看来，徐原这是不知感恩，是恩将仇报的小人行为，违背了当时士人阶层的价值观与潜规则。有人看不惯徐原，在吕岱面前挑事。但吕岱对徐原非但不生气，还对来者称赞道："这正是我推荐徐原的原因啊！"

后来，闻之徐原去世，吕岱痛哭流涕，对人说："徐原是我的益友，如今他不幸去世，以后还能到哪里听人对我劝谏呢？"

海陵（吕岱衣胞之乡如皋时属海陵管辖）是魏吴争逐之地。赤壁之战后，曹操下令沿江百姓内移，强迫海陵乡民离境，导致大量乡民渡江南下，逃往吴国。海陵县成为人烟稀少的空旷之地，大片土地荒芜。公元242年，81岁的吕岱向孙权上表，奏请回乡招抚乡民回归，重建海陵县。

如何招纳流民，重建海陵？吕岱的妙策就两个字：养马。

马是古代主要的运输工具和重要的军事装备，体现一个国家的经济实力与军事实力。中国是世界上最早驯化马匹的国家之一，现代考古发现，6000多年前，从黄河流域下游的山东，到长江流域下游的江苏，人们就开始驯化野马。古代一场大型战争，就要消耗5万到8万匹良马。吕岱利用海陵以东至海边的隙地，依照军队建制，划分地块屯田养马。50个人为一个屯，一个屯分5000亩地，养500匹马。吕岱计算了一下，海陵大约有400万亩空地，可以分成800个屯，招纳4万军民，养40万匹马。

古代养马的场所，跟现代核武器试验场一样，属于军事机密。为了保密，吕岱吩咐将"屯"字写成"邨"字，读"村"，以遮人耳目。渐渐地，作为"村"的异体字，"邨"字演化为"村"，并且慢慢成为现代乡村的基层组织。

吕岱养马获得成功，海陵隙地恢复了生机，长达半个多世纪的无人区，重又人丁兴旺。这是吕岱为家乡做的一件"泽被桑梓"的大事。

从如皋高沙土地上走出去，一生戎马倥偬，战功显赫，终于马倦人疲，太平元年（256），96岁的吕岱走完东征西伐人生的最后一步。

> 太平元年，年九十六卒，子凯嗣。遗令殡以素棺，疏巾布帻，葬送之制，务从约俭，凯皆奉行之。（《三国志·吴书·吕岱传》）

吕岱之子吕凯遵父遗嘱，"以素棺疏巾布礼"，归葬故里。叶落归根的三国长寿将军吕岱，最后一次渡过长江，回到家乡，安眠在如皋高阳荡（今林梓镇）。陪伴他的，只有一具未曾油漆的棺木，两根悬挂棺木的铁索，还有他开疆拓土、征战万里的功绩，以及南宣国化的传奇故事。

NANTONG
THE BIOGRAPHY

南通 传

曲项高歌：骆宾王隐踪之谜

第六章

一檄雄文千秋著

公元684年一个夜晚，唐蓼角咀白水荡，时值盛冬，北风劲吹，苦雨连绵。白水荡外是涯无边际的大海，浊浪滔天，声震如雷，白水荡内芦苇茂密，荻花摇曳。在如此荒凉的景象下，远处几个煮盐的灶台火焰熊熊，映红了夜空，给夜行人带来些许暖意和期冀。

忽然，一阵杂乱的脚步声与叱喝声打破沉寂的夜空，一队身着木甲或布甲的唐朝士兵，在一位陪戎校尉的吆喝下，呼啸着朝一处冒着火光的盐灶扑过去，士兵后面是十数个手持戒尺和铁索的海陵县衙役。不一会儿，盐灶那里传来阵阵欢呼声："逮着了，逮着了，朝廷钦犯骆宾王被逮着了！"

一个被五花大绑的清瘦老者在士兵与衙役的推推搡搡下，回到乡道，吵吵嚷嚷地消失在远处，白水荡重又归复寂静。

好久，芦苇荡里悉悉索索钻出一位文士装扮的老者，老者浑身冻僵，被芦叶割出一条条血痕的脸上，满是惶惧之色。他朝官军与衙役远去的方向望了望，一声叹息梗在喉咙，又咽了回去。只有他知道，真正的骆宾王就在这里，那倒霉的"西贝货"，只不过是官军聊以塞责的替罪羊。

一阵寒风吹过，他打了个哆嗦，连忙把绽露破絮的夹袍紧了紧，正了正头上竹笠，朝盐灶相反处的破败小寺庙走去，那里是他暂栖之地，官兵把"自己"逮去了，这里应该暂时安全。

盐灶的火光闪烁不定，把他长长的身影投射在小道上，飘飘忽忽，影影绰绰，他一步步向前走，似乎走回到他与徐敬业讨武勤王的日子……

对大唐王朝来说，684年是朝野上下暗流涌动、激荡不安的一年。正月初一，中宗李显即位，当了不到40天皇帝，就被他母亲武则天赶下御座，原因是李显要把侍中这个重要位置封给他老丈人韦玄贞，宰相裴炎极力阻止，李显怒道：别说一个侍中，我就是把天下让给韦玄贞，又有什么不可以！这话传到武则天耳朵里，武后大为不满，这皇帝显然不成熟嘛！于是，下令废掉中宗帝位，贬为庐陵王。李显不服气：我犯了什么罪？武后厉言喝道："汝欲以天下与韦玄贞，何得无罪！"武后遂立最小儿子李旦为帝，是为睿宗。李旦虽为皇帝，但却居于别殿，不参预政事，一切政事皆取决于太后，是名副其实的儿皇帝。

武则天在一个月里废立两个皇帝，可谓翻手为云覆手为雨。那些参与皇帝废立的重臣名将，后来不是因言就是因事获罪，或被斩，或流放，都没能有好下场。这期间还发生两件事，闹得人心惶惶，社会风气日下。一是西部地区出现拖着长长尾巴的彗星，挂在天上达40天，一时朝野上下人心惶惧，惊恐天灾人祸之兆；二是有十几个飞骑士兵在一起喝酒，有个人说："早知道入宫废除皇上却没落到赏赐，还不如事奉庐陵王呢。"酒席还没散，其中一人就潜去告密，十余人皆被捕，说这话的处斩，其他人以知反不告处绞死，告密者授予五品官。从此，告密之风盛行，朝廷百官人人自危。

这一年发生的最大的事，当是李敬业在扬州起兵，以勤王为名，征伐武则天。

李敬业本姓徐，其祖父就是《隋唐演义》里神仙般的人物徐茂公。徐茂公又叫徐懋功，名世勋，因功被唐高祖李渊赐姓李，改叫李世勋，后来因避李世民讳，取单名勋，所以，史书上出现的李勋、徐勋、李世勋、徐世勋、李茂公、徐茂公这些名字，都是一个人。徐敬业年轻的时候，并不受祖父待见，徐茂公觉得这个孙子是招惹是非的主，恐遗祸子孙，就想除掉他。一次，徐敬业跟随祖父去打猎，徐茂公吩咐孙子到前面树林里查探猎物，一等徐敬业钻进树林，徐茂公就下令放火。徐敬业也是个狠人，见无处可逃，便将坐骑刺死，剖开马腹，掏出内脏，藏身马腹，虽然几乎被火烤熟，但总算逃过一死。士兵在清理火场时，徐敬业突然从马腹里爬出来，吓了大家一跳。徐茂公见状，长长叹了口气：徐家将来定会断送在这小子手上。

此言不幸被徐茂公说中。正当武则天废中宗立睿宗，广开告密之门，朝野人心浮动之际，徐敬业纠集一批心怀不满的贬官到扬州，策划反武。这些贬官中，就有骆宾王。

骆宾王七岁便有诗名，一首"鹅，鹅，鹅，曲项向天歌。白毛浮绿水，红掌拨清波"天下闻名，妇孺皆知，在文坛上与王勃、卢照邻、杨炯合称"初唐四杰"。骆宾王的仕途坎坎坷坷，跌跌撞撞，661年被道王李元庆聘为幕僚，684年被徐敬业聘为幕府，中间的20多年中，所任多是一些低级文秘官吏，还被诬陷入狱，胸中早郁积了很多悲愤和不满，这种悲愤与不满，一旦找到了发泄口，自然而然要爆发。聚首扬州的几个人中，英国公徐敬业由眉州刺史贬为柳州司马，他的弟弟徐敬猷也被贬谪，给事中唐之奇被贬为括苍令，詹事府司直杜求仁被贬为黔令，御史魏思温被贬为盩厔尉，而骆宾王则由从六品的侍御史被贬为几乎不入流的临海丞。相同的境遇，相同的怨气，让他们走到一起。

骆宾王是名重初唐的大诗人，然而，把他声名推上巅峰的作品，却是替徐敬业代笔的《讨武曌檄》，文章文采斐然，气势非凡，慷慨激昂，荡气回肠，极有号召力与煽动性，连武则天读了也拍案叫绝，惊问作者是谁，感叹地说："有如此才，而使之沦落不偶，宰相之过也！"

言为心声。骆宾王能写出《讨武曌檄》这等宇内皆惊的文章，并非全凭才气，也并非一时意气，应该说，他就是这么想的，这么看的，这么认为的。文人自古都重视忠义节操，一个"忠"字，就是他们入仕为官最根本的圭臬。虽然骆宾王一生没当过大官，甚至为人处世太过于拘谨，太讲究气节，得罪了不少人，下过狱，临了还被贬到临海当仰人鼻息的吏，但他忠于李唐王朝的初心未改，因而对"伪临朝武氏者"相当不满，所以才与徐敬业一拍即合，所以才凭籍一股忠勇之气，一挥而就这流传千年的讨伐檄文。

作为一个文人，骆宾王堪称完美，但作为政治家或军事家，他还显得稚嫩，尤其在处事交友上，眼力还不那么准。当初，他投奔徐敬业，指望的是抱团取暖，慰藉一颗沧桑的心，所以，当徐敬业要起兵伐武时，他欣然影从，踊跃参加。在他心里，徐敬业是真心为社稷，真心为李唐。他没看出，徐敬业义正词严的伐武口号后面所夹带的私货。因此，当徐敬业找来一个貌似已故章怀太子李贤的人来号令天下时，他认为这不是欺骗，而是一种策略的需要，故而，徐敬业请他写檄文，他二话不说，满腔热血地奋笔疾书。起兵后，是直接挥师洛阳，还是开疆拓土，谋取与武则天争霸天下的根据地？两种意见相左。一方说，直发洛阳，属正义之师，一路之上必能招纳更多人士，壮大自己力量；一方认为，先攻城掠地，建立稳固的根据地，与武氏形成对峙局面，进而谋取天下。

骆宾王像 取自清上官周绘《晚笑堂画传》

没有一本史书记载骆宾王在这场战前"神仙会"上的态度是什么，但从他檄文最后一句"请看今日之域中，竟是谁家之天下"来看，他显然是倾向后一种意见的。徐敬业当然更倾向后一种，本来，他聚众闹事，就不是要为李唐伸张正义，李家谁做皇帝，谁掌天下，那是李家的家事，用不着这些远臣外戚咸吃萝卜淡操心，他起兵，就是为了发泄私愤，甚而有天下乃天下人之天下，未尝不可轮流坐的私念。作为徐敬业的"秘书长"，骆宾王是出于文人的天真没窥探到徐敬业的内心深处，还是本来也就是与徐敬业心往一处想？这已经无法考证，但有一点毋庸置疑，骆宾王在整个起兵伐武中的表现，也就那一篇檄文，至于仗怎么打，就没他什么事儿了。

正如后世许多事后诸葛亮所评判的那样，徐敬业没有直接挥师洛阳而去夺取金陵、润州、楚州是一着败棋，由正义之师变为叛逆之师，导致失去民心，败局已定，仅仅折腾了两三个月，徐敬业便雪狮子向火一样垮了下来。

684年的阴历十一月，武则天所遣扬州道大总管李孝逸，率领征讨大军沿淮河东下，与徐敬业交阵于高邮下阿溪。这一仗，徐敬业军大败亏输，被斩首七千余级，溺死者不计其数。

徐敬业知大势已去，轻骑逃回扬州，带上妻儿又连夜乘船逃向润州，船停泊在润州（今镇江）蒜山江中，等候部将接应，准备登岸南窜。不料想，接应的将领迟迟不到，或许已归顺唐军，徐敬业不得已重返江北海陵，沿北岸东下，只要潜逃到海陵东境，就可以从那里入海，逃往高丽。

徐敬业船行至狼山江面时遇上大风，风高浪急，船不得行。部将王那相怂恿兵士哗变，杀死徐敬业，被杀的还有其家属25人，唐之奇、魏思温、韦超、薛仲璋等将领遭诱捕，被王那相押了邀功而去，骆宾王与徐敬业三公子徐綱及亲随的船寻隙逃了出来，随风飘到唐蓼角咀，弃船登岸，方知此处乃"邗之白水荡"，遂隐匿下来。

一场轰轰烈烈的讨武勤王之变，就此偃旗息鼓，可怜徐敬业，跟前朝"清君侧"的侯景一样，都被属将刺死在狼山江上，而年已花甲的骆宾王，在他生命的最后几年里，开始了他在白水荡亡命藏匿的岁月，最终客死胡逗洲。1000年后，诗人董对廷回忆此段历史，在《秦邮杂事》诗里叹道：

李逸会师出泗州，下阿溪畔战云收。
至今愁读宾王檄，呜咽寒塘水不流。

唐初，南通的胡逗洲与大陆涨接，其东边诸沙洲连接起来，后设立海门县，白水荡就处旧海门境内，现为今天的启东市吕四一带。

在胡逗洲隐匿的岁月里，骆宾王是如何反思这场动乱的，他有没有后悔参与了这场闹剧？有没有后悔未曾阻止徐敬业攻占金陵？这些，我们均不得而知。不过，骆宾王在兵败之后，依然义无反顾地跟随徐敬业逃亡，足见他并不后悔与徐敬业结盟,他用行动表明,他书写《讨武曌檄》时的慷慨激昂,是那么的真诚、急切。

种种机缘巧合,让骆宾王与南通结下不解之缘,他亲手布下一个千年谜团,留下一段争执千年的话题。

碑掘黄泥拨疑云

徐敬业兵败逃亡的历史,《新唐书》有录:"将入海逃高丽。抵海陵,阻风遗山江中。"《资治通鉴·考异》说:"敬业入海,欲奔东夷,至海陵界,阻风。"而骆宾王随徐綱潜逃白水荡的事,史书并无记载,甚或骆宾王兵败后是死是活都语焉不详,时至今日,骆宾王的归属之谜,依然是学界争执不休、各抒己见的话题。

先看《旧唐书》怎么说的。《旧唐书》作者刘昫、张昭远用五个字来交代,可谓简练至极:"敬业败,伏诛。"就凭这语焉不详的五个字,北宋司马光在《资治通鉴》里推断骆宾王也被王那相所杀:"乙丑,敬业至海陵界,阻风,其将王那相斩敬业、敬猷及骆宾王首来降。"也许司马光是这么想的,既然徐敬业受风所阻滞留狼山江上被部将所杀,与徐敬业同行的骆宾王岂有生还之理!与司马光同时代的宋祁、欧阳修就不这么认为,他们在《新唐书》中把《旧唐书》里"伏诛"二字改掉,变成"敬业败,宾王亡命,不知所之"。不知所之就是不知道哪里去了,失踪了。《新唐书》比《资治通鉴》说得缓和一点,既然没有证据指向骆宾王被杀,那就让他失踪吧,把人说死了,就没回旋余地了,说"不知所之",将来还可以往两头靠。

由此可见,古代的史书,遇到模棱两可的事时,是可以合理推断的。

还有几处记载,非但没能解开骆宾王归宿之谜,反而使真相更加扑朔迷离。唐人张鹫在《朝野佥载》说骆宾王"与徐敬业兴兵扬州，大败，投江水而死"；郗云卿在唐中宗李显复位后，受托搜集和整理《骆宾王文集》，他说骆宾王"兵事既不捷，因致逃遁"；晚唐孟棨撰写了一卷诗论著作《本事诗》，记录了许多唐朝诗人的逸事，他说得就更加神奇，说徐敬业根本就没死，逃到湖南衡山当了和尚，活到九十几岁，而骆宾王也落发为僧，云游四方，后隐栖杭州灵隐寺，一百岁上才圆寂。

孟棨说，扬州兵败后，徐敬业与骆宾王都逃脱了，征讨大军将帅遣人追捕不着，怕朝廷怪罪而丢失脑袋，就从死人堆里找了两个长得与徐敬业、骆宾王相像的人剁下首级，用匣子装了向上交差。后来明明知道两人并未死，却不敢再去追捕。徐、骆二人都出家当了和尚，徐敬业活到九十多，还出版了《游南岳记》。骆宾王游历名山大川，到过灵隐寺，活过百岁。他们为什么得此善终，就因为他们匡复大唐留美名，人们都自觉保护他们。

孟棨还煞有介事地描述了一段故事，让世上的文人墨客整整痴迷了一千余年：

> 宋之问因犯事被贬黜，流放到江南杭州，遂游灵隐寺，正值夜月极明，景色极佳，宋之问沿着长廊边走边吟，想在墙壁上题首诗。想了好半天，才想出第一句："鹫岭郁岧峣，龙宫隐寂寥。"第二句怎么想也觉得不如意。正在反复吟哦，忽听一位点着长明灯独坐大禅床的老僧接口吟道："楼观沧海日，门听浙江潮。"宋之问愕然，茅塞顿开，思如泉涌，后面的诗句滔滔不绝："桂子月中落，天香云外飘。扪萝登塔远，刳木取泉遥。霜薄花更发，冰轻叶未凋。待入天台路，看余度石桥。"第二天，宋之问去拜访老僧，老僧已不见了。有知情的和尚悄悄地告诉宋之问，老僧就是骆宾王。（意译自《本事诗》）

显然，这是个杜撰的故事。骆宾王大了宋之问30岁，但两人并不陌生，属忘年之交，关系不错，互有酬诗往来。孟棨描绘的场景中，两人似乎并不相识，这就有悖真实。但是，这故事尽管破绽百出，离奇荒唐，后世文人却深信不疑,而且听得心醉神迷。

拨开骆宾王亲手布下的这片疑云的,是明朝正德年间通州一位姓曹的农民,披露此事的是明朝万历刻本《通州志》。据《通州志》载:

> 正德九年(1514),曹某者凿靛池于城东黄泥口,忽得古冢题名石曰:唐骆宾王之墓。启棺见一人衣冠如新,少顷即灭。曹惊讶,随封以土,取其石而归。籍籍闻诸人有欲觉之者,曹惧,乃碎其石。
>
> 尝考宾王本传,文明(唐睿宗年号)中,与李敬业共谋起义兵于广陵,不捷而遁。通(州)近广陵而且僻。此岂证欤?然世所传,谓其落发,遍游诸名山,今章服俨然,何也!岂嗣圣物革后,宥而弗罪,复逃于释耶?抑人怜其才故厚其葬耶?

《通州志》说得很清楚。公元1514年,即骆宾王失踪830年后,通州一位姓曹的农民于城东黄泥口凿染布的靛池处,挖到一座古墓,墓碑上写着"唐骆宾王之墓",打开棺木,死者栩栩如生,衣冠如新,见光后片刻便毁灭。姓曹的将古墓回填,只带了墓碑回去。后来,这件事被人知晓,议论纷纷,曹姓农民怕招事,就把墓碑砸碎。

撰写《通州志》的作者又说,骆宾王在兵败扬州后,并没有投水死亡,也没有被兵士所杀,而是遁逃。通州离扬州很近,况且僻静,骆宾王所以逃到了通州,这座墓就是证据。世上流传骆宾王又是落发做了和尚啦,又是云游名山大川啦,都不属实,你看,这古墓里的人身着礼服躺在这儿,不就说明了问题吗?再说,唐中宗皇帝复位后,已经为徐敬业和骆宾王平了反,哪有被平反了还要出逃做和尚的道理?不过,是谁把他葬在这里的呢?或许是有人敬佩他的才华而加以厚葬的吧?

是谁把骆宾王葬在黄泥口?这个谜直到清康熙年间才被解开,揭示谜底的是李(徐)敬业第三十五代后裔李于涛。李于涛的著作《雪崖外集》中有首谒骆宾王墓诗,他在诗的序言中明确说:

>宾王客死崇川，尚庵公（即徐綑）具衣冠以敛黄泥一穴。

《五山全志》和《通州直隶州志》也记载：

>（李于）涛，英公三十七世孙也。三十五世祖德基公讳敬业者，起义扬州，讨武氏不克，一时眷属逃窜几尽。三十四世祖尚庵公讳綑者，偕幕府骆宾王匿邗之白水荡。久之，宾王客死崇川。尚庵公具衣冠以敛黄泥一穴，表其墓曰：唐骆某之墓。载之家乘最详。
>
>先大人备兵宝婺，知义乌绣川溪亦有墓，特往礼之。其子孙述云：本墓实在崇川。后人追思莫措，故特为衣冠墓，以志不朽。

这样，故事情节又回到公元684年。

骆宾王随徐綑一众乘天黑跳水匿隐在河港纵横、芦苇丛生的水荡之中，在当地民众掩护下，一次一次躲过官府追捕。官军为了交差，就砍了或逮了两个面貌酷似徐綑和骆宾王的送去交差。后来，官兵明明知道钦犯就隐匿在白水荡，却不好再去追捕，便睁只眼闭只眼，骆宾王才得以苟延残喘。当时，骆宾王已年过花甲，身体与精神上备受打击，过着惊魂未定的日子。后来，他移居胡逗洲，遁匿几年，带着满腔壮志未酬的遗恨，离开人世，徐綑择城东黄泥口厚葬宾王。

705年，武则天还政于李家，中宗李显复位，立即为徐敬业平反，复赐姓李，徐綑被召回京城任职。不过，经历了扬州兵变之后，徐綑也无心政事，又得罪了他人，被贬外放，徐綑索性挂印辞官，回到胡逗洲定居。徐綑后人曾在骆宾王故乡附近州县为官，知道骆宾王的老家浙江义乌绣川溪也有骆宾王墓，便特意去谒拜。骆宾王的后人告诉说，宾王真正的墓在通州，骆氏后人在义乌设的是衣冠冢，以志怀念。

借取五山片壤栖

又一个莺飞草长的季节，一位用脚步丈量大好河山，凭借山水风物来寻求文化灵魂和人生真谛，探索中国文化历史命运和中国文人人性品格的当代文化人，出现在狼山脚下，他是冲着狼山野拙而犷厉的名字而来的。

他来时，正好距离骆宾王隐匿邗之白水荡1300年。

正当他随着稀稀朗朗的游客在山脚下漫步之际，忽然讶异地停住脚步，他的目光盯着一处墓碑，墓碑上赫然有"唐骆宾王之墓"，这让他大吃一惊，博学如他，竟然不知道骆宾王最后的归宿就在这里。那时，他坚信骆宾王是在灵隐寺出家隐匿，而且，痴迷于宋之问对诗老僧的故事，以至于心情激荡不能自已。

骆宾王像一颗瞬息即逝的彗星，引得人们长久地关注着他的去路。怎么，猜测了1000多年，宾王竟躲在这里？

他的发问，是天下所有文人的发问，他的震惊，是天下所有墨客的震惊。

于是，他用激动得发颤的笔，写下引发所有读者心驰神往的散文名篇《狼山脚下》。这篇文章，收入他名闻遐迩的散文集《文化苦旅》之中。

他就是当今文化名人余秋雨。他与所有到过狼山脚下的人一样，像哥伦布发现新大陆，对突然闯进眼帘的骆宾王墓，感到十分诧异、惊奇、惊喜、震颤。

狼山脚下骆宾王墓牌坊的对联是副残联，倒也能完整表达联意。（黄俊生 摄）

骆宾王墓本在南通崇川区城东黄泥口，为何移葬到狼山脚下？

这里面有故事。

福建人刘南庐，又叫刘名芳，清乾隆三年（1738）来到南通，搜寻古迹、订正史实，撰写《南通州五山志》。他在调查骆宾王墓遗址时，发现黄泥口已成"巨浸"，骆宾王墓没于水中，于是，冬季干涸之际着人下水探摸，找到被曹姓农民砸碎的"唐""骆"石块残碑，及"枯骨龇牙"，"唐"字完整，"骆"字缺失下半。有人曾当面询问刘南庐"枯骨龇牙"的真伪，刘南庐坦率地说，掘得残碑和枯骨龇牙，是得到神灵感应，其枯骨龇牙的真伪已不重要，重要的是，要为骆宾王招魂，立个"安"身之处。为此，刘南庐赋诗两首，以纪其事。一首句云：

携看尺五题名石，堪作唐家砥柱来。

另一首句云：

　　千年蝌蚪迹昭昭，唐字全存骆半涸。

　　刘南庐挖掘到骆宾王残碑与残骨后，由州官董权文牵头，隆重改葬于狼山金应将军墓右侧。金应是南宋文天祥随员部将，跟随文天祥逃难时客死通州，葬于城西郊外，清顺治年大风，刮倒墓旁大树，树根带出白骨，由时任州官彭士圣移葬于狼山。刘南庐卒后，并未归葬故土，而是依其遗愿，将其葬于骆宾王和金应将军墓侧。

　　各自相隔数百年的三个人，在狼山脚下相依相伴，让后人来品读他们的悲壮人生和美丽故事。

　　骆宾王晚年匿藏通州，形单影只，茕茕孑立，最终与两位南通人心目中的义士贤达合葬一处，也算是有善终。

　　狼山脚下，骆宾王墓前的石牌坊历尽风雨剥蚀，显现沧桑岁月，牌坊石柱上镌刻一副残缺的楹联：

　　碑掘黄泥五山片壤栖，
　　笔传青史一檄千秋著。

　　楹联虽然残缺，骆宾王的归宿之谜，却有了答案。

NANTONG
THE BIOGRAPHY

南通 传

东瀛飞鸟：掘港国清寺与圆仁和尚

第七章

汹涌澎湃的航行路

公元838年阴历六月十三,一队身穿各式服饰的日本人,在一片片祝颂歌声中,拉着长长的队伍,鱼贯登上停泊在大阪港口的两艘大船。

这是日本国第13次遣唐使团,遣唐正使藤原常嗣,出生于日本飞鸟、奈良、平安时代的贵族藤原家族。在日本高门贵族中,藤原家是入唐比较积极的家族。早在飞鸟时期(592—710),中臣镰足(被赐姓藤原)就派遣长子定惠,于653年随团使唐。此后,藤原家几代人中屡屡有人入唐。藤原常嗣的父亲藤原葛野麻吕,804年率团出使大唐,出行前,桓武天皇召正使藤原葛野麻吕至御座前,亲捧酒卮,吟歌曰:"此酒虽薄,却是恭祝你平安归来的酒。"葛野麻吕闻之,泪如雨下。群臣无不流涕。

这次,仁明天皇把日本遣唐史上规模最大、亦是最后一次遣唐使团交给藤原家族,命藤原常嗣为遣唐正使,率650名官员、工匠、画师、乐师、僧侣,出使大唐。早在3年前的公元835年,这支使团就已经组团完毕,并且从难波(大阪)登船出发。离港不久,船遇险破损,只得折返待命。两年后,即837年,使团第二次扬帆西行,又遇到无法回避的逆风,再次被迫退回。第三次扬帆定在838年夏天,不料想,遣唐副使小野篁突然拒绝登船,还作歌揶揄遣唐使,被天皇剥夺官职,流放隐岐岛。

登船的人,并没有马上进入船舱,而是拥在船舷一侧,向岸上的亲人挥手道别。按照日本的禁忌,在严肃重大的场合,不得大声言语,以免触怒神灵。但此时此刻,一位诗人毅然打破禁忌,他宁可遭受神罚,也要对遣唐使大声呼喊:"万事平安啊,请一定要平安啊!假如无恙平安的话,我们依然还能见面!"诗人的祝颂,如百千重的浪涛一般,在送行人群里涌动,汇成海啸般的轰鸣,让船上的人泪流满面。

与此情此景形成鲜明反差的是,几个穿麻布僧服、头戴斗笠的僧人,眉眼低垂,双手合十,默默地钻进船舱,寻一处角落坐下,微微闭合双眼,如同入定一般。他们是受僧众推选入唐求法的随团僧,其中有圆仁、常晓、圆载、圆行,以及圆仁的弟子惟正、惟晓和随从丁雄万。

日本国从公元630年(唐贞观四年、日本舒明二年)开始向大唐派遣使团,学习大唐的律令制度、文化艺术、科学技术。到894年(唐乾宁元年、日本宽平六年)的264年间,日本朝廷一共任命了19次遣唐使,其中有三次任命了遣唐使而未成行,两次是送唐使臣回国,一次迎遣唐使归日本,正式的遣唐使团有13次,圆仁和尚随行的是日本国最后一次正式遣唐使团。

原先,日本遣使船航行的线路沿朝鲜半岛西岸北行,再沿辽东半岛南岸西行,跨过渤海,在山东半岛登陆,由陆路西赴,经过洛阳到长安。这条线路被称作遣唐北线,主要沿海岸航行,比较安全,船只遇难情况较少,就是时间长点。

情况到了唐高宗龙朔三年(663)发生改变。那时,朝鲜半岛高句丽、百济、新罗三权鼎立,三雄争霸。处于半岛南部的新罗政权与大唐交好,日本则支持地处半岛中南部的百济政权,在激烈的冲突之下,终于爆发白江口之战。

白江口之战是大唐帝国与日本(当时称倭国)两个实体国家之间的第一次交战。唐朝将领刘仁轨在白江口(亦称白村江),面对数倍于己的倭兵和倭国战船,凭籍坚船利器,以少胜多,大败倭兵,焚毁倭国船只400多艘,一时间,"烟焰涨天,海水皆赤"。随后,唐朝与新罗联军灭掉百济和高句丽,而日本经此次失败,900年不敢侵略朝鲜半岛。

朝鲜半岛局势的变化与政权的更迭,直接导致与新罗交恶的日本改变遣唐线路,不得不冒险开辟新的航路,由南路入唐,即先南下驶抵琉球群岛,观望风势,然后一鼓作气横穿东海,直抵长江下游流域,在明州(今宁波)登岸,由杭州、苏州、扬州西上长安。南线航行的海难率太高,每次出使,都要赌上性命。鉴真和尚东渡日本便是走的这条线路。

鉴真和尚在十余年里,先后六次东渡,前五次均告失败。其中三次东渡计划胎死腹中,第二次和第五次倒是扬帆成行,但第二次在长江口胡逗洲狼山江面上遭遇风浪,船只沉没;第五次船队从扬州出发,

日本国入唐求法僧圆仁和尚画像

刚过狼山,又遇狂风巨浪,随浪漂流到一个小岛避风,最后飘到了海南岛。唐天宝十二年(753),鉴真受遣唐使藤原清河和阿倍仲麻吕(唐名晁衡)的邀请,搭乘副使吉备真备的船,终于成功抵达日本,那时,他已经是一位66岁高龄、双目失明的老人了。遣唐使团返国的四艘船,只有两条回到日本,其中一艘触礁,受土著攻击,船上人大多遇难,而遣唐使藤原清河和阿倍仲麻吕的船遇到强逆风,漂泊到越南,辗转回到长安,直到死,也没能回日本,藤原清河只能每天吟唱出使唐朝之前,在春日祭神时所作的诗,寄托重返故土的悲愿。其实,他意识到,彼岸的故乡,已成回不去的诗与远方:

祭神春日野,神社有梅花。
待我归来日,花荣正物华。

尽管南线风高浪急,海难频繁,但日本仍孜孜不倦地一次又一次派遣使团入唐,有何原因?这是因为,白江口之战后,日本清醒地看到自己与大唐帝国之间的差距,他们痛定思痛,决心走强国之路。天智天皇继位后,不仅重视发展军事实力,还重视文化建设。他们被大唐"打"疼了,对强大的唐朝反而

产生敬畏之心，天智天皇不仅恢复了与唐朝的外交关系，还恢复了中断30年的向唐朝派遣唐使的习惯。

日本朝廷选拔的使臣，大多为通晓经史、才干出众、汉学水平较高、熟悉唐朝情况的一流人才，其相貌风采、举止言辞均不同凡响。使团随员至少有一技之长，留学生与随访僧都是优秀青年，在国内已崭露头角。圆仁和尚是日本天台宗山门派创始人，他幼小时在大慈寺就学于鉴真和尚再传弟子广智，15岁投日本最澄和尚门下学法，颇得最澄赏识，随侍大师左右，修天台大法。最澄圆寂后，不满30岁的圆仁开坛弘法，颇负盛名。

圆仁终于要踏上入唐航程了，但遭唐南路的艰难险阻，决定了圆仁和尚的航行不会一帆风顺。

长江口历险记

圆仁在大唐的所见所闻,都记载在他用十年心血撰写而成的《入唐求法巡礼行记》里。

《入唐求法巡礼行记》从838年写起,一直记录到848年回转日本博多止,他用真实简白的文字,记录了一个王朝十年里的种种见闻。《入唐求法巡礼行记》与唐玄奘的《大唐西域记》、马可波罗的《东方见闻录》齐名,被称为世界三大游记。

圆仁和尚海上航行历经劫波、九死一生,终于在今如皋白蒲镇登岸的经历,在《入唐求法巡礼行记》里有详细记载,可谓惊心动魄:

> 廿八日早朝,鹭鸟指西北双飞。风犹不变,侧帆指坤。巳时,至白水,其色如黄泥。人众咸曰:"若是扬州大江流水。"令人登桅子见,申云:"从戌亥会,直流南方,其宽廿余里。望见前路,水还浅绿。"暂行不久,终如所申。大使深怪海色还为浅绿,新罗译语金正南申云:"闻道扬州掘港难过,今既逾白水,疑逾掘港欤。"未时,海水亦白,人咸惊怪。令人上桅,令见陆岛,犹称不见。风吹不变,海浅波高,冲鸣如雷。以绳结铁沉之,仅至五丈。经少时下铁,试海浅深,唯五寻。大使等惧,或云:"将下石停,明日方征。"或云:"须半下帆,驰艇,知前途浅

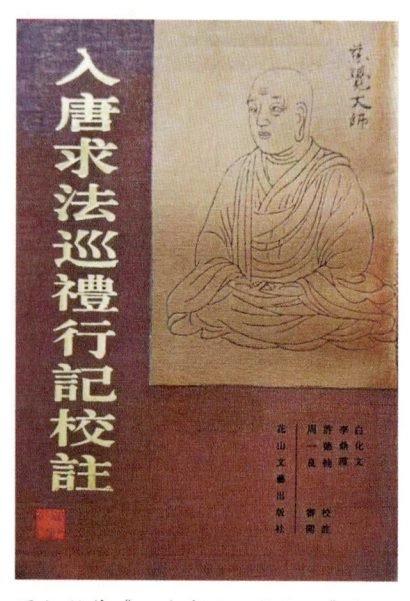

深,方渐进行。停留之说,事似不当。"论定之际,尅逮酉戌,爰东风切搞,涛波高猛,船舶卒然趋升海渚。乍惊落帆,桅角摧折两度。东西之波,互冲倾舶,桅叶着海底,舶舻将破,仍截桅弃桅,舶即随涛漂荡。东波来,船西倾;西波来,东侧。洗流船上,不可胜计。船上一众,凭归佛神,莫不誓祈,人人失谋。使头以下至于水手,裸身紧逼裈,船将中绝,迁走舻舳,各觅全处。结构之会,为澜冲,咸皆差脱,左右栏端,结绳把牵,竞求活途。淦水泛满,船即沉居沙土。官私杂物,随淦浮沉。

圆仁所著《入唐求法巡礼行记》校注本不下数十种

圆仁记载,六月二十八早上,所乘之船顺着风向,到达呈现黄泥之色的水域,大家都猜测,应该是进入扬州的江面了。有人攀上桅杆眺望,前方水面还很宽,水面也是浅绿色。水浅绿,则说明船还在大海里,还没进入长江。遣唐使藤原常嗣感到奇怪,韩国翻译金正南分析道:"听说扬州的掘港(掘港即今如东县县城)很难通过的,现在既然已经逾越了江海交界水域,那么,掘港应该也已经是在身后了。"可是,水面颜色一会儿泛白,一会儿泛绿,又像是在海里,又像是在江里,大家惊疑不定,爬上桅杆张望,又看不到岸边,用绳子拴着铁块放下去试探水深,有十来米。大家有点捉摸不定了,一时议论纷纷,各抒己见。有的说,不能再走了,必须抛锚停泊;有的说,停不得,应当慢慢前行,放小艇到前面探探水的深浅。正在争论之际,忽然,风向改变,东风狂吹,大船立刻像波涛中的一片叶子,随着骤起的波浪起伏不定,一会儿托到半空,一会儿沉入海底,樯橹都快折断了。众人连忙降下风帆,放弃掌舵,听天由命地任由大船随风漂流。东边浪来船便往西倾斜，西边浪来船就向东倾覆，海水从甲板上滚来滚去，大家惊得面如土色，上至遣唐使，下至水手，一个个向天祷告，祈求佛祖保佑，又忙着寻找可以凭籍漂流的物品，紧紧拽住系在栏杆的绳索，争取生存的最后一线希望。船几乎搁在沙土上了，海水灌入船舱，那些公家和私人的物品，在水里沉沉浮浮，可谁也顾不上了。

惊险并没有结束。

第二天早上，倒灌进船舱的水退去，众人进去一看，船底都裂了。于是，大家就将桅杆放倒，把左右两边的船蓬掀掉，腾出位置供众人一起捺棹。远远地望见西边出现了火光，猜想，那大概是胡逗洲上煮盐的火光吧。就这样奋力摇橹前行了几十公里，看到两座沙岛，船从两岛之间穿行，突然遇到洄流，把船推得团团转，眼看着就能登岸的船，生生被推出五公里之外，搁在沙丘上前进不得，后退不得。这还不算，湍急的潮水在船舷外打着漩儿，把淤泥冲激得像煮开的锅，眼看着船就要侧覆、埋沉，所有的人都绝望了，只能做着一件事，就是流泪、发愿。正在此时，遥遥望见一艘船从西边逆风而来，众人惊疑：莫不是当地官府来接我们的船？待近了一看，原来是先期抵达白潮镇（今如皋白蒲镇）的遣唐船来接应他们。

圆仁一行终于得救了。后来得知，此前换乘小船的遣唐使藤原常嗣，在狼山、军山、剑山北边江海口遭遇"风强涛猛"惊魂之后，已先于圆仁一行在淮南镇（今南通市通州区平潮镇）登岸。圆仁他们上岸的地点不在平潮，而是白潮镇桑田乡东梁丰村（今如东县胜利街）。

得救的圆仁，永远地记住了这个日子，他在日记中写道：

> 午时到江口。未时到扬州海陵县白潮镇桑田乡东梁丰村。日本国承和五年七月二日，即大唐开成三年七月二日，虽年号殊，而月日共同。

那时，胡逗洲与大陆还没连接，还是江上的一处沙洲，它与大陆之间形成多条夹江，最大的一条叫横江，江口在今如皋白蒲镇。白蒲在东晋时是和如皋同时建县的蒲涛县县城，向东至石港，出海口在唐蓼角嘴掘港。掘港是圆仁一心要去拜谒的地方,因为那里有座寺庙叫国清寺。

在中国佛教史上,第一个自创宗派叫法华宗,实际创始人是智顗大师,因智顗大师曾在浙江天台山驻锡修禅,故而,法华宗又称天台宗。智顗开创天台宗后,想建一寺庙,来作为天台宗的祖庭,但资金匮乏,迟迟不得动工。他在临终遗书隋炀帝杨广:"不见寺成,瞑目为恨。"杨广见书,极为感动,便派司马王弘,按照智顗圆寂前亲手所绘的图样建寺,又根据智顗梦中所示"寺若成,国即清",取名"国清寺",含国清民安、清净太平之意。

圆仁与《入唐求法巡礼行记》

唐宪宗元和年间（806—820），天台山修禅寺座主行满大师，来到时称唐蓼角咀的掘港，率人在沙滩盐碱地上勘察、丈量、定位，他准备在这里建座寺庙。

行满选址建寺，可以说是"奉旨行事"。佛教在汉末由印度传入中土，历经数百年，到唐朝进入兴盛期，逐渐分成派系，主要有八个宗派，即天台宗、法相宗、华严宗、禅宗、律宗、论宗、净土宗、密宗。其中，天台宗、法相宗、华严宗，称为汉传佛教"教下三家"，禅宗称为"教外别传"，是如来言教之外的特别传授，唐朝年间，这四家盛行，超越另四家。唐朝初期，唐太宗曾有旨，要求"交兵之处，……各建寺刹，招延胜侣。法鼓所振，变灾火于青莲；清梵所闻，易苦海于甘露"。意思很明白，就是凡发生战火的地方，都要建立寺庙，通过法事，消灾渡厄，超度往生，脱困亡灵。朝廷委任为众所推的高僧大德主持兴教事宜，行满法师便接受派遣，组织工匠建造寺宇。

行满之所以选择黄海与长江支泓交汇的掘港建寺，是因为它的地理位置。掘港当时叫沿海村，一道捍海堰把恶潮挡在堤外，堤内是盐场，朝廷在此设煎盐亭。这里地理位置险要，为海防门户，历史上发生过多次战争。建寺，乃为超度海防前线战死亡灵、祈福国泰民安之意。加之，行满大师俗家是苏州吴县，吴县相去掘港不远，行满对掘港稔熟，选址于此自有一份亲切的感觉。

行满建庙，耗时14年，是唐宪宗整整一个元和年代。就是说，行满从唐宪宗李纯继位开始，一直到李纯驾崩宾天，才把庙建成。这座寺庙的建筑风格完全承袭浙江天台山国清寺，结构一样，甚至庙名也一样。

掘港国清寺是大唐离海最近的寺庙。它三面环水，坐南朝北，身后百十米即是海滩，建筑有山门、大雄宝殿、藏经楼三进，两厢有祖堂、客厅及僧房。山门共有五楹，分门堂三座，中门堂镶有寺名石匾额"国清古刹"，朝南墙壁嵌有"佛光普照"四字。出天王殿即是天井，天井中有铁鼎炉一只，鼎旁两口井，东为"江井"，水甜，西为"海井"，水咸。大雄宝殿为歇山顶重檐宫殿建筑，飞檐翘角、斗拱排列、高大雄伟。大雄宝殿内释迦牟尼坐佛，两边是梵王和帝释。行满还亲手在藏经楼院内栽下两棵银杏，千年以后依然生机勃勃。

圆仁的师父最澄大师曾在浙江天台山国清寺求法，回国后创办日本天台宗。唐贞元二十年（804），最澄与空海随第12次遣唐使藤原葛野麻吕访唐，辗转来到浙江临海，在龙兴寺听天台宗十世祖道邃讲天台教义，随后，参拜天台山，拜谒国清寺，到佛陇寺向行满大师求学，之后返回临海龙兴寺，继续研习天台教观，抄写天台宗典籍。这期间，道邃亲手为最澄授圆教菩萨戒。最澄回国时，行满赠诗一首，诗曰：

异域乡音别，观心法性同。
来时求半偈，去罢悟真空。
贝叶翻经疏，归程大海东。
行当归本国，继踵大师风。

最澄后在日本比睿山大兴天台教义，正式创立日本佛教天台宗，龙兴寺遂成为日本天台宗祖庭。作为最澄大师的弟子、日本天台宗山门派创始人、遣唐请益僧，圆仁心念念地想拜谒天台山国清寺。当然，拜谒天台山国清寺之前，掘港国清寺一定要去。

此时，与圆仁他们失去联系的另一艘船，一番颠沛流离，漂过北海，终于汇聚。圆仁笔下的"北海",就是胡逗洲与北岸白蒲之间的横江。他们在等待唐朝官府验牒通关的时候,各自寻找住处,晾晒行李。圆仁与藤原常嗣借宿东梁丰村东边十八里的掘港亭国清寺,在庙里住下来。

> 爱一众俱居。此间雇小船等运国信物,并洗曝涅损官私之物。虽经数日,未有州县慰劳,人人各觅便宿,辛苦不少。请益法师与留学僧一处停宿。从东梁丰村去十八里有延海村。村里有寺,名国清寺。大使等为憩漂劳,于此宿住。(《入唐求法巡礼行记·七月三日》)

延海村就是沿海村,国清寺所在地。从七月初三到七月十八,圆仁他们在国清寺一住就是半月。寺庙僧众与周边乡民热情接待他们,送他们吃的、用的。圆仁一行一边等候办理通行手续,等候官府派遣船只让他们继续北上,一边向乡民了解风土人情,与国清寺僧侣交流佛法,直到县上派了30多条运草的船来接他们,才沿着掘沟,离开国清寺,经过如东马塘、丁堰、如皋东陈,进入如城。随后,"指北流行。自初乘船日,多指西行,时时或北,或艮,或西北",一路向西、向北,到达泰州。

掘沟,《入唐求法巡礼行记》中记述说是一条运盐河:"掘沟宽二丈余,直流无曲,是即隋炀帝所掘矣。"由此可见,当时掘港至如皋的运盐河叫掘沟。掘港在春秋时处于扶海洲最东端,隋炀帝为沟通各盐场,"掘沟运河",在扬州与古黄海之间修串场河。掘港地属淮南道广陵郡海陵县,为淮南煎盐场亭,当时并无地名,因圆仁和尚多次提到掘港,如"掘港庭延海村""村内有国清寺""闻道扬州掘港难过"等,"掘港"地名遂固定下来,千年不变。掘港后来很发达,逐步成市,异常繁荣,清代成为盐、棉、米、茧"四白"集散中心,一度有"小扬州"之誉。

其实,圆仁和尚西渡入唐,来得并不是时候。圆仁踏上大唐之前,朝廷刚发生"甘露之变"。被宦官扶植登上皇位的唐文宗李昂,不堪宦官专权,与宠臣密谋清除宦官势力,结果事败,反遭宦官软禁,抑郁而终。其后,唐武宗李炎继位。李炎鉴于国力空虚、寺院泛滥,下令拆毁佛寺,没收寺众土地,扩

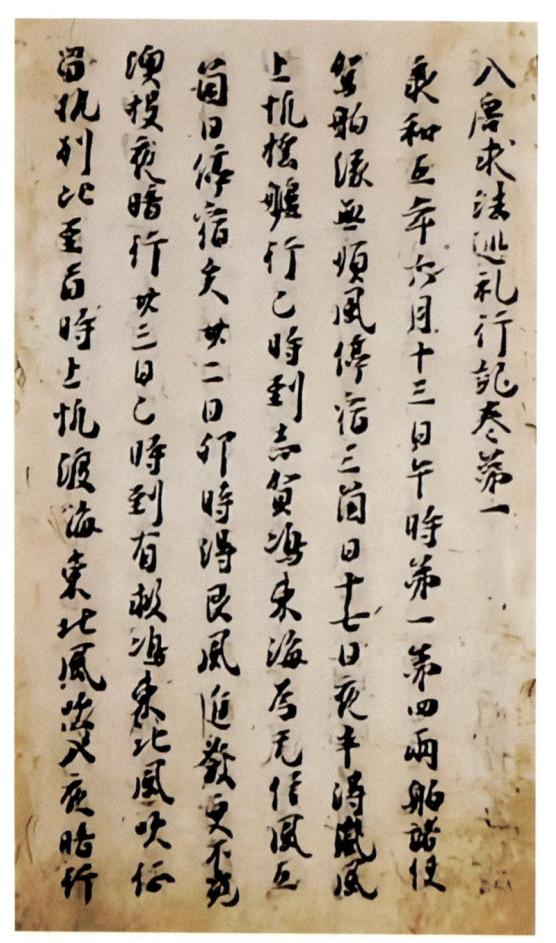

《入唐求法巡礼行记》册页

大税源兵员，令僧尼 26 万余人还俗，没收奴婢 15 万人及大量寺院土地，史称"武宗灭佛"。圆仁和尚就是在"甘露之变"与"武宗灭佛"之隙入唐的，他的行动自然受到诸多掣肘。虽然，他在大唐盘桓近 10 年，广泛寻师求法，但最向往的天台山国清寺，却没被获准拜谒。好在到访过掘港国清寺，算聊补缺憾。

圆仁和尚与掘港国清寺虽然只有一面之缘，却是中日文化交流史上重要的一页。日本派出遣唐使，通过留学生和留学僧大量吸收唐朝先进文化，来构建日本民族文化。在日本佛教界，一个僧人若想成为有影响的高僧大德，只有到中国深造才会被承认，到唐朝求法巡礼一时成为风气，也是僧人们的向往。所以，最澄大师在临寂时，特意训诫弟子圆仁道："为了守护佛法，你一定要渡海赴唐，千难万险也应在所不辞。"

日本留学僧分为学问僧和请益僧。学问僧是志在深造的留学生，可以长期逗留；请益僧是在佛学方面有一定研究和造诣的研修者，相当于现在访学学者，可获准带若干随从同行，但不能长期逗留。圆仁和尚是请益僧，本来是必须随遣唐使办完事就回国的，但他千方百计留了下来。

圆仁和尚随行的第13次遣唐使，从任命使团成员，到成员基本归国，历时六年有半。入唐时三次渡海，归国时五拨靠岸，历尽艰难周折，实属罕见，比他师父最澄随行的第12次遣唐使团旅程还要艰难。第12次遣唐使团中间，有两位日本高僧，一位是最澄，被天皇赐予"传教大师"称号，一位是空海，被天皇封称"弘法大师"。两僧分别创建的天台、真言二宗，在日本佛教界地位有如泰山北斗，极受尊崇，最澄和他的弟子圆仁、圆珍的天台宗三家，与空海和他的法裔常晓、圆行、慧运、宗睿真言宗五家，在日本佛教史上称为"入唐八家"。在这"入唐八家"中间，竟然就有天台宗的圆仁和真言宗的常晓、圆行三位高僧到访掘港，这让建寺不久的国清寺始料未及。

圆仁《入唐求法巡礼行记》对掘港国清寺、掘港亭、街道、村庄、盐场、运盐河、赴如皋、泰州、扬州途中所见所闻以及当地生活习俗等，都有记述，史料价值极高。比如，船即将到如皋时，看到：

> 水路之侧，有人养水鸟，追集一处，不令外散。一处所养数二千有余。如斯之类，江曲有之矣。竹林无处不有，竹长四丈许为上。

有人养水鸟，不知这是什么鸟，鸭还是鹅？家家户户屋后都有竹林，要四丈以上才成材，想必是毛竹。直到现在，如皋等地农户还有种毛竹的习惯。

圆仁和尚对一种蚊虫极为苦恼，他几次写道：

十三日，大热，未时，雷鸣。自初漂着以来，蚊虻甚多，其大如蝇，入夜恼人，辛苦无极。

申时，到郭补村停宿。入夜多蚊，痛如针刺，极以艰辛。

申终，到延乡延海村停宿。蚊虻甚多，辛苦困极。

蚊子大如蝇，其状可怖，被它叮了，像针刺一样疼痛。足见，海边老百姓的生活环境极为艰苦。

圆仁和尚回国后，成为佛门高德大僧，被日本天皇敕封为"慈觉大师"。圆仁和尚在大唐国土留下第一行足印的掘港国清寺，作为海上丝绸之路的重要标志，见证着中日友好往来和文化交流。

掘港国清寺有话说

现在的掘港国清寺已经远离海边，迁到如东县城南边几里地，虽然寺庙依旧高大巍峨，碧瓦朱楹，檐牙摩空，气势胜过当年，但总让人感觉少些什么，细思默察，原来少些历史在这里的积淀。

国清寺原来在掘港镇的东边，几乎是与掘港成陆的年岁相等。当一道捍海堤将掘港与海滩分开时，国清寺就怀揣人们对太平盛世的期盼应运而生。历经 1000 余年，几经更迭兴废，最终还是在 20 世纪 60 年代末被毁。20 世纪 90 年代，如东重修国清寺，地址南移，只留下荒芜的遗址，独自倾听白茅草的风中絮语。

掘港国清寺遗址慢慢淡出人们的视野，渐渐被丢在历史的身后，只有房地产开发商盯上了它。其实，盯着它的，还有一个人，这个人就是南京大学历史学院教授、南京大学文化与自然遗产研究所所长贺云翱。2015 年 6 月，贺云翱受江苏省文物局委托，带领课题组对江苏海上丝绸之路重要遗产点进行调查，他在如东县掘港国清寺遗址的地表上，发现一口古井以及残存的唐宋时期瓷片，从此，掘港国清寺便深植在他的脑子里。两年后的 2017 年 7 月，如东县已经对国清寺遗址挂牌出让了，按规定必须先行对这里进行考古探测，贺云翱教授再次率队来到国清寺遗址。

"这下面一定有东西"，贺云翱一帮人满怀期待又胸有成竹地对遗址展开

现在的掘港国清寺位于江苏南通如东县城西南

勘探，初步确定地下还有遗迹保存。经国家文物局和江苏省文物局批准，南京大学组织考古人员，对遗址进行考古发掘，不出意料，发现多处重要的古代建筑遗存和大量文物标本。贺教授抑制着激动与兴奋的心情对外宣布：遗址完整呈现了唐宋寺庙的格局，这种建筑形态和布局，目前在我国南方，特别是长江中下游和沿海一带，还是第一次发现！

贺云翱的兴奋与激动是有充分理由的，这次的考古发现，弥补了我国南方地区唐宋寺庙建筑遗产资料的不足，对认识晚唐至宋代中国南方佛教寺庙的布局和建筑形态具有重要的价值。更让人兴奋的是，考古发现还与历史文献相互印证，揭示了许多隐藏的重要历史信息。比如，圆仁和尚在《入唐求法巡礼行记》中提及"掘沟""掘港亭""掘港镇""国清寺"的设立和修建，以及日本遣唐使在国清寺的活动轨迹，在掘港国清寺遗址发现之前，这些重要历史仅见于文献记载，有的学者甚而认为其中一些内容并不一定可信，有了国清寺遗址的考古发现后，这些历史史实就获得实物印证。

掘港国清寺遗址考古究竟发现了什么？根据考古人员记录显示，在总面积1.5万平方米、核心区4000平方米的范围内，发现了埋藏在地下的文化遗迹17处，包括三座唐宋时期国清寺大殿建筑基址，四处附属建筑遗迹，一处灶房，三口各个时期的水井，一条环寺围沟。遗址出土了两件唐宋时期的莲花纹柱础，还有不同窑口的瓷器、陶器、建筑构件、石雕、铜钱、茶器、文房用品等文物，其中建筑构件有陶制瓦当、筒瓦、板瓦、滴水、脊兽、正吻，可以修复的器型有碗、盏、盘、罐、砚台等，有

写有"国清"二字的墨书款唐代陶碗

的瓷器上发现"国清""方丈""库司"等墨书款，加上三座大殿建筑台基遗迹及唐代风格的石雕莲花纹座和瓦当，可以肯定地说，这里正是唐宋时期掘港国清寺所在地。

这样，就可以将史册翻回到 1500 多年前了。隋炀帝开挖了"掘沟"运河，连通了海洋，于是，"掘港"兴起了，日本遣唐使等外国人来了，用于外交和外贸的通关、接待、军事、行政机构产生了，国清寺建起来了。意义非凡的是，圆仁和尚在《入唐求法巡礼行记》中记录的我国沿海重要地点有 10 处以上，但是，真正有唐代考古遗迹发现的，目前只有掘港国清寺一处。

海上丝绸之路是古代中国与外国交通贸易和文化交往的海上通道，中国境内海上丝绸之路主要由广州、泉州、宁波三个主港和其他支线港组成，涉及广东、广西、福建、浙江、江苏等多个省份。2017 年 4 月，国家文物局正式确定广州为海上丝绸之路申遗的牵头城市，联合宁波、北海、福州、漳州等城市进行海上丝绸之路保护和申遗工作，其中江苏省五个城市列入其中，分别是南京、苏州、扬州、连云港和南通。此次经考古发现的国清寺遗迹遗物，为南通增加了一处极其重要的海上丝绸之路遗产点，也是海上丝绸之路"东海线"上最重要的遗产点之一，与扬州东海线遗产点以及张家港黄泗浦鉴真东渡遗产点、上海青龙镇日本圆载和尚归国遗产点、太仓樊村泾遗产点、连云港孔望山佛教遗迹等，共同构成了江苏乃至中国海上丝绸之路东海线遗产群及证据链。

如此，掘港唐宋国清寺遗址就像一位饱经沧桑的老人，从历史的深处走

出来，告诉今天的人们，圆仁和尚和他的同伴们，是怎样沿着当时的"掘沟"运河，通过运盐河，经如皋、海陵，到达扬州，再从扬州一路向西直抵长安的。这样，人们通过掘港国清寺，便勾画出了海上丝绸之路东海线的线路图，这张图，对当今大运河文化带建设和中日关系史考察等，都有着广泛的历史意义和现实价值。

现在，掘港国清寺遗址已经被覆土回填，这是为了更好地利用自然生态环境来保护它。不久的将来，这里将建成海上丝绸之路博物馆，展示包括国清寺遗址出土文物在内的、代表南通江海文化和具有鲜明海上丝绸之路特征的文物，让这些拂去千百年尘埃的文物，向人们讲述一段段传奇故事。

NANTONG
THE BIOGRAPHY

南通 传

第八章 龙袍菩萨：坐观人间沧桑

狼五山仙踪

直到唐朝，狼山和它的几个小兄弟还在海里沉浮。每当清风霁月之时，站在胡逗洲眺望，狼山、军山、剑山、马鞍山、黄泥山，五座海岛明明灭灭，好似美人头上青色螺髻，如皮日休描述的那样：似将青螺髻，撒在明月中。不过，估计几座岛离岸边可能不太远，不然，秦始皇不会在军山上屯兵，也不会在剑山上试剑，王安石更不会登狼山观海，因为，如果离岸太远，按当时的交

南通城南狼、马、军、剑、黄五座小山，像刚从长江泳罢上岸的五兄弟。

僧伽和尚塑像

通条件，登岛不是件很容易的事。

让人难以想象的是，唐朝初年，狼山上已经有了寺庙，香火虽不那么旺盛，但也时常有香客排除艰难，乘舟登岛敬香。

在有庙之前，狼山是座荒岛，没有人烟，只有一头白狼王带着一群狼出没荒岛、统治荒岛，乡人由此叫岛为狼山。

一天，岛上来了一位手托陶钵、身着袈裟的和尚，和尚碧眼深目、长眉卷发，显然是位胡人。和尚找到狼王，商量说，贫僧云游四方，欲驻锡修行，请狼王行个方便，借一方寸之地。狼王问：和尚要借多大地方？和尚说：不大，仅袈裟张开罩住的地方。狼王想了想，这能有多大？准了吧。于是，和尚脱下袈裟，身子半转，像撒渔网一样将袈裟撒开，刹那间，红光冲天，袈裟瞬间张大，不大不小，恰好罩住整座海岛。

狼王一下子傻了：这是什么情况？未待狼王回过神，和尚念了声佛号，打了个稽首，连称承借承借。狼王想发怒赖账，转念一想，这和尚来头不明，法力无边，硬扛不得，罢了罢了，只有认了吧。狼王便带着一众小狼，哭哭啼啼离开海岛，不知所踪。临行前，狼王问道：有借有还，和尚几时还我海岛？和尚指了指山头一块十数丈方圆的平台说，于此将建寺庙，哪天寺庙香火断绝，便是归还之日。

和尚借得宝地，"由上即建大雄宝殿、殿阁、方丈室。山在巨浸中，设舟以济，号慈航院"（《通州志》）。庙究竟由谁而建，《通州志》语焉不详，这"由上"二字，是皇上，还是上级衙门？颇费猜测。总之，唐总章二年（669），狼山就有了供奉大势至菩萨的庙，殿前还修了一座并不巍峨的浮屠。由于庙在岛上，岛在海中，便设舟以济，所以寺庙叫慈航院，后来宋朝改称广教寺，这塔就是支云塔，这和尚便是来自何国的僧伽。

狼山自建庙后，香火日盛，成为佛教乐土。有人觉得狼山的名字太狰狞，试着改了好几次，有取"狼"字谐音叫琅山的，有因山上多有紫色赭石而取名紫琅山的，还有叫宝塔山的，林林总总，不一而足，但老百姓还是习惯叫狼山，还把僧伽向白狼借山的故事传得神乎其神。1300多年前，胡逗洲上居民并不多，而且多为流民，煮盐为生，当他们有朝一日忽然看到悬于海中的狼山长出一座庙来，还不惊奇得掉下下巴，长跪在地，匍匐不起？在他们心里，这庙建得很神秘，很有故事。人们对履迹难以企及的海岛，总是充满种种猜测和神秘幻想的。

也许，往后推迟400年，到宋代再建这庙，人们恐怕就没那么惊奇了，因为，宋代时，胡逗洲与狼山已连接一起，狼山告别海岛形态，成为耸立江边的山了。

其实，在白狼独霸狼山前，岛上住过人，这人不仅隐居海岛修行，据说后来还得道成仙，位列仙班。南京人陶弘景在他编著的、我国最早的道教神仙谱系《洞玄灵宝真灵位业图》中，对这位狼山隐士作过介绍。陶弘景是南朝人，是茅山道宗创始人，又是一位医药家、炼丹师、思想家，在茅山隐居时，梁武帝每有吉凶征伐大事，都向陶弘景咨询讨教，朝廷上下都叫他为"山中宰相"。《洞玄灵宝真灵位业图》把得道成仙之人分为七层，其中第五层右列有一位神仙名叫虞公生，旁注其居所位于"海中狼山"。对这种注解，陶弘景似乎

狼山山门旧景

不过瘾，他在另一部道教经典《真诰》中，做了进一步记录：

> 海中有狼五山，中有学道者虞翁生，会稽人也。昔受仙人介君食日精法，以吴时来隐此山，兼行云气回形之道，精思积久，身形更少如童子。今年七月二十三日，东太帝遣迎，即日乘云升天。今在阳谷山中。狼五山在海中，对句章岸，今直呼为狼山。

海中狼五山，就是今天的狼军剑马黄五座小山，虞翁生便是虞公生。三国时期，会稽人虞翁生渡海在狼山上隐居，吐故纳新，采集天地之灵气、日月之精华，身形外貌保持得像孩童。就在陶弘景写《真诰》这年的七月二十三，掌管男仙户籍的东华帝君派人来迎接他，乘五彩祥云升了天，居住于仙境阳谷山。陶弘景特意指出狼五山在海中，其对岸是东海之滨的会稽郡，现在（指陶弘景所处时代），人们直接叫狼五山为狼山。

这就说明，"狼五山"名字的出现，要早于"狼山"一名，而"狼山"的名字，至少在魏晋南北朝时已出现。

当然，陶弘景的这些记载神神叨叨的，让人疑惑，只能当故事来听。倒是一位日本人，在记录鉴真和尚东渡行迹时，提到狼山，一般认为这是最早的最正式的记录狼山的文字。这位叫真人元开的日本奈良时代的文学家，在《唐大和上东征传》中说，唐天宝七年（748），鉴真和尚从扬州启程第五次东渡日本，船行经狼山江面，遇到风险：

  六月廿七日，发自崇福寺。至扬州新河，乘舟下至常州界狼山，风急浪高，旋转三山。明日得风，至越州界三塔山。

鉴真从扬州崇福寺出发，乘船到达狼山（狼山时归常州管辖）江面，遇到大风大浪，船只逡巡不前。第二天，随风到达舟山一带的三塔山。这一次鉴真东渡仍然没获成功。

狼五山自有文字记载以来，就跟修真隐居这类行为扯上关系，除了狼山虞公生，军山有燕幻真人，黄泥山有龙舒仙子。据说，燕幻真人行迹奇异，曾在军山开炉炼丹，军山南麓有块"燕真人炼丹台"，就是他遗留下来的仙迹，后来，燕幻真人在城南与仙人相遇，好多人目睹了他得道升天的过程，他成仙的地方就叫望仙桥；了解龙舒仙子的人不多，只知道她与燕幻真人都是北宋时期的人，活到70岁得道。

可惜的是，作为狼山最早的神话人物，这些修真人没有更多的文字记载，与僧伽和尚的影响力不可并论。但他们像一幅山水画里淡淡的墨痕，衬托出近山远水的巍峨与悠远。

这就够了。

狼山个子不高，长到现在，才106米多一点，它的几个兄弟中，军山最高，也不过118米，剑山80米，马鞍山49米，黄泥山有点不好意思，29米。说它们是山，还真说不出口。但它们却是万里长江入海途中最后的土石隆起群，它们都是三亿多岁的高龄老人，俯视脚下，目送奔流不息的大川纳入大海，静观风云变幻，默察人间沧桑，无声地记录在它们身边上演的历史悲喜剧。人们用盈筐累箧的妙语来描述它们，像"山海拥金莲，乾坤落天柱""日月任飞沉,五山如一掌""五山如屏""五山拱北""江海锁钥,维扬门户"等。难怪,当年方士徐福奉秦始皇之命寻访长生不老药,船行江海交汇处,遥望海上青山点点,竟误以为是蓬莱仙境。

由此可见,徐福撺掇秦始皇,说东海之上有蓬莱、方丈、瀛洲仙岛,岛上有长生不老之药,倒不是诈骗,因为,他本身就对仙岛仙药的存在深信不疑,不然乍见到狼五山,他不会兴奋得手舞足蹈,连呼:蓬莱仙岛到了,蓬莱仙岛到了!至于他后来像蒸发了一样,不知所踪,一定是他实在找不到不老药,无法跟秦始皇交代,只好找了个海岛藏匿起来,最贴近的说法是藏于日本岛,甚至有人认为他无意间成了日本人的先祖。

狼五山中,狼山位置居中。他像一位伟岸峭拔的文士,面向南边长江而立。南坡舒缓,北崖如削,像极了文士挺直的后背,让人远远一看,就心生景仰与亲近的感觉。山顶广教寺门柱上一副对联,尽显山之气势与人之襟抱:

  长啸一声,山鸣谷应;
  举头四顾,海阔天空。

狼山的眼界、气魄、胸怀,一联以蔽之。

穿龙袍的菩萨

从僧伽与狼借地开始,狼山就与这位西域和尚分不开了,尽管他的行迹遍及江淮,但最后的归宿还是落在当时并不显扬的狼山之上。

说实话,所有与僧伽有关的故事,都带点传奇与灵异色彩。他在大唐的行踪与事迹,史籍多有记载,最早记载僧伽的,是唐代大书法家李邕所写《大唐泗州临淮县普光王寺碑》。其后,历朝历代佛教典籍中多有僧伽记述,北宋高僧赞宁《宋高僧传》的记载最丰富,其中《唐泗州普光王寺僧伽传》篇幅最长,一千八百字,足见僧伽影响力之广。北宋江淮荆浙发运副使蒋之奇撰有《泗州大圣明觉普照国师传》,宋代僧人志磬撰有《佛祖统纪》,《通州五山志》也有记载。

李白信奉道教,自号青莲居士、谪仙人。他自由洒脱、狂放不羁,敢在朝堂之上,让高力士为他脱靴。李白很少作诗礼赞和尚,但独独对僧伽赞美有加,敬佩之情在他的《僧伽歌》里尽显无遗。

《僧伽歌》犹若人物画图,将这位身材魁梧奇伟、相貌威严方正的西域高僧形象,展现世人面前。李白在唐天宝初年入长安为翰林,当时,僧伽圆寂已30余年,歌中所描绘和刻划的僧伽行状,应当是李白根据在京师所闻,以及游历江淮时瞻仰僧伽真身后记录的。当然,即便没有瞻仰到僧伽真身,凭李白的才气,照样能写出活龙活现的佳作来,他没到过浙东天姥山,一首《梦游天姥吟留别》不是把天姥山描绘得令人心驰神往吗？

僧伽本名叫什么，无人得知，他称自己是何国人。何国究竟在哪里？令人摸不着头脑。顺藤摸瓜，方知何国在今天乌兹别克斯坦最古老的城市撒马尔罕，是丝绸之路上的重要枢纽，东接大唐，西连波斯，南达印度。所以，何国城楼北壁画大唐天子像，西壁画波斯诸国国王像，东壁画突厥、婆罗门诸国国王像，其意是向诸帝国示好，告诉诸帝国，你们都是大哥，我小老弟谁也惹不起，谁也不得罪，请体谅则个。

僧伽小的时候就出家当了和尚，立志云游四方，弘扬佛法。30岁时，从天山别迭里山口，也即是今天的新疆与吉尔吉斯斯坦接壤的地方，迎着唐僧玄奘西出边境取经的方向进入大唐，披着丝绸之路上的晚霞向东而来。

古代的丝绸之路，无论是陆上丝绸之路，还是海上丝绸之路，都有无数中外高僧，或在漫漫风沙的大漠古道上艰难前行，或在惊涛骇浪的浩瀚大海上舍身颠簸，安世高、鸠摩罗什、法显、玄奘、鉴真、圆仁，一个个名字，耳熟能详。他们中更有从齐州（今济南）南下，经濮州、曹州、扬州，到广州，取道海路至印度，历经20多年，游历30余个国家，携大量梵本佛经归国，终生译经不辍的义净。而僧伽从陆上丝路西来，在长达53年里，足迹布满大半个中国，由此形成的僧伽信仰，遍及全国，流播千载，经海上丝绸之路，东传日韩，是中国佛教史上与一带一路关系最为密切的高僧之一。

僧伽带着自幼就从他剃度的弟子木叉，过康居，经碎叶，翻过横亘中亚的葱岭（帕米尔高原）雪峰，进入新疆，穿过八百里瀚海，到敦煌、过玉门，抵达凉州（今武威），驻锡传法。随后，来到都城长安，在终南山参加佛教界活动，与高德大僧交流切磋。在长安，他并没有久留，飘然南下，经洛阳，过太原，登五台，沿运河、长江东去，来到江南水乡，深入民间，弘法济世。

> 初伽化行江表，止嘉禾灵光寺。彼泽国也，民家渔梁鳞弋交午。伽苦敦喻，其诸杀业陷堕于人，宜疾别图生计。时有裂网折竿者多矣。
> （《宋高僧传·僧伽传》）

《僧伽传》记载说，僧伽行抵嘉禾（今嘉兴）灵光寺，教化水乡泽国民众不要杀生，说杀生要堕入阿鼻地狱，所以，很多渔民就撕掉渔网折断竹竿另谋生路。至于另谋什么生路，记载里没说，估计僧伽也没能指出一条出路，所以，他"自感因缘不具"，拄着锡杖，复而北上。途经晋陵（今常州）国祥寺，见寺庙破败，就捐赠了随身衣服，把衣服挂大殿后梁，便渡江到达山阳（今淮安楚州），驻锡于法华禅院。后来，盛名远播的僧伽被唐中宗李显召入宫，与百官执弟子之礼，僧伽乘机奏请修缮法华禅院，中宗应奏，拨维修款，改法华禅院为"龙兴万寿禅寺"。也就是从那时起，几乎所有的有关僧伽的记载，都展露神异现象来。

僧伽在楚州足迹遍及淮泗大地，为人们治病解难。作为高僧，自然是懂一些药理的，但佛教典籍大多记录他靠法力行医。僧伽替人治病，往往闻声救苦，不请自至。入唐以来，他一直在游走十方，非常需要建一座寺庙，来作为他弘法传教的基地。于是，他来到泗州临淮信义坊，寻址募捐。

僧伽找到县令贺拔氏，说足下所立之处是一座古庙遗址。县令着人往下挖，果然挖到一块古碑，碑铭文显示这里曾是齐国的香积寺，再往下，又挖到一尊金身佛像，佛身衣服上刻着"普照王佛"字，民众一个个眼睛瞪得滚圆，下巴惊掉到地上，现场争着布施捐赠。

更为奇特的是，贺拔氏请僧伽到家说法，夜里睡觉时，看到僧伽忽然身子涨长，头和脚延伸出睡榻之外各三尺。第二夜，僧伽又现十一面观音形。贺拔氏磕头不已，第三天就把住宅捐献出来，供僧伽建寺。于是，寺建成，按掘得金佛身上字勒额"普照王寺"。普照王寺成为唐代最负盛名的四大佛寺之一。

僧伽81岁时，中宗皇帝李显派人接他到京城，供奉于内廷道场。李显对他极为尊崇，尊为国师，安排居住荐福寺，亲自设法宴，与之促膝交谈。一天，僧伽入殿见中宗，见中宗愁眉不展，问其何故，李显说，京城附近已经连续数月无雨，黄土焦枯，朕心焦灼，大师可否大发慈悲，施法布雨，以解朕之忧迫？僧伽听闻，微微一笑，不慌不忙起身，将手中玉瓶里的水向四方播洒。俄顷，天空阴云骤起，甘雨大降，旱象立解。中宗李显大喜，当即下诏，赐僧伽所建临淮寺庙为"临淮寺"。僧伽连忙说，圣上可否依佛号普照王为寺名？

李显觉得"照"字犯天后武则天"曌"讳，乃御书"普光王寺"匾额，遣使送到临淮县，悬于寺门。

景龙四年（710）三月三日，僧伽和尚在长安荐福寺示寂，世寿83岁。中宗下令在荐福寺建塔，为僧伽塑金身。忽然之间，狂风大作，满城臭气，中宗忙问左右，这是怎么啦？有近臣奏云，僧伽大师化缘在临淮，道场在普光王寺，恐怕他是不想留在京城，想回到泗州，才现此变异。中宗点头，随即炷香许之，口中才说出"喏"字，刹那间，满长安竟飘芬芳，全城啧啧叹异。

僧伽的灵异故事并没有因他圆寂而中断，反而在民间流传更多、更广，其事迹不断得到神化，使人们对僧伽更为崇拜，供奉僧伽的寺院遍及全国。这些故事以及民众对他的追捧，形成特殊的"僧伽信仰"，这信仰，通过海上丝路，东传至韩国、日本。韩国首都首尔北汉山有建于新罗景德王十五年（756）的僧伽寺，寺内有雕于显宗年间（991—1031）的僧伽大师像，被定为韩国的国家级文物。高丽王室多次巡临僧伽寺，参拜僧伽像。

僧伽和尚一生中有没有到过南通，正史里没有记载，倒是民间流传不少传说。南通有民谣：南通三座塔，角分四六八，两塔平地起，一塔云霄插。所谓三座塔，指城内的光孝塔、城东的文峰塔和狼山的支云塔。宋太平兴国年间，广教寺修建支云塔，纪念僧伽和尚。可是，塔基总是打不稳固，塔的重心捉拿不定，愁煞了负责施工的工头。一天，一个民工抱着一根木头来到狼山，毛遂自荐地说，他有办法解决难题。然而，只见他天天在木头上摸来摸去，就没有其他动静。摸了一个月，工头生气了，下了逐客令。他说再过一两天就完工。工头气得当场就把他赶走了，把留下的木头重重地往地上一摔，就在此时，奇迹出现了，那段木头之中，竟然裂开了一座美轮美奂的宝塔模型，只是顶上两层，细工还没有完成。工头根据模型建成宝塔，塔基从未发生问题，上面两层却常遭到风灾与雷击。

又过了多少年，广教寺大殿后墙三番两次倒塌，怎么修也修不起来。正烦恼间，来了一个和尚，他让匠人把大青砖平整地在地上铺好，只见他两手一托，数丈高、十数丈长的大殿后墙，就像大纸板一般竖了起来，比现代人贴瓷砖还要轻松。大家看得目瞪口呆，回过神正要谢谢和尚时，和尚已无影无踪。

此后，这道墙再也没修理过。

人们这才恍然大悟，原来是僧伽大圣菩萨显灵。

僧伽和尚的神异事迹，当然是后人对他的神化，寄托着老百姓的期望与期待，反映了民众对他的崇拜，也是僧伽长期深入民间弘法施教、济世救民的写照。

清康熙十九年（1680），泗州一带连降70多天暴雨，黄淮并涨，州城被淹，普光王寺也沉入洪泽湖底。僧伽的祖庭消失了，而以僧伽为开山之祖的狼山广教寺，上千年来一直供奉"大圣国师王菩萨"，广教寺便成为僧伽和尚的唯一道场。清同治帝御笔亲书"功昭淮海"匾额以赐，高挂在狼山之巅大圣殿上。

大势至菩萨是佛教净土宗"西方三圣"之一。西方三圣由一佛二菩萨组成，一佛即阿弥陀佛，阿弥陀佛又叫无量寿佛；二菩萨就是观世音菩萨和大势至菩萨。阿弥陀佛是西方极乐世界主佛，在殿宇居中而坐，两侧分列观世音与大势至。一般人对谁是观世音谁是大势至，难以分辨，其实，要看菩萨像头顶宝冠，宝冠上立佛像，就是观世音，宝冠上立玉瓶，就是大势至。观世音菩萨是阿弥陀佛大儿子，大势至菩萨是二儿子，阿弥陀佛入灭后，由观世音菩萨继为佛，观世音菩萨入灭后，由大势至菩萨继为佛。南通民间百姓认为，僧伽和尚是大势至菩萨化身。

狼山供奉僧伽和尚，应当是从宋代初期太平兴国年间（976—984）智幻法师住持广教寺开始。智幻法师是广教寺中兴之祖，他弘法创业，修建寺宇，

狼山半山腰的幻公塔（黄俊生 摄）

建造了大圣殿供奉"大圣国师王菩萨"僧伽和尚，修建支云塔以纪念僧伽，此后，江淮许多寺院效仿广教寺，随之供奉僧伽像。智幻法师圆寂时，留下一偈，偈云：

> 当初不肯住长安，
> 现相须归泗水间。
> 今日又还思展化，
> 东来海上镇狼山。

后人始知，智幻法师即为僧伽化身，于是，在狼山建一座七层砖砌实心塔纪念他，塔名"幻公塔"。

供奉大圣菩萨的大圣殿在支云塔后面，奇特的是，大圣菩萨的头上是毗卢帽，身上是大龙袍。菩萨穿龙袍，这在佛家规制中很另类，可以说是绝无仅有。大圣菩萨为何穿龙袍？史籍未见记载，据广教寺僧人解释，说是唐中宗李显封僧伽为国师时，随赐红衣龙袍、绿衣龙袍二袭。按规制，皇帝穿黄衣龙袍，国师穿红衣龙袍，重臣穿绿衣龙袍，后来，僧伽布雨解旱，深慰天心，中宗一高兴，又赐给一袭黄衣龙袍。这样，僧伽和尚就成为拥有穿黄、红、绿三种颜色龙袍资格的菩萨。

这样的传说与解释无需刨根追源。僧伽作为一位外来的僧人，是中国佛教史上唯一不是菩萨而被当作菩萨来崇拜的和尚。这是中国民众自己创造的佛教神祇，表明民众心中有自己追捧和崇拜的偶像。

一眼望穿千年

狼山个子在五山之中虽不是最高,但却有"江海第一山"之名。南通民间认为僧伽和尚是大势至菩萨化身,所以狼山既是大势至菩萨也是僧伽和尚的法应道场。民谚说:"狼山的菩萨,照远不照近。"说的是狼山菩萨更加关照远道而来的香客,凡远来者有求必应,故而,狼山菩萨盛名远播。

宋仁宗至和(1054—1056)年间,王安石"擢进士上第,签书淮南判官",不久当海门县令,其时,海门设县尚不足百年。在海门县令任上,王安石曾登临狼山,站在大观台上驰目骋怀,一时胸襟澄明,一首气势磅礴的《狼山观海》诗脱口而出:

万里昆仑谁凿破,无边波浪拍天来。
晓寒云雾连穷屿,春暖鱼龙化蛰雷。
阆苑仙人何处觅,灵槎使者几时回?
遨游半在江湖里,始觉今朝眼界开。

是谁凿破了万里之外的昆仑山,浩瀚无边的江水像从天上冲决而来。登临狼山只见清晨的云雾与海中的岛屿笼罩一起,待到春暖之后惊雷动,冬眠蛰居的鱼龙都活跃起来。到哪里去寻找阆苑的仙人?天上的使者什么时候乘木筏回来呢？半生以来我都在江湖遨游，现在面对大海才感觉眼界大开。

王安石这首诗直抒胸臆，荡气回肠，不求委婉含蓄，恰如凝练的散文。在古今众多歌咏狼山的诗中，王安石的《狼山观海》可称冠冕。

王安石登临狼山观海之时，僧伽和尚已入主广教寺，作为民间尊奉的穿龙袍的菩萨，他自然目睹了狼山脚下发生的一幕幕，但他没有像王安石那样毫不避讳地直抒胸臆，而是默默地看，默默地把一切藏于心间。千年来，他看到了什么？

他看到了，南通城怎样从一座始建之时的土城，逐步发育为"工力坚密，遂为名城"的过程。

南通城的选址与构筑，颇见匠心，它利用沙洲发育过程中形成的众多水泊，加工成了环城的濠河，城内留池塘，开市河，形成水城，城在水中坐，人在画中行。宋政和年间（1111—1117），知州郭凝因北门多匪，遂将北门雍塞，由此，便有了"通州城，无北门"之特殊情形。南宋淳祐二年十月十六（1242年11月10日），蒙古军攻陷通州城，在城内外大肆烧杀，这是历史上通州人民所遭受的最为惨烈的兵灾。当时常熟福山有一位叫赞老的通州籍和尚，作诗记叙这次屠城的惨状：

> 见说通州破，伤心不忍言。
> 隔江三日火，故里几人存。
> 哭透青霄裂，冤吞白昼昏。
> 时逢过来者，愁是梦中魂。

金兵攻陷通州，乱兵掠城，城垣受到严重破坏，鉴于此，南宋宝祐年间（1253—1258）增筑通州瓮城。元至正十九年（1359），定远大将军、通州行元帅府都元帅李天禄又调集人力修筑通州城。明初，守御千户杨清、姜荣相继修筑通州城，辟三水关，又在城门外设东、西、南三座吊桥。正因为如此，明代中叶，通州受倭寇侵扰时，才因城固而摆脱倭寇涂炭。嘉靖三十三年（1554），倭寇围困通州城达一月有余，城外被焚烧抢劫殆尽，通州军民凭借城

1919年的曹公祠。在南通人的心目中，曹顶与戚继光具有同等地位。

垣齐心守卫，方才脱祸。

明中期以后，东南沿海经常遭到倭寇侵扰。明朝嘉靖年间，倭寇曾四次大规模入侵通州，少则三四千人，多至万余人，南通百姓生命财产受到极大危害。南通军民奋起反击，多次击退倭寇，涌现不少英雄人物，尤以曹顶的声名极为卓著。

曹顶是通州余西人，盐民出身。嘉靖三十二年（1553）曹顶应募参军，与倭寇奋战，一马当先。1554年，倭寇3000余人入侵通州，曹顶率水兵500人拒敌于城外，与倭寇周旋了20余天，逼倭兵退却。1557年4月，倭寇再犯通州，曹顶与倭寇战于城北50里，追敌至单家店（今平潮镇）。当时大雨滂沱，道路泥泞，战马失足，曹顶坠于马下，不幸阵亡，时年44岁。通州百姓在城南建曹公祠与曹顶墓，中国近现代化先驱张謇为曹公祠撰联：

匹夫犹耻国非国，
百世以为公可公。

梁启超亦有《题南通曹公祠》诗赞曰：

捍灾乡则记，杀敌古之强。
允矣追双烈，宁惟福一方。
当年悲失悼，今日表康庄。
莫话辽东役，临风只涕恨。

曹公祠与曹顶墓侧筑有"倭子坟"，埋葬被曹顶手刃的倭寇首级，人们又在平潮镇建曹顶亭，以纪念这位民族英雄。

明嘉靖三十八年（1559）四月，江北的倭寇奔至通州，倭寇乘战船数百艘，乘汛沿江西上，攻入白蒲镇，取道入如皋，谋犯扬州。江北兵备刘景韶派邱升在丁堰、如皋、海安攻击倭贼，三战皆捷，杀死倭寇百余人。倭寇进掠通州，刘景韶督邱升攻击倭贼，歼敌数百人。这一年，江北各地民军互相配合，共歼灭倭寇万余人，并捣毁了倭寇在江北的巢穴。自嘉靖后，通州地区再没有发生大的抗倭战斗。

那个时候，通州民间兴起一种"放哨火"（又叫"放烧火""炸麻串"）的民俗，这是一种类于放狼烟传递敌情的手段，用柴草扎成火把，里面放入小鞭炮，待发现敌情，立即点燃火把，火把通红，发出"噼里啪啦"的炸响声，以引起人们的警觉，人们轮流放哨，把这火把称之为"哨火"。有一年正月半，倭寇马队突袭，乡民得知纷纷举起火把示警，众人接警后纷纷从四面八方赶来迎战。繁星一般的火把发出"噼里啪啦"的响声，吓得倭寇马匹受惊，四处逃窜，倭寇从马上重重摔下，大家奋勇当先，追杀倭寇。为了纪念这一胜利，就形成了正月十五"放哨火"的习俗；因为"放哨火"里的爆竹炸响引起马儿受惊乱窜，人们就称为"炸马窜"，久而久之由谐音演化为"炸麻串"。

《诗经·小雅·大田》中说："去其螟螣，及其蟊贼，无害我田稚。田祖有神，秉畀炎火。"说的是乡民手持火把驱虫赶兽，护卫庄稼的情景。农谚说"要想来年虫子少，冬天去掉田边草"，田边草丛是害虫的越冬栖息地，将杂草烧掉，既能够消灭虫害，草木灰又能肥田。倭患平息后，"放哨火"也就逐步成为农家冬天的农事。

每年正月半，夜幕降临，月亮升起，炸麻串开始了。家家户户的当家人扛着麻串把子走到自家农田边，点燃麻串，迎着风，在田埂上边走边上下左右舞动。红红的火苗忽大忽小、忽明忽暗，孩子们跟在后面，欢快地奔跑、跳跃。大人们边舞动麻串，边扯着嗓子唱着：

> 正月半，炸麻串
> 十个馒头称斤半
> 爹爹称给奶奶看
> 奶奶称给爹爹看
> 大家笑得团团转
> ……

南通人称丈夫叫"爹爹"（念 dia dia），称妻子叫"奶奶"（念 na na），就在"爹爹""奶奶"一声声酣畅淋漓的呐喊声中，中国人最为重视的"过年"就这么过去了。

明穆宗朱载垕隆庆二年（1568），阴雨连绵，通州城毁坍三百余丈，知州郑舜臣主持大规模修建，经三月而竣工，"视前增筑二尺有奇，外甓既直，内土亦广，以至雉堞楼橹焕然改观"。

作为曾经的兵家必争之地，南通城在经历了宋元战事和倭寇的袭扰外，此后并没有遇到太多的战乱，较长时间处于和平安定状态，遂有了"崇川福地"之称。

这些悲壮历史，大圣菩萨都看在眼里。他还看到，通泰镇抚使岳飞，率领岳家军在海安、如皋一带与南下金兵激战的场面；看到文天祥从卖鱼湾出海，回归南宋组织抗元的过程；他目睹了刘六、刘七的农民起义，是如何在狼山走向终结的。

明正德五年（1510），河北发生大规模农民起义，起义军由河北攻入山东，由山东回攻京畿，起义军首领是劫富济贫的农民刘六、刘七兄弟。

刘六叫刘宠，刘七叫刘晨，为人任侠好义，骁勇善骑。兄弟俩率领义军转战直隶、山东、河南、湖广等地区，持续三年，锐不可当，直至攻入京城脚下。明朝调集十万兵力围剿义军，起义军奋力突围，向南方转移。刘六在湖北黄冈因舟覆牺牲，刘七率舟师自武昌而下，转战于九江至苏州的大江之上。正德八年七月十八日，起义军攻打通州，占领狼山，凭险据守。二十一日，明兵麋集山下，由南北两面仰攻狼山。起义军明知已无胜算，依然抵死奋战，无人投降。明朝官兵攻入广教寺山门，刘七与最后的几位义军将士挥刀迎敌，终于寡不敌众，被一拥而上的官兵乱刀砍于萃景楼下，勇士的献血染红了麻石台阶与青砖殿堂。

萃景楼在狼山顶山门后，楼为纯木结构，依势突出。明代李之椿有诗《登萃景楼》：

半壁东南看化工，楼头佳气日青葱。
溪山斜枕蛇龙立，江海平吞天地空。
越国帆光危塔外，吴门练影乱云中。
登高不作悲秋赋，寄兴沧溟万里艟。

李之椿是明朝天启二年进士，与王思任、倪元璐、黄道周、王铎合称"天（天启）崇（崇祯）五才子"，后遭贬返归故里如皋，在狼山组织"种松社"，与友人诗文唱和，名声颇盛。

面对萃景楼下惨烈的场景，一生治病救人慈悲为怀的僧伽大圣，还能说什么呢？狼山回旋穿越的悲风里，似乎响起一声低沉的叹息。

时光流转到民国元年（1912）九月，一位辛亥革命先驱回归故里，安眠在狼山振衣亭下。他就是出生于通州城南望仙桥外的白雅雨烈士。

白雅雨，名毓昆，字雅雨，中国近代民主革命家，李大钊的老师。1911年12月31日，为策应武昌起义，白雅雨亲赴河北滦州组织起义，成立北方革命政府，任参谋长。1912年1月5日，起义不幸失败，他被清军通永镇总兵王怀庆俘获，被害于唐山古冶。就义前，白雅雨仰望天空，壮怀激烈，赋绝命诗一首：

慷慨赴死易，从容就义难。
革命当流血，成功总在天。
身同草木朽，魂随日月旋。
耿耿此心志，仰望白云间。
悠悠我心忧，苍天不见怜。
希望后起者，同志气相连。
此身虽死了，千古美名传。

诗吟毕，白雅雨慷慨赴义。

中国佛教有五台山、普陀山、峨眉山、九华山四大名山之谓，亦有北京香山、陕西终南山、河南嵩山、浙江天台山、云南鸡足山、湖南衡山、江西庐山、江苏狼山八小名山之谓，狼山因是大势至菩萨唯一的法应道场，在佛教名山中，被推为八小名山之首。佛教弘法大师、禅宗曹洞宗第五十代传人、临济宗第五十七代传人、台湾法鼓山创办人圣言法师就在狼山剃度出家。

在不同人的眼里，狼山有不同的身份。旅游者说它是旅游胜境，佛教信众说它是佛教圣地，军事家说它是江防要塞，而站立千年、默默无言的僧伽大圣国师王菩萨知道，狼山还是一座悲壮的山、英雄的山！

军山，不得不出世的隐者

狼五山中，以狼山为雄，它的东面与剑山相连，西面与马鞍山、黄泥山相接，唯独东南的军山，像个倔强叛逆的孩童，游离于四山之外，与群山不群。宋初，当其他四山陆陆续续登上陆地时，军山依然赖在水中，直到清康熙年间，才不情不愿地上了岸，却依然是一副闲居一方、不愿入世的样子。

明天启年间就任海门县令的湖州人严尔珪，在《五山拱北碑铭》中说，军山在众山中"宛一旁伍"：

> 登五岳而小天下，登五山而小崇川，五山其通之五岳乎！大江洸荡白恣，五峰盘峙如列掌。余每过之，几片青芙蓉，奇秀万状。白狼居然长之，若剑迹若黄泥若马鞍皆其伯仲而鳞次者矣，军山在水中央，宛一旁伍。

在严尔珪心目中，五山与五岳相通，大江恣肆汪洋，五山似如来手掌，登山则崇川福地一览无余，与登五岳而小天下的境界何其相似乃尔！

在严尔珪之前，山西僧人法空就注意到军山的卓尔不群。法空于明万历十年（1582），带着一颗虔诚的心，"以一苇浮江东下，见军山离立于水，与群山不群"，便在军山南麓停下脚步。他在燕真人洞住下，刈除荒草，开辟山径，随后在半山结茅棚，与另一僧人崇玄共建寺院。寺院建建停停，前后历40余年，后来，狼山副总兵王扬德诛海盗，捐月俸，率诸民于明崇祯元年（1628）建成寺院，王扬德觉得寺院与普陀山相比"不减珞珈真境"，遂题榜山门"小普陀"，让法空法师永卓驻锡。通州士绅范凤翼派人过江，请南京礼部尚书、大书法家董其昌为小普陀寺院作记。董其昌建议改"小普陀"为"普陀别院"，并提笔写下《军山普陀别院碑记》。这碑石镶嵌于军山普陀别院院墙之中，是镇寺之宝。

从外形上看，军山酷肖一只蹲踞的大象，故而又叫象山，应该说，叫象山更贴切。然而，南通的老百姓几乎无人记住这个名，他们只记住，2200多年前，山上就有驻军，秦始皇派人东寻蓬莱以求长生不老之药时，徐福曾在这江海之中的小岛上驻扎，从此，小岛便与"军"结下了不解之缘；南宋建炎三年（1129）冬，金兀术大举南侵，渡江攻入建康，岳飞奉命收复建康，任通泰镇抚使，在军山屯兵，誓师出征；北宋包拯"包青天"的后裔、明崇祯十六年（1643）进士、南京工部主事包壮行，为拒绝清顺治帝特授其江南总漕之职，从通州城内西南营故宅迁出，避居军山半腰西净庵，七年后在此悄悄告别人生，后人在包壮行隐居处建"包公祠"以记其事；清同治二年（1863）春，通州余西人黄朝飑在军山以传播"后天教"的名义，秘密组织数千贫苦农民举行起义，准备于五月十四之夜策应江南太平天国军攻占通州，举义因事泄密，遭清廷镇压，黄朝飑被捕身亡，清兵对暗藏山间的起义民众进行围剿，一把大火，将山顶的庙宇僧舍尽化灰烬，这是军山继清朝初年遭海禁毁寺后的又一次大劫，从此一蹶不振。

民国初年，乡贤张謇先生建东奥山庄于军山东南麓，造气象台于普陀别院旧址。军山气象台建成，早于南京北极阁气象台11年，早于镇江北固山气象台18年，"为中国私家气象台之鼻祖"，被列入英国出版的《国际气象台名册》，张謇先生被公推为首届中国气象学会名誉会长。气象台以四角红瓦为顶，从军山脚下望去，宛如翠木林中一朵盛开的红莲。登上气象台，西望狼剑诸山，南瞰长江波涛，视野极为开阔。

张謇从德、日、英、法等国购进最先进的气象仪器、无线电收发报机等，使军山气象台的配套装备达到国际先进水平。1916年10月,军山气象台投入使用,每天将观测资料定时传报徐家汇观象台、北京中央观象台,定期刊印出版气象月报、季报和年报,与40多个国家进行交换,范畴从单纯的测算气象,拓展到报告标准时,24小时潮汐、海啸、地震、飓风预报,农业、水利、卫生、商业的气象研究、测候仪器发明与改良,并且承担了普及科学常识,启蒙通城百姓的责任。张謇从古人诗句中集联书与军山气象台,联曰:

  仰窥象纬抬头易,
  自有云雷绕膝生。

这联句,很合张謇当时的心境。举手摘星月,俯首观云雷。这是一种自信与自豪的情怀,是一种前无古人的高度。

1938年3月17日拂晓,日军坂垣师团饭冢旅团5000名日军在飞机的掩护下,从狼山西北边的姚港登陆。国民党江苏第四区专员兼保安司令葛覃、南通县县长彭龙骧及其所属部队弃城逃跑。当南通居民从睡梦中惊醒,城中钟楼已高挂起红膏药旗。根据当年10月23日《申报》记述:日军入城时,城内居民,早逃避一空,间有未及逃避之居民妇孺等,均遭奸淫及枪杀,后街小巷中惨遭戮杀之死尸,时有发现,惨不忍睹……连狼山广教寺的和尚也未能幸免,许多和尚惨遭日寇杀戮。当然,军山气象台也没能逃过一劫,大量珍贵资料、设备被日军抢夺、损毁,气象台破败不堪,只剩四角楼的红瓦顶在惨淡的夕阳下闪烁着鲜血般的色泽。

这样的凄惨状况,一直到1949年南通城解放,才得以逐步复苏,军山与其他诸山一起,成为游览、休闲的好去处。今人袁瑞良在他的《军山赋》中如此描述:

  军山之幽雅,依山之源,亦借人之力。山无雕琢,若倩女不施粉黛。岭无装饰,犹丽人身无锦衣。雕增其色,饰美其姿。色艳而景明,姿美而迷人。故览胜景而不可忘雕饰之功。史辖军山之官,唯王扬德是念。

册载通城之民，仅张謇公几人留名。民心博大，不忘贤官寸功。史笔无情，不施庸吏点墨。重开斯山，民赞之，史亦誉之。

军山山体的奇特之处，在于其弧状走向，山的南麓，自然形成一个半环形的小山坳。山中绿树成荫，山下芳草萋萋，溪流湖泊潺潺而过，各种植物良性繁衍，许多在江海平原早已消失的植物、消逝的自然生态，在这片世外桃源中得以保存。根据南通博物苑植物专家的考察，在军山山林之中，单单药用植物就有100多种，隶属于60科目。蓼科、苋科、石竹科、唇形科、菊科、百合科等，无不涉及，是淮东地区不可复制的植物基因库。军山土壤肥沃疏松，呈酸性，非常适合自然环境下的植物以及盆栽花木的生长，所以，军山上生长的茶，茶品优异，茶汤清澈，清香持久，声名远播。

2000年初的一天，军山南麓山坳的浓荫里，徜徉着一位年近七旬的老者，他时而拨开草丛，俯身拨弄植物根茎，时而探身拉下树枝，抚摸树叶蚯蚓般的叶脉。他就是我国著名的古人类学家、植物学专家周国兴教授。退休后的他，从北京回到故乡南通，迫不及待地来到军山山坳，来寻找儿时寄放这里的记忆。

正是仲春之际，山坳里满是传递春情的蒲公英、金银花、野芹菜、野荠菜、窃衣草、霹雳、石蒜、金铃子，还有桃花雨。艳阳下，湿漉漉的泥径和弥漫于草尖树冠的山岚，正在酝酿云情雨意。那通往后山深处的小径，野草藤蔓拉扯裤腿，像黝黑鲫鱼背脊一样的泥径伸入野草深处，在那棵爬满青藤斜伸臂膀的大树下，有人正低回漫步，轻声吟诵撩拨过许多青春少女浪漫情怀的诗："如何让你遇见我，在我最美丽的时刻；为这，我已在佛前求了五百年，求佛让我们结一段尘缘……"此情此景，让周国兴恍若回到青少年时代，他想象，待到丰收的秋季，山坳里芦花黄了，彼岸花开了，红蓼结籽了，军山南麓就像一块巨大调色板，五彩斑斓，色彩纷呈，这样的情景，他都梦过好几回。

可当他返回到高大风杨夹道的小路上时，心却往下一沉，与他记忆中的军山南麓相比，当下的生态环境显然恶化了许多。

"给我们子孙后代留一点绿色吧！"他在心里呼喊。

于是，他联络了一批热心于保护"植物基因库"的志愿者，为建立军山绿色生态保护区而奔走呼号。日复一日，年复一年，专家组成立了，院校科考活动展开了，生态保护项目启动了，自然生态保护红线划定了，规划方案出台了，封闭保护实行了……近20年过去了，军山南麓自然生态恢复了，淮东地区植物基因库保住了。

山有幸，水有幸，军山有幸。因此，军山春天青翠，夏天葱茏，秋天茂盛，冬天静谧。

NANTONG
THE BIOGRAPHY

南通 传

一步千年：雉皋自古多名士

第九章

柴荣的功绩

五代十国是中国历史上最动荡最混乱的时期，半个世纪里，朝代转换，政权更迭，像走马灯一样，那些轮番登台上演人生悲喜剧的君王，基本都很短命，舞台形象也很糟糕。不过，他们中却有一个人，留给后世励精图治、神武雄略的英主之名，这人就是后周第二代君主柴荣。

柴荣在位时间也不长，六年，可就是在这六年里，他先是与南唐李璟在长江上开战，把李璟打得都怀疑人生了。这个李璟，就是那个后来哀婉吟唱"问君能有几多愁，恰似一江春水向东流"的亡国之君李煜的父亲。接着，柴荣又从李璟手里夺得江北十四州，把盘桓胡逗洲一带半个世纪之久的浙江湖州姚氏集团赶回了老家。这一事件，放在整个中国历史上看，不算什么，但对于南通来说，却意义重大，因为，柴荣接下来又做了一件事，就是在胡逗洲设置州一级的军事单位静海军，一年后，又在此建立政权，设置地方政府，实施行政区域划分，设置今南通主城区崇川区一带为静海县，设今海门至启东一带为海门县，在两县上面置通州领辖，同时，下令筑建通州城。

现在看来，柴荣很有可能起初并没有太重视通州这个地方，或许，在他眼里，通州只是个被江涛海浪骚扰得苦不堪言的贫瘠之地，除了流人煮盐，也没别的。不过，作为军事家，他清楚的知道这里的战略地位，所以，他第一件事就是设置军事单位。不过，柴荣毕竟是一位治大国如烹小鲜的明君，他很快从通州交通便利的区位优势中，看出它交通运输枢纽、经济商贸中心的远大前景，转而着手组建地方政权。

这是发生在后周三年（956）到后周五年（958）之间的事。

在此之前，南通的身份比较尴尬，还没有过真正意义上的行政建制，只有"军""镇"这类地方军事单位和自治政权。南通第一次被纳入中央政权的版图，是柴荣的功劳。可惜的是，柴荣在完成这番布局后的第二年，便因病撒手人寰，年仅38岁。

柴荣英年早逝了，通州却一步千年，一下子跨入经济发达、社会文明的两宋时代。

在丢弃"胡逗洲"这个不知所谓的名字而改称"通州"之时，它西北一百里外的如皋刚刚复置为县。历史上，如皋曾在东晋义熙七年（411）建县。当时，朝廷提升海陵县的地位，由县升格为郡，相当于现在的地级市，下辖建陵县（今扬州邗江）、宁海县（今海安曲塘）、临江县（今已没于长江之中）、蒲涛县（今如皋白蒲）、如皋县。后来，如皋撤县降格为乡、镇、场，到南唐保大十年（952）恢复为县，归泰州管辖，直到700多年后的清雍正二年（1724），如皋才划归升格为直隶州的通州治下。

在中国的地名史上，几乎很少有地名一以贯之用到底的，朝代更换，政权交替，都会在地名上做文章，将一个地方的名字改过来，换过去，以至于史学家不得不在括号里标上现在的名字。然而，如皋无论怎么翻来覆去地升格降格，由贾大夫"临皋射雉"典故而得来的地名，一直沿袭至今，这样的情形，不太多见。

相对于新从长江里长出来的静海、海门，如皋的历史要久远得多，历史深厚，人文荟萃，因而，从雉皋走出来的文人墨客、风流雅士多如过江之鲫，数百年来，独领风骚。这一个个多姿多彩的身世，一段段有声有色的故事，塑造成历史舞台上生动鲜活的形象。

白衣帝师的前尘往事

宋淳化四年（993），蛇年，四月初八，淮南东路泰州如皋县宁海乡胡家庄一户官宅内室里，婆子、使女进进出出，传盏送茶，换水递巾，忙个不停。门帘上挂了一块红布，告诉大家，内室里有女人在生产，男人不得擅入。

宅子的主人叫胡讷，是泰州宁海军节度推官。这个官位不高，正九品，掌管军事、财务、民政等事务。这个职务俸禄较少，以至于胡家到了"家贫无以自给"的境地，所以，胡讷不做官后就从泰州迁居到如皋城南胡家庄，后来又迁到如皋城里严家湾。

别看胡家现在家道中落，祖上从两汉起，就是历朝望族，男丁封侯拜将，女子为妃为后，门阀族望兴盛了几百年。北宋名臣、大书法家蔡襄在《太常博士致仕胡君墓志》中有记载。

胡讷名字中有个"讷"字，似乎是个说话迟钝的人，其实，他满肚子学问，写得一手好文章。当朝宰相、文靖公吕夷简也很欣赏他，文靖公在受命监修国史时，曾经向宋仁宗推荐胡讷"备修国史"。

不管祖上曾经怎样辉煌，胡家毕竟一代不如一代，官做得越来越小，家境式微了，所以，当坐在客厅柞榛椅子上等候内室消息的胡讷，听闻夫人生了个男孩时，紧攒的眉头舒展开来，他"咕噜咕噜"连抽了三台水烟，深深憋了一口气，仰起头，闭着眼，从鼻孔和齿唇间朝屋梁喷出浓浓的烟雾，然后拿起毛笔，缓缓地在一张纸上写了一个字：瑗。

这是他给自己头胞胎儿子取的名。

瑗，一种孔大于璧的玉器。《荀子·聘人》说：问事以璧，召人以瑗。向有识之士征求意见用"璧"作凭证，召见下属用"瑗"作凭证。胡讷才高志远，一生不得志，仕途走不远，不免有生不逢时之慨。他把大展宏图的期望寄托在儿子身上，期待有一天，得明君宠召入殿，报效朝廷，而在希冀与宠召之间，就差一块作信物的"瑗"了。

正如胡讷所期待的那样，他这个儿子从小就展露出聪颖好学的奇才，7岁就能写一手好文章，13岁就通读了五经，左邻右舍都拿他做奋进好学的楷模来教育自己的孩子，每每如此，胡讷总轻捻胡须，欣慰地颔首说："此子乃伟器，非常儿也！"

"非常儿"的胡瑗，在数度科考不中后，20岁时背着箱子，离开家乡，出外求学。这一游学不得了，如皋的历史上诞生了一位理学先驱、大教育家、大音乐家。

胡瑗游学的第一站是东岳泰山的栖真观，那里是潜心苦读的好地方。在栖真观，胡瑗遇到两位同样苦心求学的同道人，一位叫孙复，一位叫石介，三位成莫逆知己，后来都成为大学者，被人们尊称为"宋初三先生"，被后人供奉在泰山"三贤祠"。清道光九年（1829），三贤祠加奉宋焘、赵国麟，改称五贤祠。

今天的泰山有一景点叫"投书涧"，旁立建于明代的石碑，石碑上镌刻"胡安定公投书处"，携带孩子来的游客，都会指着石碑给孩子讲述胡瑗在这里刻苦读书的故事。胡瑗在此读书，整整十年没有回家，靠书信与家里保持联系。接到家书，开拆展阅，只要见到家书中有报"平安"的字眼，即随手将家书投入山涧。在他看来，时间太宝贵了，一切与读书无关的事，只能放到一边，不受其干扰。这种潜心学业的决绝态度，让后人为之动容，遂在山涧处立石以纪，与旁边的"三贤祠"和祠堂后"讲书台""授经台""千秋道案"等摩崖石刻，成为游人履迹常至的地方。

胡瑗的教师生涯，起步于泰山学成后回泰州办安定书院，但他成为万众

如皋安定小学里的胡瑗塑像（张小娟 摄）

景仰的一代名师,要得益于两个人,一个是"先天下之忧而忧,后天下之乐而乐"的范仲淹,一个是范仲淹的好友滕子京。

人的一生,往往会有许多巧合,有些巧合是机遇,有些巧合则是灾难。景祐元年(1034),42岁的胡瑗到苏州讲学,赶巧,范仲淹赴任苏州知州,创办府学,听闻胡瑗正在苏州讲学,遂聘请胡瑗为府学首任教席,让次子范纯佑从学胡瑗。

在胡瑗的主持下,苏州府学文风大兴,英才云集,人才辈出,影响空前,开一代风气,"苏学为诸郡倡",成为全国地方官学中的模范学校,诚如清同治版《苏州府志》所载:

> 天下郡县学莫盛于宋,然其始亦由于中吴,盖范文正以宅建学,延胡安定为师,文教自此兴焉。

范仲淹还推荐胡瑗以布衣之身,进京参定钟管十三律,制作钟磬,修订国乐,仁宗破例提拔胡瑗为试校书郎官。仁宗朝未通过科考而进入仕途者,胡瑗算一个。

后来,湖州知州滕子京兴办州学,正好胡瑗到金华担任节度推官,滕子京对他说,这官你就别当了,到我这儿来当校长吧。胡瑗欣然领命,以"致天下之治者在人才,成天下之才者在教化,教化之所本者在学校"的教育理念办学,形成影响深远的"湖学"教育体系。

北宋之前,少有官办学校。范仲淹上书宋仁宗,建议全国上下兴办官学。仁宗皇帝有个优点,他不像历史上许多皇帝那样专权弄权,而是善于用人,用人不疑人,听得进劝谕,他听从了范仲淹的建议,下诏各州县兴学,在京城开天章阁,建立太学,派人"下湖州取(胡瑗)先生之法,以为太学法",史称"庆历兴学"。胡瑗56岁时,范仲淹召其进京,执教太学,做国家最高学府的校长,当皇太子赵曙的老师。仁宗皇帝香火不旺,身后无子,也不是说他生不出儿子来,不知道什么原因,生一个死一个,生了三个男孩,就死了三个儿子,不得已,将侄子赵曙过继过来当太子,仁宗驾崩后,赵曙即位,是为宋英宗。

  胡瑗在京城十年，刻苦读书，勤奋教学，桃李满天下，学生中多有重臣、大儒、名士。胡瑗积劳成疾，晚年卧床不起，难以上朝，经仁宗皇帝恩准，以正七品太常博士官衔致仕东归，享受正厅级待遇，赴杭州长子胡志康任所养病。66岁时，胡瑗病逝，宋仁宗赐谥"文昭"。次年，由长子胡志康扶灵，安定先生回到他曾经教学多年的湖州，安葬在乌程县南十四里的何山幽谷，三公子胡志正携胡瑗衣冠，在如皋胡讷墓左边建衣冠冢，世称"安定坟"。

  宋代及宋代后，许多名贤如范仲淹、欧阳修、苏轼、蔡襄、米芾、司马光、王安石、周敦颐、朱熹、文天祥等，或为之作像，或为之写墓志、墓表，称颂胡瑗为"苏湖领袖""东南模范""三吴木铎之鼻祖，百代帝师之功臣"。王安石《书赠胡翼之》更是极力推崇，把胡瑗与孔孟置于同等地位。诚如胡瑗墓前牌坊对联所云：

    千秋仰斗山崇封载表，
    一代尊梁栋教法常新。

金龟压钮集贤里

朝阳升起的时候，如皋古城东南一座高大厚重的灰色砖雕门上一片绯红，门额"集贤"二字像涂了胭脂一般，散发着厚重的历史气息。这条活了1000年的古巷，曾经车马相属，冠盖如云，那青阶朱门、粉墙雕窗的状元第、王公邸、尚书府、知州宅，静静地诉说着流金岁月，最璀璨的话题，就是"金龟压钮，代产伟人"的故事。

明代人刘钟愉在《王学士宅碑记》说："缅维有宋，叠起名贤。在雉水之东阡，有龙图之旧宅。金龟压钮，代产伟人，黄雀投怀，世留阴德。"刘钟愉指的是"一门七进士"的事。

刘钟愉所说"有龙图之旧宅"，特指王家在这条巷子的地位。王家一世祖王载，年少之时发了财，就在"雉水之东阡"置宅，数百年来，一代又一代王家人书写的集贤里传奇故事，就从王载落笔。王载终身未曾入仕，却以仗义疏财、崇尚教育而享誉乡里。

王载自身没能进入仕途，死后被"赠官至大理寺丞"，属于一份"哀荣"，但他重视教育和培养下一代，把他们送进"状元""进士"的门槛。王载的二儿子王惟熙是宋景祐元年（1034）进士，孙辈中王观是宋嘉祐二年（1057）进士，王觌是宋嘉祐四年（1059）进士，王观和王觌的堂侄王俊义是宋宣和元年（1119）徽宗朝的状元，王咸义是宋政和年徽宗朝进士，王岐、王正纲是淳熙年南宋孝宗朝进士（《江苏省通志稿》第三卷）。王氏一门，在宋代就出了七位进士，王俊乂还是如皋乃至南通史上第一个状元。

这条长不足400步的小巷，从宋代至清朝，走出17位进士，一位状元，一位尚书，不可谓不神奇，《如皋县志》记载："乡人引以为荣，名其里曰集贤里。"集贤里的荣，因王家而起，因王家而兴，当然，在数百年的历史长河里，汇入了以冒辟疆为代表的冒家，以礼、兵、吏、户四部尚书戴联奎为代表的戴家等后兴家族。

一个地方的历史，就是一个地方名人的故事。集贤里的历史，因人而显。如皋乡贤冒广生作有《龙游河棹歌》一百首，大部分是咏赞如皋历代名人，其中有咏王观、王觌、王俊乂。

冒广生咏王觌的诗是：

> 党人元祐大名镌，奏疏丛残剩几篇。
> 子姓凋零丘垅换，输他茗上沈千贤。

王觌就是明代人刘钟愉所指的"王龙图"。王觌，宋嘉祐四年（1059）进士，历任润州推官、颍昌府签书判官，太仆寺丞，太常侍御史，右谏议大夫，刑、户、工部侍郎，御史中丞，翰林学士，追谥龙图阁学士，世称"王龙图"。

王觌跟堂兄王观都是胡瑗的学生，官至从三品，还当过镇江、苏州、成都的市长，一生在新党与旧党之争中动荡不安。宋徽宗时，蔡京将与自己政见不合、反对变法的旧党三百零九人列为奸党，将姓名刻石颁布天下，王觌名字刻于碑上。冒广生的诗，就说的这事。

名列《元祐党人碑》中的人，大多数是正人君子，他们的名字与极少数奸佞排在一起受羞辱，很多人为他们不平，连刻碑石的工匠都不肯列他们的名字，说："司马相公者海内皆称其正直，今谓之奸邪，民不忍刻也。"实际上，当时主张全废新法的仅有文彦博、司马光等少数几人，范纯仁、苏轼、苏辙、王觌等人比较中庸，主张只废除那些不利于民生的新法，王觌说："法无新旧，惟善是从。"法哪有新旧之分，只要是于国计民生有利的法，就是好法。后来，宋徽宗下诏毁其碑，那些元佑党人子孙，以先祖名列此碑为荣，重新摹刻、收藏，以夸后人。

冒广生咏王俊义的诗是：

两学诸生汗且僵，宣和遗事太荒唐。

抠衣不下黄冠拜，此是朝阳一凤凰。

宣和元年（1119），宋徽宗赵佶钦点王俊义殿试第一名，徽宗见王俊义身材高大，伟岸隽秀，对他大加赞赏，称其"真所谓俊异（义）矣"，"宜即超用"。权相蔡京爱惜人才，欲纳王俊义于门下，少年得意、心高气傲的王俊义再三拒绝，把蔡京气得不行，直接把他弄到太学去教书。

中国科举制度自隋唐至清代1000多年间，产生了550多个文状元，全国共有2860多个县，小小如皋就摊上一位状元。王状元坚决不与蔡京同流，其气节与人品为世人感叹。如皋乡人更是敬重王俊义，把他年轻时读书处称为"状元陂"，在东大街上为他建"状元坊"，泰州"乡贤祠""名宦祠"都祭祀王俊义。更耐人寻味的是，如皋有一习俗叫"过百路"，即婴儿出生百日那天，由婴儿外婆或祖母抱着佩戴银饰的婴儿经过长巷、百岁巷，再到状元坊、集贤里走一遭，沾些寿气、文气，将来成为"长命百岁状元郎"。这说明，集贤里、状元坊已经融入如皋百姓的日常习俗，成为他们生活血脉的一部分，这比任何形式的纪念都更为经久永恒。

王观:"逍遥逐客"的憋屈

嘉祐二年(1057)秋天,王观高中进士的喜讯传到泰州如皋县集贤里,王惟清府张灯结彩,喜气洋洋。王观15岁赴京城从学胡瑗,22岁便中进士,称得上少年得志,王府上下感到分外荣耀。接着,王观任官的喜报接踵而来:山东单州团练推官,掌管查案、判案;试秘书省校书郎,掌管典籍图书、国史修撰;大理寺丞,掌管刑狱,处理重大司法案件;翰林学士,皇帝的秘书,为皇上起草诏旨。

那时的王观,落笔成章,文采风流,所作词赋,不落窠臼,造句不事雕琢,体制高雅,可与柳永、黄庭坚相媲美。这让一位小他14岁的秦姓高邮才子歆羡不已,连连惊呼"高才力学,流辈无与比者",这位秦才子后来填过"两情若是久长时,又岂在朝朝暮暮"和"山抹微云,天连衰草,画角声断谯门"这样的丽词。秦才子两兄弟视王观兄弟为楷模,哥哥取王观之"观"字作名字,弟弟取王觌之"觌"字作名字,秦才子就是秦少游秦观。两人虽然年龄相差较大,但不影响彼此惺惺相惜,引为知己,人们称他俩为"北宋二观"。秦观"改名励志"一事,在王观母亲李太夫人的墓志铭中有记载,而为王观母亲写墓志铭的,正是秦观。

此时的王观,仕途一帆风顺,前程如花似锦。他写了一篇《扬州赋》,更让他占尽了风头,连宋神宗皇帝都击节叫好,大加褒奖,召他进京来,赐予

"绯衣银章",享受穿红色官服、佩戴银章出入宫廷的殊荣。

赋这种文体,以战国时期荀卿的《赋篇》为起始,到汉代形成了特定的体制。赋讲究文采、韵节,兼具诗歌与散文的性质,宋时比较盛行。宋以前,就出了不少辞赋名家名篇,战国宋玉《高唐赋》,汉代司马相如《长门赋》,张衡《二京赋》,三国时期曹植《洛神赋》,晋代陆机《文赋》,唐朝杜牧《阿房宫赋》,与王观同代的欧阳修《秋声赋》、苏轼《前赤壁赋》,都是流传千古的绝唱。轰动效应最大的当属魏晋左思的《三都赋》,闹得洛阳全城争相抄录,连纸都卖脱销,"洛阳纸贵"成语由此而来。相较于这些传世名篇,王观的《扬州赋》毫不逊色,某种程度说,王观的才华甚至超过左思,左思《三都赋》花十年才磨出来,王观《扬州赋》虽不是一挥而就,至少没用十年。

《扬州赋》洋洋洒洒五千言,全面陈述了扬州的地理、历史,描述了它的山川、城邑、风貌、物产,评述了朝代的兴亡、更迭和人物的忠奸、贤愚,颂扬了扬州的繁华景象。通观全篇,汪洋恣意、兴致盎然、佳句迭出,展露出王观渊博的知识、丰富的想象和独到的见解。

满以为,就这样走下去,王观会走向事业顶峰,不料,变故出现了。

根子出在宋神宗身上。一天,神宗宠幸了一位嫔妃,身心愉悦的神宗让奉侍身边的王观填一阕词,以作纪念,王观二话没说,提笔就写,一挥而就:

　　黄金殿里,烛影双龙戏。劝得官家真个醉,进酒犹呼万岁。
　　折旋舞彻伊州,君恩与整搔头。一夜御前宣住,六宫多少人愁。(《清平乐·应制》)

在黄金殿里,正在举行一场别开生面的烛光宴,有人在烛影下相狎相戏。美人施展浑身解数劝酒,一边娇媚地口呼万岁,一边捧酒置于天子唇边。酒不醉人人自醉,在这悱恻绮丽的风光里,天子一杯又一杯,真格地喝高了。接着,美人跳起热烈活泼的西域舞蹈,身段柔软得像迎风折柳。君王怜惜地亲手为嫔妃整理跳斜了的玉簪,当即传达旨意,命她留宿侍寝。唉,这位嫔妃今夜得遂所愿,但后宫里还有多少佳丽,在暗暗地为虚掷青春而愁叹嗟怨呀!

对这阕诙谐轻狂的词,神宗倒没在意,甚至颇为欣赏。然而,却惹恼了一个人,这人就是神宗的母亲高太后。高太后严词厉色地对宰相说:"岂有馆阁儒臣应制作狎词耶?"第二天就把王观罢职外放。

高太后这样做也有她的道理。这位30岁就守寡的女子,把全副身心都放在儿子身上,正可谓,可怜天下父母心。神宗从小身板就柔弱,经不起烛影摇红的孟浪,高太后很担忧儿子的健康。听说儿子又是醉酒又是宠幸的,心里本就不悦,又读到这阕艳丽轻佻的应制词,更担心神宗被身边这帮近臣带坏。加上王观是王安石的门生,高太后讨厌王安石,反对王安石变法,把王安石的这么一个得意门生放在皇上身边,高太后实在不放心,借着"狎词事件",把王观开除了。

因词而荣,因词而辱,王观黯然离开繁华的京城,远离权力中心,他回到了离家乡不远的江都当知县。近乡情更怯,不敢问来人。离家很近的王观,是不是有种不敢过江东的感触?不得而知。不过,他的厄运并没有结束,元丰八年(1085),宋神宗驾崩,年仅九岁的哲宗继位,一惯反对变法的高皇太后临朝听政,召旧党还朝从政。旧党上台,打击排挤新党,原先的政见之争,变为政权之争。此时,王安石已去世,但王安石的门人还在,自然日子不得好过,王观被革去公职,远离家乡,谪放湖南永州,交由地方官吏"编管"。编管,按现在的话说,就是监视居住。

从绯衣银章,到直裰布衫,王观一下子跌回白衣身份,但他反而放下心结,变得豁达开朗,他给自己起了个笔名"逐客",自嘲是被朝廷驱逐的逍遥之客。据说,高皇太后闻之,大度地微微一笑,权当是文人词客的文字游戏。

在永州,王观完成了从秘书到词人的华丽转身。

阳春三月,正是一年中最好的时令,江边花红似火,江水碧绿如蓝,湘江潇水之上,船只来来往往,远处青山耸峙,好一幅如画美景,观景的人都深深陶醉。

家住浙东路绍兴的鲍浩然,闻知好友王观因事被贬,二话没说,放下手头事,星夜兼程,千里迢迢赶到永州看望王观。好友的到来,让王观喜出望外，黯然的心，顿时晴朗起来。其时，王观按律已不可穿官服，只能穿对襟长衫，但王观把皇上赐予的绯色官服穿出来，表示对好友的敬重和感激。一连好几天，两人谈诗论文，吟风弄月，诗酒唱和，好不快活。

鲍浩然要走了，王观送至江边。古人送别，总要吟诗作对，以表珍重之情，寄予惜别之思。此刻的王观，脑海里一片混沌，他想到远在千里之外的如皋父老，想起自己荣耀与挫折的经历，想到与好友就此一别，不知何时才能再见，不禁思如江潮，感慨万端。蓦然，脑子里蹦出两句词，他为这莫名其妙涌出来的奇思妙想震住了，像痴傻了一样，完全沉浸在词的意境里。他突然拔腿就往回跑，连鲍浩然在身后大声呼叫也听不见。鲍浩然只得摸着脑袋，独自上船离去。

王观词《卜算子·送鲍浩然之浙东》集字书法作品

气喘吁吁跑回住宅的王观，顾不上擦一下汗水，马上拿起笔，记下刚才那两句词："水是眼波横，山是眉峰聚。"反复吟咏，构思良久，终于，一阕《卜算子》词一挥而就：

  水是眼波横，山是眉峰聚。欲问行人去那边？眉眼盈盈处。
  才始送春归，又送君归去。若到江南赶上春，千万和春住。（《卜算子·送鲍浩然之浙东》）

水像美人流动的眼波，山如美人蹙起的眉峰。要问行人去哪里呀？是到那如眼波盈盈、眉峰皱起的山水交汇之处。刚刚送走了春天，现在又要送你回去。假如你到了江南还能赶上春天的话，千万要与明媚的春天住一起。

自古以来，送别的诗词数不胜数，诸如"劝君更尽一杯酒，西出阳关无故人""桃花潭水深千尺，不及汪伦送我情""洛阳亲友如相问，一片冰心在玉壶"，唯有王观这首词以眼喻水，以眉喻山，设喻巧妙，下笔自然，既充满情趣，又语带双关，可谓独树一帜，真的是让人读得心软了，读得身子化了。

一路风尘的鲍浩然前脚刚进门，王观的词后脚就寄到。鲍浩然读完这阕词，禁不住击掌赞叹："如此好词，定会流传千古！"他慨叹，当年李白浪迹江湖，宫廷少了位御用诗客，但诗坛多了位逸仙，如今，朝廷少了个应制填词的学士郎，词苑却多了位圣手。

公元1100年，王观去世。这一年，宋哲宗驾崩，宋徽宗继位，年末，王观的粉丝秦观在抑郁中西归，"北宋二观"相继离开，偶像与粉丝似乎是约好了一般。

王观病故于湖南永州，归葬如皋王氏墓园，安息在父母身边。王氏墓园在冒家桥东南、定慧寺西，葬有北宋大理寺丞王载夫妇，以及长子王惟清夫妇、次子王惟熙夫妇、长孙王观夫妇、次孙王觌夫妇。明嘉靖时，王观墓地被定慧寺侵占砌屋，县令看不下去，就在墓前立碑，四周砌墙，建"王学士祠"供春秋祭祀。2011年，如皋市政府将王学士墓残碑收拢一起，建"王学士墓碑廊"，以供瞻仰。

仙侣天徒是李渔

今天的如皋市石庄，已经寻不见李渔出生和生活的踪迹了，可李渔的父亲李如松随兄长李如椿在如皋做药材生意、举家从浙江兰溪夏李村迁到长江北岸这个小村时，是确实建了几间青砖大瓦房的。伯父在如皋城开药铺，父亲帮着贩卖药材，加上祖上行医的传承，为乡邻把把脉看看舌苔抓抓药，家境虽算不上大富，倒也殷实，"家素饶，其园亭罗绮甲邑内"（黄鹤山农《玉搔头序》）。

李渔这个名字是他中年后改的。据说，李渔母亲怀胎11个月，孩子久久不能降生，正在一家无计可施之际，一位长眉白发老者翩翩而至，围着屋子转了三圈，告诉李如松，夫人肚子里的孩子是星宿下凡，"仙之侣，天之徒"，三日后当顺产。果然，三天后产下一男儿。按照老者的吩咐，以仙侣为名，天徒为号，谪凡为字。后来，李仙侣自己改名为李渔，字笠鸿，号笠翁，还有觉世稗官、笠道人、随庵主人、湖上笠翁等一大堆别号，可叫得响亮的还是李渔和笠翁。

当然，李渔出生的故事极有可能是后人演绎出来的。这不奇怪，对于名人的身世，人们喜欢编个神奇故事，以显示其与众不同。刘邦的母亲刘大妈在河边睡着，刘大叔找到妻子时，发现一条蛟龙伏在她身上，后来就怀上了刘邦；朱元璋的出身草根得不能再草根了，他母亲梦里服用了神仙给的一粒药丸，分娩时室内充满红光，乡邻们都以为他家着了火，纷纷跑来救火。如果说帝王降生会天降异象，那么，文豪也不例外，王阳明母亲怀孕14个月，一天夜里，王阳明奶奶做了一个梦，梦见有一位美丽的仙人从天缓缓而降，把一个胖娃娃送到她手中，接着，就听到媳妇房里传来孙子的哭声。这类演绎出来的故事，符合古代人对偶像的崇拜心理。

1981年，浙江兰溪发现敦睦堂《龙门李氏宗谱》，其中记载李渔"生斯长斯"。其实，《龙门李氏宗谱》说李渔"生斯长斯"，只不过是兰溪李氏为了荣宗耀祖而已。李渔曾有诗赠与荆州太守李雨商，诗句有云"堂上鸣琴山亦响，阶前舞鹤鸟俱驯"，赞扬李雨商为官清廉，尽责守正，诗的序文说："渔虽浙籍，生于雉皋，是同姓而兼桑梓者也。"雉皋是如皋别称，李雨商是兴化人，兴化和如皋当时都隶属泰州，故而李渔说李雨商是桑梓老乡。李渔都说自己是出生于如皋，这就没什么疑义了。况且，李渔还说，伯父在如皋行医，父亲在如皋做药材生意，自己"乳发未燥"就随父辈游于如皋"大人之门"。

李渔从小就显露出"学霸"的天赋，牙牙学语便识字，垂髫之年就诵经断文。如此"艳才拔俗"，让李渔父母不惜重金延聘如皋城里有名的私塾先生。李渔熟读四书五经，涉猎诗词歌赋、经史六艺，无书不读，八九岁便能写诗，总角之年曾写过一首《交友箴》，将择友交友之中的人情世故辩析得丝丝入扣，大诗人吴梅村惊叹地说："世情三味语，少年场何处得来？"钱谦益也赞叹："理至词宜，征品征学。"

李渔家中院子有一株梧桐树，是他小时候亲手所种。梧桐每年增一节，可以纪年，他就在树上刻诗，每年一首，至少刻到15岁，警诫自己不可虚度年华，并以此记录他的成长过程。《李笠翁一家言》卷五收录了他梧桐刻诗经过，称该梧桐树是他刻诗的"编年史"。

李渔兴趣颇多，涉猎广泛，其中看戏就是他的业余爱好之一。在如皋民间，每逢节日、婚庆寿诞，都会请戏班演出，有时会连演几天。这是老百姓最热闹、最快乐的时光，全村人都会呼朋啸友、扶老携幼去观看，李渔每场不落。一些官宦富商之家，遇有寿诞或婚庆喜事，也会请戏班或组织家中戏班演出，这类演出，一般不邀约白丁，但主人总会看到一个眉清目秀的孩童，混在大人堆里看戏看得如痴如醉。这小孩常跟随长辈游走"大人之门",那些官宦富商倒也认得,都喜爱这孩子的聪明伶俐和勤奋好学,乐得让他"蹭戏"。那曲折紧张的故事情节,婉转动人的歌喉唱腔,色彩斑斓的面具服装,常常让李渔看得兴奋不已,手之舞之,足之蹈之,难以名状。

李渔在如皋完成了启蒙、读书、娶妻生女的过程,如皋的风土习俗、乡音俚语熏染了他,在他后来创作的作品中,时不时会冒出如皋的风俗场景,冒出如皋的一些方言来。如皋,这里有他孩童与青年时的全部记忆。

李渔17岁那年,母亲把他安置到离如皋较远的"老鹳楼"里静心读书。老鹳楼是一座建于明中期的木结构老楼,在今天的海安市李堡镇街上,今已废。那时,每当海潮涨起,常有鹳鸟随海潮而来栖息楼上,当地人便将此楼称为老鹳楼。老鹳楼环境幽静,适宜静心读书。李渔一个人在楼上学诗文,每到高兴处,就凭窗远望,大声朗诵,意兴飞扬。

崇祯二年(1629),李渔19岁,父亲去世,浮厝于如皋,待后移葬祖坟,《龙门李氏宗谱》故称如皋"有祖茔在焉"。次年,李渔扶父亲灵柩,带着母亲与家小,从如皋南门澄江门出城,在盐运河登船,驶向长江,回原籍浙江兰溪,准备参加考科。

其实,科考之途并不适合李渔,他只在25岁那年,考得个金华府童子试"五经童子",后来的举人、进士之类,都跟他没关系了,他的科举之途走到头了。随着崇祯十七年(1644)清兵入关,大明覆灭,李渔的功名之梦,便破灭在改朝换代之中。他索性回归兰溪乡下,归农学圃,做"识字农",走一条适合自己发展的草根逆袭之路,一不小心,成为园艺家、小说家、戏曲家、理论家、出版家、旅行家、美食家,在那个兵荒马乱的年代,活出了歌舞升平的人生。

江湖闯荡大半生,43岁(1654)那年的清明,李渔重回离别了20年的如皋,来祭奠长兄。

很少有人知道李渔长兄的名字,李渔从未对长兄直呼其名。兄弟情深,一起在如皋度过了漫长的岁月。然而,长兄早逝,在李渔心中留下磨灭不去的伤痕。长兄葬于如皋,这便形成了他与如皋的终生情结。在兹念兹,思亲忆亲，心潮难抑，喟然长叹。

这是他拜谒长兄墓的前夜，月光如水，庭阶微凉，伫立中庭，仰望星月，两行清泪缓缓流过脸颊，他长叹一声，低声吟道：

一望皋城百感生，无兄何暇说嘤鸣。
可怜夜月飞鸿雁，不忍春花看紫荆。
在日埧麓无可乐，别来急难有谁惊。
明朝谒墓愁风雨，一哭能教地动声。

转身，在宣纸上写下这首七律《过雉皋忆先大兄》，又在诗前写道："大兄殁于此地，旅榇在焉。"

哥哥与父亲均在如皋去世，客死如皋的父兄灵柩葬于此地，如皋成为他心灵的故乡，对如皋的复杂感情，潮水般涌来，冲口而出，落于笔端，让人读来震感心灵。一个人，只有在一个地方有过不平凡的经历，有着刻骨铭心的记忆，才会别后重回顿生百感。

李渔对如皋有千丝万缕的情缘，还表现在他与如皋、通州一带诗友的情谊上，通州王藻刻印的《崇川各家诗钞汇存》中有范国禄两首诗《芙蓉池上同李渔、罗休、杨麓拏舟观荷》《姚咸招同吴彦周、李渔、詹瑶、凌录赏腊月梅花》，记录了李渔凭吊大哥后与诸诗友的唱和，从春天到冬天，李渔故地重游，与友诗词唱和，逸兴遄飞。

王藻是通州城里寺街上的大户人家，清道光二十年（1840）任湖南布政使，统领湖南民政与财政，卸官后回通州办团练，兴文化，花费了大量心血与资财，编辑刊刻通州诗歌总集《崇川各家诗钞汇存》。这部诗歌集69卷，收录宋元明清通州321位诗人近9000首作品，保存了大量地方文献，是研究地方文学史的珍贵资料。

《芙蓉池上同李渔、罗休、杨麓拏舟观荷》作于通州余东古镇，诗云：

倚山池馆就凉开，香泛荷花水半隈。

> 欲向中流操楫去，欲从陆地荡舟来。
> 美人笑解江皋珮，醉客吟登泽畔台。
> 日暮风光青渺渺，蒲菰杨柳一潆回。

余东古镇始于唐代，兴于北宋，盛于明清，基于煮海为盐而逐步发展形成，古称余庆，又名凤城。古镇旧城区老街南北走向，由2100余块石条铺设，街内店铺相接，两旁有盐店、堂子、十八弯等20多条弄巷。城河上有保安、泰安两座石桥。古镇内存有东岳庙、芙蓉池、文昌宫、崔桐故居等众多古迹。这年夏天，正值荷花盛开，范国禄备了一叶小舟，邀约李渔等文友赏荷。

另一首《姚咸招同吴彦周、李渔、詹瑶、凌录赏腊月梅花》，当作于隆冬，李渔此时仍滞留通州，又被邀赏梅：

> 摇落霜林后，惊秋渺一团。
> 玉烟依叶净，金雪压枝繁。
> 瘦欲纫云影，幽宜淡月痕。
> 岁寒情不尽，招隐荷香温。

诗中提到的诸文友，都是通州籍诗人，都是由明入清不肯与清统治者合作的明朝遗民。从李渔与这些人的交往中，可以窥见李渔对待新朝的态度。李渔在《咏绿烛和雉皋诸友》诗中也有叙述：

> 兰汁凝膏彻晓煎，沉沉相映夜如年。
> 擎来看竹浑无际，秉去题蕉只有天。
> 火树依然成绿树，金莲忽尔幻青莲。
> 汉宫昨夜新传出，春色平分御柳烟。

李渔这次回如皋，足迹在如皋、通州两地之间穿梭往来，走亲访友，一呆就是大半年，度过他一生中最值得珍惜的时光。

水绘园之恋

就在李渔那年扬帆出江回归浙江兰溪的时候，如皋城集贤里一所高门大宅外，停着一辆豪华马车，一位丰神俊朗的青年，在一大堆家人簇拥和叮嘱之下，跨上马车，驰向西门。这位青年姓冒，叫冒襄，字辟疆，如皋望族。他这次离家，方向目标与李渔一致，参加科考，博取功名。

冒襄与李渔同一年出生，即明万历三十九年（1611），冒襄大几个月。冒襄四月二十七日出生在如皋集贤里，是官宦世家；李渔九月十三日在如皋乡下石庄出生，是药商之家。在这一年出生的，当然不止他们两人，身份最显赫、在历史上影响最大的，当属后来成为明思宗的崇祯皇帝朱由检。不过，尽管三人同庚，却永远不会成为哥们儿，不同的家庭地位，决定了他们不同的人生走向。

冒辟疆并不是地地道道的汉族人，祖上是蒙古族王室嫡裔。脱欢，元世祖忽必烈第九子。忽必烈定都大都后，采取"宗王出镇"制度，收缩藩王兵权，控制财政和司法权，以减轻地方政权对中央政权的威胁。宗王出镇，基本是分封忽必烈直系后裔，其中第九子脱欢被封为镇南王，王府在扬州，如皋亦有其田产。

脱欢的大儿子孛儿只斤·老章，承袭镇南王位，他在如皋东边三里建别业"万花园"，在城里集贤里建府邸，时人称"鞑子府"。今天，"万花园"已无踪影,"鞑子府"还在,留有门厅五间,蒙古包顶儿,门朝东,保留蒙古包面朝太阳的习惯。

元末,时属泰州海陵县的东台盐民张士诚揭竿而起,在高邮建大周国,定都平江府(苏州)。张士诚拉拢镇南王后裔东林公,"张士诚挟封'妥督丞相',辞不受"(《冒氏宗谱》)。东林公拒绝就任,逃出平江,到如皋东陈隐居,闭门读书,终身不仕。当时,天下大乱,朱元璋以"驱逐鞑虏,恢复中华"为口号进行北征。所谓鞑虏、异族,是指建立元朝的蒙古人。朱元璋建立明朝后,发布禁蒙古姓氏诏,脱欢后裔遂弃孛儿只斤姓氏。孛儿只斤的蒙古语发音似汉语"八二目",于是,便将"八二目"三字纵叠连缀,创"冒"姓而占籍如皋,东林公遂叫冒致中,为如皋冒氏一世祖。如今,全国乃至海外冒氏后人,其根都在如皋。

冒致中占籍如皋时,如皋还没有城,直到明嘉靖十三年(1534),知县刘永准才开始建城池,沿玉带河(今市河)建城门六座,东门在迎春桥西堍,名先春门;西门在丰乐桥东堍,名丰乐门;南门在南闸桥北堍,名宣化门;北门在范家桥南堍,名北极门;东南门在集贤桥(今冒家桥)北堍,名集贤门;东北门在西惠政桥(贾家桥)南堍,名拱辰门,当时虽建城门,却无城垣。到了明嘉靖三十三年(1554),邑人李镇倡议筑城防御倭寇,巡抚都御史郑晓奏发白银二万八千两,由知县陈雍负责实施,一年完工。城围七里,高二丈五尺,上阔五丈,下阔七丈。城门楼四座,南曰澄江门,北曰拱极门,东曰靖海门,西曰饯日门。外凿濠河,东、北各辟水关一座。明万历二十年(1592),知县王以蒙加筑月城。万历二十七年(1599),知县张星在城墙上加筑敌台十三座。清代先后六次修葺,后来,城门与城墙逐步毁于战火和城市建设中。从2001年起,如皋恢复了几段城墙,用旧城砖复建了几座城楼,成为古城如皋的标志性建筑。

冒辟疆是"明末四公子"之一。"明末四公子"是明朝末年四位世家子弟的合称。四位公子分别是山东按察司副使、督理七省漕运冒起宗公子冒襄,户部尚书侯恂公子侯方域,湖广巡抚方孔炤公子方以智,左都御史陈于廷公子陈贞慧。

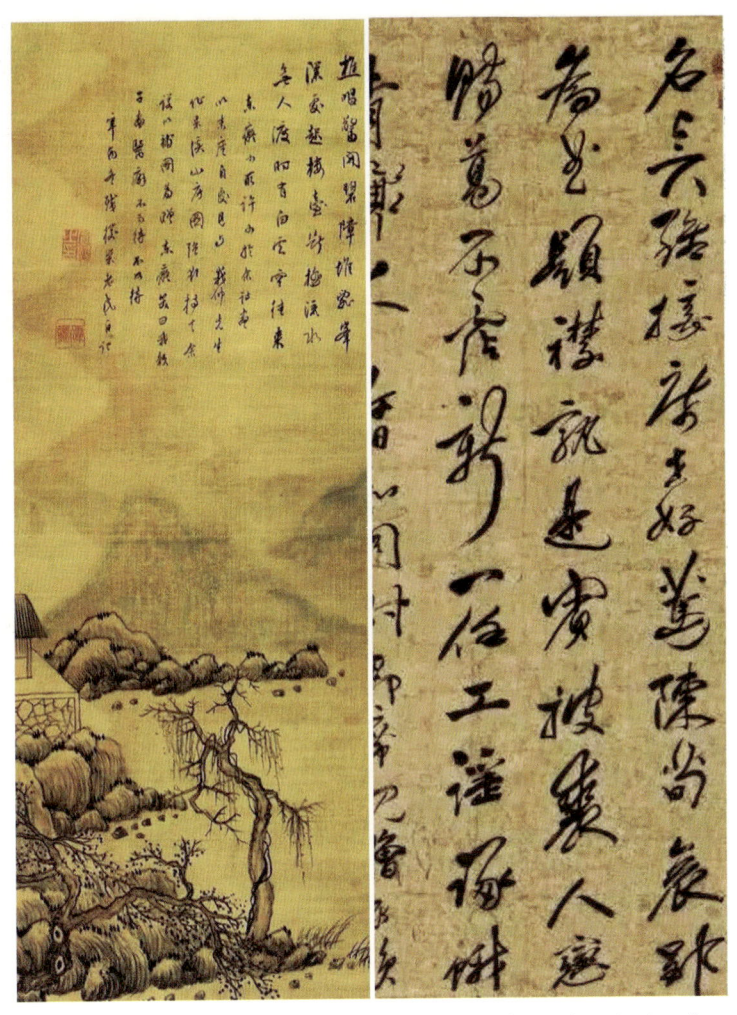

冒辟疆的书法与绘画作品

　　明朝时期，江南士子文化最为繁盛，思想最为活跃，交锋最为激烈，经过整整一个朝代的孵化，明朝末年江南已跃身为文化中心。那个时期，朝廷政治腐败到了极点，内忧外患接踵而来，无数知识分子空怀报国之心，却不见容于奸佞。"明末四公子"就是在和阉党余孽阮大铖、马士英等人的政治交锋中而名扬天下。

　　在满人接掌江山之时，一方面承认江南天下文宗的地位，一方面又憎恨

水绘园俯瞰

江南士子之风,严加防范士子言行,极力抑制自由言说的弥散,这样,从魏晋开始衍生的文化风骨便渐渐被扼杀于苛政之中。激流归海,大浪淘沙。一部分人沉渣泛起,成为历史的匆匆过客,一部分人尽显金子本色,在历史上熠熠闪光。据中央文献出版社《毛泽东和他的秘书田家英》一书载,1942年1月8日,田家英在延安《解放日报》上发表了一篇题为《从侯方域说起》的文章,毛泽东阅后很是赏识,特地找田家英谈话说,所谓明末四公子中,真正具有民族气节的要算冒辟疆。冒辟疆是比较着重实际的,清兵入关后,他就隐居山林,不事清朝,全节而终。

  不过,在今天的如皋城里,乃至整个江海大地,人们津津乐道的还是他与董小宛的故事,一段悱恻缠绵却又哀婉凄绝的才子佳人的过往。因为这,如皋城里的水绘园便成了"天下第一情侣园",比柳老不吹绵的绍兴沈园更负盛名。沈园里只有陆游对前妻唐婉儿的缱绻思念和伤心无奈,水绘园里却有董小宛的凄婉身世和坚贞身影,古代女性的全部不幸,都浓缩在这里。

那时的水绘园，还不是今天这个样子，规模、建筑都没有今天这么壮观与庞大。水绘园最初是冒辟疆曾叔祖冒一贯所建，冒一贯建造这座园子时，好多文友纷纷出主意，要给这座"于人工中见自然"的园林取名字，有说"水竹居"的，有说"桃园里"的，有说"辋川苑"的，还是冒一贯一锤定音："南北东西皆水绘其中，就叫水绘园吧！"

古语"绘"通"会"。冒一贯取名水绘园的意思是东西南北之水都在这里汇集。其实，这个"绘"字，我们也可作刺绣、绘画来理解。许慎《说文解字》道："绘，会五彩绣也。"本意是五彩的刺绣，被引申为绘画。水绘园本就是一幅画，以水为贵，倒影为佳，山水形胜，既秀且雅，融诗、文、琴、棋、书、画、博古、曲艺等于一园，是一座饶有书卷气的"文人园"。这样一座文人园，水是它的灵魂，是它的精气神，可以说，水绘园是一座以水绘就的山水画。

如皋因水而生、因水而兴。那外圆内方、形似古钱的内外城河，那纵贯南北、九曲蜿蜒的龙游河，赋予这座古城蕴藉的流风遗韵。如皋古名雉皋、雉水，曾是一片沼泽地，河湖港汊密布，其中著名的有龙游河、车马湖、牟尼湖、芹湖、秀水港、高阳荡等。雉皋、雉水的名字，常见于古典文学作品中。1981年，我国著名古园林专家、同济大学教授陈从周游览水绘园，即兴填《忆江南》词一首：

如皋好，信步冒家桥，流水几湾萦客梦，楼台隔院似闻箫，往事溯前朝。

冒辟疆将水绘园从冒一贯后人手上买下来，与父亲冒起宗紧邻水绘园所建的逸园打通，扩大规模，增添景观，建成类似于《红楼梦》里大观园一样的名园。江南名士钱谦益、吴伟业、王世祯、孔尚任、陈维崧曾在这里诗文唱和，冒辟疆在这里训练他的戏曲家班，他与董小宛品茗闻香，赏月吟诗，种梅栽菊，焚香抚琴，临池习书，泼墨绘画，剪彩织字，缕金回文，种种雅事，无所不至，确实过了几天温柔蕴藉的日子。

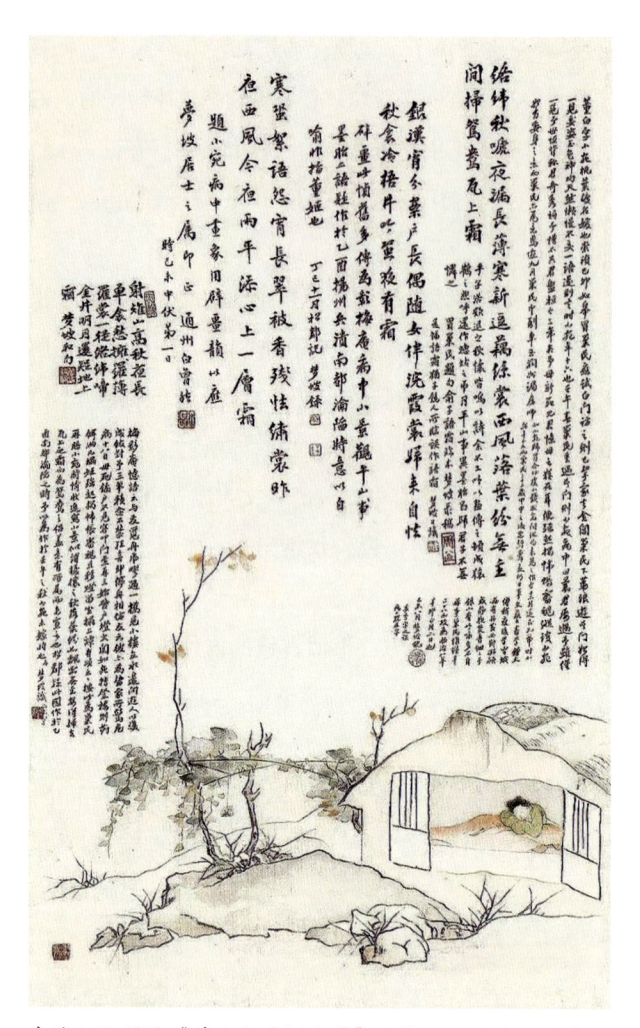

俞涤烦绘制的《董小宛病榻小景》立轴，题满时人的序与跋。

冒辟疆与董小宛，一个是如皋城里官宦世家子弟，一个是苏州城里刺绣世家千金；一个锦衣玉食、踌躇满志、醉心功名，一个父亲早亡、家道中落、栖身歌舞欢场、一心寻找可意郎君托付终身。由此，如皋、苏州、南京三地，有了一根因情缘而连接的红线，在水绘园里，上演一场轰轰烈烈、悱恻缠绵，却又凄婉哀怨的爱情大剧。

要说，董小宛也是好人家出身，是苏州城小有名气的董家绣庄的千金小姐,父亲去世得早,孤女寡母又着了下人的套儿,家产被占,还落得一身的债,不得已落籍南京教坊司,做了艺伎。董小宛原名董白,字青莲,俨然是李白的粉丝。不过,董白这个名字很少有人知道,而董小宛的艳名,却响彻秦淮河两岸,与柳如是、顾横波、马湘兰、陈圆圆、寇白门、卞玉京、李香君并称"金陵八艳"。

六朝古都南京,一座不南不北的都城。明代朱棣迁都北京,南京为留都,保留朝廷一应建制。但是,金陵王气黯然收,南京不再有霸主雄风,及至明末,大明王朝最后的一点点气节,却残存在"秦淮八艳"身上。八位女子,个个个性刚烈。

梨花似雪草如烟,春在秦淮两岸边;一带妆楼临水盖,家家粉影照婵娟。十里秦淮,自古繁华,奇特的是,河水两岸,一边是教坊勾栏、珠市旧院,一边是南方会试总考场江南贡院。名士挥风流,红颜拜锦绣。这边是桨声灯影、笙箫和鸣,那边是搜刮枯肠、苦思冥想。两处风景,两种教化,如此和谐的相邻,构成江南士子文化的奇特景象。

冒辟疆与董小宛的爱情剧,在秦淮河边上演,在如皋水绘园落幕。当19岁的董小宛,历经波折,终于以"冒董氏"身份,成为如皋世家望族中的一员,开始她在水绘园里爱情行旅的时候,心里充满憧憬。一个秦淮名姬,洗净铅华,洒扫庭除,纺线织布,飞针刺绣,操持家务,那双曾经弹琴作画端酒杯的手,变得与婢妇一样粗糙。谁曾想到,曾经名动天下的女神,像皓月当空一样令天下风流才俊仰视,为什么竟如此卑微?因为,她对自己的命运有十分清醒的认知,那就是,她是一个落籍秦淮强颜欢笑的妓女,即便再美貌,再有才艺,也会有一天由凤凰变成乌鸦。她要摆脱的,就是朝秦暮楚的卖笑生涯,找个终身可托的人家,过正常人生活。这本是做人的最起码、最基本的权力,可在她那里,却是那么难。冒辟疆对她来说,不仅能够满足她这最基本的要求,而且,冒家有地位,有权力,冒辟疆有才气,有名望,嫁给冒辟疆,她就是一个正常的女人了。

所以,在冒家,她再累,也不觉得累,再苦,也不觉得苦,她把姿态放得比卑微更卑微,何况,冒辟疆懂她,她的才情,她的诗词,她的绘画,她所有的一切，只有冒辟疆懂。与冒辟疆的琴瑟和鸣，精神相通，让她有种天上人间的神仙眷侣幻觉。

可是，这样的平静生活仅仅一年，时代的车轮就碾碎了春梦，在一场大变革、大动乱中，谁都无法幸免苦难。闯王李自成数十万大军的铁蹄，踏破北京城坚固城垣，踏碎大明王朝的万里江山，也踏碎董小宛做一个正常女人的梦。在兵乱降临之际，冒家不得不举家逃亡。途中迭遭匪盗兵患，财帛珍宝尽失，全家几次惊慌失措，死里逃生。关键时刻，董小宛对冒辟疆说：

> 当大难时，首急老母，次急荆人、儿子、幼弟为是，彼即颠连不及，死深箐中无憾也！

在大难临头的时候，董小宛关照冒辟疆：你要先照顾好母亲，再照顾好大夫人、儿子、小弟，在这颠沛流离之际，我即使死于竹林野草中，也没有什么遗憾。

如此深明大义，豁达变通，就算是读书破万卷的士子，又有谁能做到像她这样的呢？ 这还没完。当冒辟疆实在照顾不了一众家人，要把董小宛丢下，托付给朋友时，她坚定地说：

> 君堂上膝下，有百倍重于我者，乃以我牵于君之臆，非徒无益，而又害之。我随君友去，苟可自全，誓间关匍匐以待君回，脱有不测，前与君纵观大海，狂澜万顷，是吾葬身处也。

在董小宛心目中，夫君上有老下有小，哪个都比她金贵百倍，大家都要靠夫君照顾，自己既帮不上忙，还要成为累赘，不如跟他朋友走，或许能够在这乱世里保住性命，等到团圆的那一天。假如等不到，她就跳海自杀。

逃难途中，冒辟疆连生几场大病，董小宛在冒辟疆木板床边铺着一张破席，衣不解带，日夜守候。冒辟疆发热了，就为他扇风，痛了就为他抚摩，一会用身体为他当枕头，一会用怀抱给他捂足，一夜爬上落下无数次，董小宛消耗着自己的生命，来换取心上人的生命。

最终，冒辟疆活了，董小宛却死了！

按照如皋当地的风俗，要让临死之人手里攥一件生前心爱之物，董小宛不拿一块金银珠宝，不拿一寸绫罗绸缎，却紧紧攥住一对金钏不放，金钏上有冒辟疆书写、托人镌刻的四个字："比翼""连理"。这是他们的爱情信物。她拉着他的手，双目垂泪，恋恋不舍，心疼地说："今后你病了，谁来服侍你呀！"说罢，瞑目而逝。时年28岁，在冒辟疆身边只生活了九年。

冒辟疆泪如泉涌，仰天长哭：

> 今姬先我死，而永诀时，惟虑以伊死增余病，又虑余病无伊以相待也。姬之生死，为余缠绵如此，痛哉！痛哉！（《影梅庵忆语》）

水绘园里，流水潺潺，花开花落；冒董之恋，沉沉浮浮，亦喜亦悲。水绘园里的这场爱情剧，究竟是喜是悲?

开花结果，是喜剧；化作尘土，是悲剧。不过，冒辟疆与董小宛，无论是喜剧还是悲剧，都是感人至深的爱情之剧。

有趣的灵魂与沉浮的人生

清康熙十九年（1680）农历正月十三，凌晨，大雪弥漫，四野皆白，人间一个有趣的灵魂随着凌冽的寒风飘向天空，飘向虚无缥缈之中。质本洁来还洁去，不教污淖陷渠沟，李渔多舛却又精彩的人生足迹，停止在七十初度之际。杭州方家峪九曜山南坡，新添一座坟墓，墓前有钱塘县令梁允植题碣："湖上笠翁之墓"。

纵观李渔一生，其建树涉猎极广，后人誉其为"世界喜剧大师""东方莎士比亚"。所有这些成就，均出于生存的需要，李渔是古代第一玩家，玩着玩着，玩出了名堂，玩出了中国历史上诸多第一。

然而，在他壮年重回如皋之时，走访了那么多故旧好友，写了那么多诗词丽文，竟无一字提及冒辟疆，可以肯定的是，李渔没有去集贤里拜访冒辟疆，没有去水绘园凭吊董小宛，那时，董小宛去世方才三年。这就让人有点奇怪，要知道，冒辟疆与李渔都是名重大江南北的名士啊！

有人试图从身世、境遇上找理由。冒辟疆与李渔，虽然受的教育一样，但身世、家境不同，人生的归宿也就不同。冒辟疆沿袭的是一条由官宦世家转向衰败破落的道路，带着浓重的时代动荡印记和人生悲剧色彩；李渔走的是草根自励自强的逆袭道路，在生活的压迫和时代的夹缝里活出精彩。当时的李渔，有几个看上去不太体面却很重要的身份，像官僚门客、戏班老板、妓院常客、艳情文学作家之类，受到一些正统文人的贬谪，说他"有文无行"，连300多年后的文化旗手鲁迅，在欣赏他的同时，又鄙视地说他"有帮闲之才，更有帮闲之志"。面对世人的不理解，李渔不辩白，他认定"是非者，千古之定评，岂人之所能倒""生前荣辱谁争得，死后方明过与功"，他不会改变或者无法改变既定的人生轨迹。

在李渔之前，话本小说如"三言二拍"，都是用吴方言写作，李渔首用如皋方言写诗、写剧本、写小说，开辟用江淮方言贯穿作品的风气。50岁上，侧室纪氏为他生下一子，这是李渔第一个儿子，自然欢喜得不得了，写诗表达心情，其中一句"白发催爷待子呼"之"爷"字，就读"ya"，第二声，是如皋方言。如皋一带称父亲为"爷"，称祖父为"爹爹"。在他之后，才有《儒林外史》《红楼梦》《老残游记》这些江淮方言语系的不朽巨著，使江淮方言成为中国古代小说创作中运用最多的语系。作为清代白话短篇小说第一人，李渔与明末冯梦龙、凌濛初鼎足而三。

他还点评过《金瓶梅》，甚至历代被禁读的《肉蒲团》，也风传是他信手拈来之作。不过，让他在世上扬名立万的代表作，当是百科全书式的《闲情偶寄》。

冒辟疆的人生与李渔是完全不同的线路。他承袭2000年来儒家思想的轨道，不惜以晚年的穷困、凄凉，来坚守传统文人的节操和理想。在才情上，冒辟疆比之李渔毫不逊色，他的诗词文赋，他的绘画书法，在中国文坛上都独树一帜。他也有自己的戏曲家班，但他只用来自娱自乐，或者献艺于诗友同道，绝不用以谄媚高官显贵，他太清高，像"朝扣富儿门，暮随肥马尘"的事，做不来。所以，他一生作品虽丰，却没有"帮闲"文字，传世的《先世前征录》《朴巢诗文集》《岕茶汇抄》《水绘园诗文集》《寒碧孤吟》《六十年师友诗文同人集》等，无一不是弘扬正能量的主流作品。其中《影梅庵忆语》洋洋数千言，回忆了他和董小宛缠绵悱恻的爱情生活，是我国忆语体文字的鼻祖。

冒襄置身于动荡时代中，其《影梅庵忆语》悼念的不仅仅是董小宛，还有对前朝覆灭的悲痛之情，不仅仅在叙述一段风情艳史，更是在控诉乱世的动荡，感伤历史的流动与朝代的变迁，流露出来的是在历史洪流中身不由己的无奈与人世沉浮的不安。

日本东京大学东洋文化研究所教授大木康评论《影梅庵忆语》时说：

> 而今，已往彼岸世界的董小宛，只能永远闪耀于冒襄记忆之星空；冒襄除了"忆"她，再无他法可重味那段缱绻柔情。重温已逝的悲喜岁月、追寻往昔的点滴回忆，正是他写作此书的根本出发点。
>
> 冒襄可谓是一个为再现过去或甘或苦的回忆而不惜倾注心血之人。

这一个"忆"字，多么的疼痛、缱绻！

冒辟疆数十年仗义疏财、扶贫济困，耗尽家财，晚年靠卖字为生。康熙三十三年（1693），冒辟疆在贫病中辞世，其墓今已不可究。散财纾难，天道酬善。冒辟疆晚年困窘至极，还能享年八十三，可见上天对他的眷顾。

李渔与冒辟疆，无论是不是两股道上的车，无论人生会不会在尽头相遇，作为如皋城里最有才情、最为耀眼的双星，他们的名字，早已在高沙土上开放出艳丽的花朵。今天，漫步如皋街头，依然会听到稚童朗朗背诵《笠翁对韵》甜脆的声音：

> 天对地，雨对风。大陆对长空。
> 山花对海树，赤日对苍穹。
> 雷隐隐，雾濛濛。日下对天中。
> 风高秋月白，雨霁晚霞红。
> ……

四更山吐月，残夜水明楼。水绘园内，洗钵池上，明月皎洁，波心荡漾……

NANTONG
THE BIOGRAPHY

南通 传

文山渡海：文天祥的江海遗篇

第十章

一袭战袍显精忠

南宋其实灭亡过两次。一次是在1276年2月，元朝宰相伯颜率军逼近临安（杭州），五岁的小皇帝恭宗赵㬎退位降元，朝廷垮，南宋亡，忽必烈封赵㬎为瀛国公，遣派赵㬎到西藏，学佛抄经书；另一次是1279年2月，南宋流亡势力在广东崖山与元军展开最后一役，大败亏输，左丞相陆秀夫仗剑驱赶妻子儿女蹈海，自己背负七岁的怀宗赵昺沉入海中，十万南宋军民皆慷慨投海赴义，海上浮尸十余里，其场面乃是中华历史上最惨烈的一幕。至此，宋朝319年的历史，蘸着鲜血与海水，写完悲壮的最后一笔。

从南宋降元，到崖山之战，中间相隔三年。这三年里所发生的一切，不是赵家皇族的主动行为，而是一批忠于大宋的仁人志士，践行儒家理想的壮举，他们以忠义二字，铸就大宋王朝最后的风骨。

诚如近代史学家蔡东藩所评述：

> 文、张、陆三人之奔波海陆，百折不回，尤为可歌可泣，可悲可慕。六合全覆而争之一隅，城守不能而争之海岛，明知无益事，翻作有情痴，后人或笑其迂拙，不知时局至此，已万无可存之理，文、张、陆三忠，亦不过吾尽吾心已耳……千古忠臣义士，大都如此，于文、张、陆何尤乎？宋亡而纲常不亡，故胡运不及百年而又归于明，是为一代计，固足

悲，而为百世计，则犹足幸也。

文天祥、张世杰、陆秀夫在历史上被誉为"宋末三杰"，他们这一批忠义之士，百折不挠地奔波于海陆之间，明明知道南宋王朝已退无可退，守无可守，朝廷倾覆就在举手投足之间，但他们仍然死守一隅，固守一岛，尽心尽力，以死尽忠，完全是出于对大宋王朝的一片痴情。这种忠义肝胆，是中华民族数千年来一脉相承的品格。世事不断变幻，朝代可以更替，只要守住这股气节，民族的根脉就不会断。

唯有一腔忠烈气，碧空常共暮云愁。文天祥在他的《正气歌》里对这种气节阐发得淋漓尽致：

> 天地有正气，杂然赋流形。
> 下则为河岳，上则为日星。
> 於人曰浩然，沛乎塞苍冥。
> 皇路当清夷，含和吐明庭。
> 时穷节乃见，一一垂丹青。
> ……

天地之间有一股堂堂正气，它赋予万物变化的形态。在下表现为山川河岳，在上表现为日月辰星。在人间被称为浩然之气，它充满了天地和寰宇。国运清明太平的时候，它呈现为祥和的气氛和开明的朝廷。时运危艰的时候，具备浩然正气的义士就会出现，他们的形象垂范青史。

正是如此，当时局危艰、元军兵临城下、朝廷岌岌可危的时候，赋闲在家的文天祥出山了。

文天祥是个昂藏美男子，《宋史·文天祥传》说他"体貌丰伟，美晳如玉，秀眉而长目，顾盼烨然"，又说他"性豪华，平生自奉甚厚，声伎满前"。身材魁伟，相貌堂堂，皮肤白得像玉，修眉长目，目光迥然，回眸一看，光彩有神。这样的美男子，家境殷实，又懂得生活，家中还有戏班，美女绕身也就

清乾隆年间，石港乡贤周学彭在卖渔湾建文天祥渡海亭，后毁于海风；1915年，张謇在石港复建渡海亭，题碑"宋文文山渡海处"，又毁于台风；1983年再次复建渡海亭。

自然。可懂他的人都知道，这是一种愤世嫉俗、不得志下的自娱。

1274年，年幼的赵㬎继位，66岁的太皇太后谢道清临朝听政。元军向南宋发起总攻，先后攻陷建康、常州，苏州知府献降，临安岌岌可危。南宋朝廷上下人心惶惶，乱作一团，百官纷纷弃官逃遁，同知枢密院事曾渊子领着几十名大臣星夜逃走，丞相不肯上班，朝廷早朝只有六位官员，气得太皇太后顿脚哭骂。

接到朝廷勤王诏书时，文天祥已赴任江西赣州知府。赣州离他老家吉州不远，差不多是在故乡为官。朝廷的危难、江山的破碎，触动了他蛰伏的报效朝廷的情怀。他毅然赶散声伎，变卖家产，招兵买马，组织起一支万人队伍，开赴临安，去抗击蒙古人。

出发前，有朋友劝阻他，元兵虎狼之师，分三路直逼临安，你只带着一万多人，又是临时凑起来的乌合之众，你这不是以卵击石，跟赶着一群羊羔送入虎群有什么区别？文天祥回答说，我又何尝不知道啊，但眼下朝廷危难，征召天下勤王，却"无一人一骑入关者，吾深恨于此，故不自量力，而以身徇之"。看得出，文天祥此一去，是抱着必死的决心。正可谓，知不可为，却不得不为。

夕阳下，出征人群中，文天祥战袍上绣着的"拼命文天祥"五个大字，红得像血，透出破釜沉舟的萧瑟杀气。

文天祥的勤王义军，像火烛一样，燃起朝廷复生希望，太皇太后令文天祥环卫京师。正如他那位朋友所言，这七拼八凑起来的毫无作战经验的万余人，哪里够久经沙场凶猛彪悍的元兵玩的，虞桥一战，几乎被屠戮殆尽，他不得不率领残兵退保余杭。

令人不忿和悲哀的是，虽然文天祥毁家纾难，但在南宋皇族和朝廷重臣眼里，他只是个小小的地方官，那些畏死逃避的官员，反过来嘲讽他是孤军冒进的傻子。不过，看不起归看不起，嘲讽归嘲讽，在朝廷急需用人之际，还是任命文天祥为临安知府，协助拱卫京师。

随着元朝大军逼近临安城外的皋亭山，那些口号喊得比谁都响的官员几乎逃散一空，左丞相留梦炎早就开溜了，右丞相陈宜中也脚底抹油。临安城内凤凰山皇城中，几乎无人来朝，只有文天祥和少数一些官员，还坚守岗位，毕恭毕敬伺立在老迈的谢道清和年幼的宋恭帝左右。在南宋王朝即将覆灭之际，太皇太后谢道清放眼望去，那些曾经寄予厚望的肱股重臣都作了鸟兽散，而平时看不入眼、喜欢顶牛提意见的人，却与自己站在一起，同生死，共患难。谢道清非常感慨，颁发懿旨任命文天祥为右丞相兼枢密使，全权负责与城外元军主帅伯颜谈判。

背负起大宋300年来的繁华与荣辱，文天祥迎着血红的残阳走出临安城，走向元军大营。他这一走，走向他最为壮丽辉煌的人生巅峰。

遇到张阿松

文天祥与伯颜的谈判毫无悬念地不欢而散，面对不满足于割地赔款、一心只要南宋全部河山的蒙古人，文天祥丢掉幻想，"抗辞慷慨，上下颇惊动，北亦未敢遽轻吾国"，并且掷地有声地说："吾南朝状元宰相，但欠一死报国，刀锯鼎镬非所惧也。"(《指南录后序》)因为谈判地点在元军驻扎的杭州城外皋亭山，历史就把这次谈判称作"皋亭抗论"。"皋亭抗论"是中国历史上的一桩大事件，文天祥抗元之论，以中华道统为底蕴，使中华文化精神在南宋灭亡之际，迸发出划破长空的耀眼光芒。

在元大营被扣留20天后，文天祥随南宋请降使臣北上元大都，当时，他已失去谈判资格，属于押解随行。船行至京口（镇江），文天祥与手下12人寻隙逃脱，经过两个月的逃亡，辗转真州（仪征）、高邮、扬州、海陵（泰州）、海安、如皋、通州（南通），从通州石港渡海南下，转温州、福州，再次高擎抗元复宋大旗。

这一路的行程，文天祥写了不少诗，在南通境内就写了20余首，他将这些诗编成诗集《指南录》。《指南录后序》是诗集的一篇序文，简略地叙述了出使元营、面斥敌酋、被扣押冒死逃脱、颠沛流离、万死南归的冒险经历，读完《指南录后序》，再读其诗，文天祥逃难之路和报国心路的轨迹，就跃然纸上。

文天祥冒死逃到海安时，已是明媚春天，十里桃花，映红运盐河两岸。

文天祥无心观赏风景,他左躲右闪,穿行于刀光剑影里。当时,扬州还掌握在南宋淮东制置使李庭芝手中,李庭芝听信流言,怀疑文天祥为元说降,下令捕杀。

"维扬帅下逐客之令,不得已,变姓名,诡踪迹,草行露宿,日与北骑相出没于长淮间。"(《指南录后序》)无奈之下,文天祥化名刘洙,在高邮买了条小船,乘船南下。一路上,既要防范李庭芝追杀,又要躲避元兵围捕,真是险象环生,步步惊心。

在海安,文天祥写过一首诗《发海陵》,这是他在今天的南通境内所写的第一首诗:

> 自海陵来向海安,
> 分明如度鬼门关。
> 若将九折回车看,
> 倦鸟何年可得还。

那时的海安,是海边一个大镇,往西到泰州,往南是如皋、通州,水路陆路交通便利,有居民数百家。文天祥《发海陵》就是夜宿海安时所写。文天祥一行住在海安哪里?迹不可寻,有人说是住在石板街,有人说住在城隍庙。海安城隍庙东曾经有个"文文山先生题壁处",壁上有文天祥题写的《发海陵》诗,猜想文天祥当是求宿于城隍庙。历朝历代文人雅士,都有在驿舍墙上题写诗句的习惯,当年李白在黄鹤楼,想在壁上题诗,抬头看到崔颢已有诗在前,读之,觉得不能胜过崔诗,遂长叹一声,写下"眼前有景道不得,崔颢题诗在上头",掷笔而去。宋江喝醉酒曾在浔阳楼题壁,"他日若遂凌云志,敢笑黄巢不丈夫",结果惹来官司差点丢了小命。至于文天祥是不是也在逃难之夜于海安宿处壁上留诗,这无法考证,但海安文天祥题壁处作为一处重要文化遗迹,被海安百姓一直保留到晚清。

在海安住了一夜,文天祥一行乘船沿着古运盐河向南进入如皋境内。文天祥吩咐舟子将船由运盐河行到偏僻的窑子河虾子湾,这里,离如皋不远,待探明情况并与县令朱省二联系上再定夺。日已近午,春光灿烂,河岸杨柳依依,田垄菜花金黄,河水拍打着船舷,轻轻冲刷河滩,发出轻微的"唰唰"声响,衬托出四周宁静安定,一行人暂时忘却环境的艰险,得以暂时放松。这时,岸上集市传来叫卖青虾的吆喝,文天祥收拾起等待城内消息的焦灼心情,让书童上岸买青虾,并赋诗《虾子湾》:

> 飘蓬一叶落天涯,
> 潮溅青纱日未斜。
> 好事官人无勾当,
> 呼童上岸买青虾。

这是文天祥途中较为轻松的一首诗,能够在艰险途中享受生活乐趣,可见一行人视死如生的英雄气概和诗人的情怀。

食罢青虾,文天祥解缆离开虾子湾,从虾子湾进入凤凰池再转进古运盐河,十来里的路程,傍晚就到达如皋。如皋虽为县,但还没有城墙,街市和民居分跨运盐河两岸而建。文天祥的船靠岸停泊,着人打听县衙处所,居然打听到如皋已被元军占领,如皋县令朱省二归顺元朝,正卖力地率兵沿河拦截、追捕他,文天祥惊出一身冷汗,赶紧挂帆连夜离开如皋。途中,文天祥写《过如皋》:

> 如皋县隶有泰州朱省二者,受北命为宰,率其民诘道路,予不知而过之。既有闻,为之惊叹。
> 雄狐假虎之林皋,
> 河水腥风接海涛。
> 行客不知身世险,
> 一窗春梦送轻舠。

这个朱省二,投诚元军后,捕捉文天祥特别卖力,不仅沿古运盐河严密布防，还在路上设柴堆，一发现文天祥踪迹，施放烽烟，一呼百应，彼此相连，像捕捉受惊的兔子一样，让文天祥无路可逃。诗中"河水腥风接海涛"一句，道出当时严峻恐怖的气氛。所好文天祥机灵，逃过一劫。离开如皋后，大家商量，不能再沿古运盐河走了，太危险了，于是，决定弃古运盐河而改走龙游河。文天祥一行在镇江脱险辗转逃难，迂回曲折地在南宋与元兵的围追堵截之间潜行，不敢雇用向导、不敢公然探路，一路躲过追捕，逢凶化吉，确有运气的成分。

避开大河，改走小河，可见文天祥他们乘坐的船不大，如诗中"一窗春梦送轻舠"所述，乘一种如刀型的小船，像梦游一样，恍恍惚惚地在春夜里偷偷前行。就这样行了将近二十里，到达两河分叉处，辨不清了方向，只得停下，不敢贸然行事。借着朦胧的月光，发现船停处，水分四向而流，在水的中央，有一几亩方圆的土墩，土墩上有一户农家，遂登岸借宿，探听消息。

这家农户人家姓田，猛然见到一下子冒出十几人，吓了一跳。兵荒马乱的年代，老百姓都是在颤栗惊恐中苟延残喘，生命朝夕不保，突然冒出这么多人，田家汉子不被吓趴已算胆大。好在田家农舍处于水路驿站，常有往来船只停泊歇息，田家汉子也是个有眼力见识的人，他一打量，这十来个人个个气度不凡，不像寻常人，忙起身热情招呼，生火烧水做饭，驱赶春夜清寒。

用罢饭，文天祥一行各自在灶房客堂择地而坐，守到天亮，辞别田家，继续南行。

后来，人们在这里建了桥，定名"宋家桥"，把田家农舍的土墩叫为"丞相原"。《如皋县志》里记载说："丞相原，在县南十八里宋家桥西，宋丞相文天祥航海经此，借宿田家，因名。"清代诗人江大键的《丞相原》，把文天祥此次遭遇叙说得明明白白：

    丞相脱京口，夜宿田家村。
    山河若碎粉，只手思图存。
    忠义贯金石，岂作说降客。
    异哉苗李贤，未能辨心迹。

三年系燕狱，不死冀后功。
黄冠归故里，谲敌焉能从。
东望海水流，西听江潮响。
丹心照汗青，精魂此来往。

文天祥如此东躲西藏地前行，目的是想到范公堤渡海南下。告别田家农舍之后，天已大亮，轻舸小舟有了方向，遂向东，由串场河至今如东马塘，顺利的话，当夜就可到达海边，再顺利的话，连夜雇船，抵达对海的宁波甚至更远的福州。不过，文天祥这样的愿望，很快被现实击得粉碎。刚过马塘，元军闻讯追来，他们只得弃船四散逃跑，逃跑中，亲兵王青被元军搜寻俘获，文天祥只身逃至范公堤，前有苍茫大海，背有元兵追捕，文天祥张皇失措，一时不知何去何从。巧得很，迎面遇到当地住户张阿松，文天祥疾忙上前寻救，张阿松一看，来人不像俗辈，定是不寻常之人，二话不说，把他接至家中，藏匿起来。

外面元兵呼啸往来反复搜寻，文天祥在张阿松家藏得严严实实，躲了五天。元军搜捕不到文天祥，便将海岸线严实地封锁起来，看你文天祥怎么出海。从马塘出海的计划破灭了，文天祥只有另寻他路，改从通州入海。此时，他身边聚拢了五位旧部，便请张阿松帮忙，送他们去通州。张阿松真不错，替文天祥等人戴上苇笠，装成渔夫模样，让两个儿子用船送他们先到今如皋丁堰，由丁堰沿着运盐河回到白蒲，再由白蒲去通州。

这段经历，《如皋县志》记述得颇为详细：

德佑之际，宋已不可为。信国从皋潜行入海，追骑相跟，昼夜匍匐。……过此几为所缚，赖张阿松力得脱去。

张阿松，如皋人，居捍海堤。文天祥微服赴国难，……会经阿松所居地，阿松知其非常人，留宿五日，闻有兵至，阿松遣二子，戴以苇笠，送至通州泛海。

张阿松是农夫、渔夫还是盐丁，不得而知，不过，无论他是甚，作为籍籍之辈，能在史册或方志上留名，这荣耀，即便不是史上仅有，也是凤毛麟角。

阴历三月二十一，张阿松家两兄弟送文天祥几人到达白蒲，停船宿于舟上，睡到五更时，一艘送信的驿船从通州快速驶来，告诉张阿松兄弟："马来，马来。"马，指元军骑兵，马来，就是元军骑兵马上就到。文天祥一听，急令张家兄弟张帆起航，赶紧行离此处，船离岸不久，岸上就传来了追兵的马蹄声。

第二天，文天祥想来此事，仍连呼侥幸，他认为，冥冥之中，天佑忠直，因而对白蒲心怀感念，又写了一首《过白蒲》：

> 北去通州号畏途，
> 固应孝子未回车。
> 海陵若也容羁客，
> 剩买菰蒲且寄居。

这么好的地方，这么好的人，这么好的运气，白蒲真值得留恋。想想前去的通州险阻莫测，生死难料，情愿在白蒲用菰草蒲草来搭建遮风避雨之地，做一个白蒲寄居客。白蒲人也一直缅怀和纪念这位民族英雄，把他泊船的这段运盐河定名为"闻马河"，河里盛产的通体透明的银鱼叫"文鱼"。

扁舟朝发卖鱼湾

文天祥为何把通州视为"畏途"？因为，此时的通州，仍未落入元军手中，受扬州李庭芝节制的通州知事杨思复对文天祥态度如何，会不会听从李庭芝命令捕杀文天祥？不得而知。前路未卜，文天祥还是决定进通州城碰碰运气。一路走来，尤其是白蒲闻马之后，文天祥更加相信天命了。况且，他绝不愿意像西汉的王阳那样贪生怕死。

王阳是西汉宣帝时的益州刺史，有一次，他途径邛崃山九折坂，见路途险峻，吓得不敢前行，就调转马头回家。他宽慰自己说，身体是父母给的，还要用于孝敬父母。"畏途"面前，王阳选择知难而退，辞官返乡。文天祥诗中"固应孝子为回车"一句，说的就是此事。与王阳"畏途"不一样，文天祥不"畏途"，前面就是刀山火海，也义无反顾，赶赴通州。

说巧不巧，说不巧也巧。文天祥几人的船刚离开白蒲，南行没多久，正巧碰到通州杨思复的兵马。文天祥既喜且忧地弃舟上岸，去见杨思复，不料，杨思复已接到李庭芝手谕，称文天祥变节通敌。杨思复不肯接纳他，对一行人严加盘问。文天祥等人再三辩解，说明原委，杨思复仍选择不相信。最后，文天祥失去信心，不抱希望了，眼睛一闭，做好赴死准备。正在此时，戏剧性的一幕发生，杨思复派出的探子回来禀报："元军派了大量哨骑到处搜捕文天祥而一无所获。"这谍报终于洗刷了文天祥清白，证明文天祥并非元军奸细。杨思复亲迎文天祥入城。

还以清白之身的文天祥,感慨系之,挥笔写下《闻谍》诗,他说:

> 北来追骑满江滨,
> 那更元戎按剑嗔。
> 不是神明扶正直,
> 淮头何处可安身。

元兵满世界追捕,李庭芝严令追杀,文天祥逃难旅程岂是"九死一生"几个字可概括。但无论是北兵追骑,还是元戎按剑,文天祥相信神明终究会扶助忠直。在杨思复的安排下,文天祥一行终于暂时摆脱颠沛流离的逃亡生涯,相对安定下来。在通州,一行人休整了20余天,这期间,发生两件令文天祥一喜一悲的事。

喜事是,他得知南宋在福建建立了小朝廷,这更加坚定了他南下抗敌复国的信念与决心。悲事是,对文天祥忠心耿耿的属将金应将军病殁。

金应,江西吉水人,在文天祥麾下担任书史。文天祥夜遁京口时,跟随他的有12人,辗转扬州、泰州、海安、如皋,到达通州的时候,只剩五人,其他人不是半路逃散,就是不堪惊怕逸遁,而金应是"上下相随,更历艰难,奔波数千里,以为当然"。到通州不久,金应便卧床不起,热病加剧,诊治无效,气绝身亡。文天祥悲痛不已,因处于避难之中,只能薄葬于西门外雪窖。文天祥为金应作了墓碑记,抒其哀痛:"不敢求备者,边城无主,恐贻身后之祸,异时遇便,取其骨归葬庐陵,而后死者之目可闭也。伤哉!伤哉!"两个"伤哉",极言文天祥哀痛之心。

痛失爱将,文天祥含泪写下两首《哭金路分应》祭诗,焚于金应墓前:

> 我为吾君役,而从乃主行。
> 险夷宁异趣,休戚与同情。
> 遇贼能无死,寻医剧不生。

> 通州一丘土，相望泪如倾。
>
> 明朝吾渡海，汝魄在它乡。
> 六七年华短，三千客路长。
> 招魂情黯黯，归骨事茫茫。
> 有子应年长，平生不汝忘。

路分，官名，路一级的地方武官。金应担任江南西路兵马都监，所以，文天祥叫他"金路分应"。雪窖位于今南通市区城西铁星桥北侧，南通百姓为纪念金应而改名将军巷。清顺治年间，官吏王猷定前往雪窖拜谒金将军墓。时值大雨滂沱，雪窖一带皆成泽国。汪洋之中只见一棵大树在浮波中起伏，上有白骨。当地百姓告诉王猷定，此树叫将军树。400多年来，每当风雨之夜，这树便发出"雷霆甲马之声"，相传这是墓中金将军神灵所为。王猷定闻言，嗟叹不已，遂将此事禀告知州。通州知州"设仪仗彩乐，帛裹两骨"，把金将军墓移至狼山。王猷定酹酒祭文：

> 呜呼此恨结千古，
> 英雄白骨本无主。
> 今朝移尔向狼山，
> 岂为将军一抔土。

葬罢金应，文天祥南归之心愈切。于是毅然决定从石港盐场十五里外的卖鱼湾乘舟渡海南下。

南宋德祐二年（1276），闰三月十九，文天祥一行来到卖鱼湾出海，不巧，同行的船只搁浅，搁在浅滩进退不得，当天只得作罢，待来日潮涨再扬帆。当夜，文天祥挥笔写道：

> 王阳真畏道，季路渐知津。
> 山鸟唤醒客，海风吹黑人。
> 乾坤万里梦，烟雨一年春。
> 起看扶桑晓，红黄六六鳞。(《石港》)

这里，文天祥又一次用了"王阳畏途"的典故，同时用了子路问津的典故。孔子一行经过一河，孔子让子路去向农人打听渡口，农人听说是孔子让来问津的，便回道：他知道渡口。在农人眼里，无所不知的圣人怎么会连渡口在哪都不知道呢？六六鳞指鲤鱼，鲤鱼脊背上有36片鱼鳞，海上日出日落时，天边就像红黄色的鲤鱼鱼鳞一样艳丽。

这次出海，是在杨思复帮助下雇了一艘从浙江定海来的船，另有三只运生姜的船作伴同行。当时，雇船是件很不容易的事，"海船与江船不同。自狄难以来，从淮入浙者必由海，而通为孔道也，由是海船发尽"（文天祥《海船》诗序）。幸亏有位张少保的海船从定海来通州，刚刚停泊石港，杨思复雇来，送与文天祥渡海。

在石港等候了一夜，第二天潮水上来，同行的船脱困，一行四只船鱼贯而出。这时，朝霞漫天，景色壮丽，文天祥站立船头，极目远眺，但见卖鱼湾内风起云涌，浪花朵朵，一望无际的滩涂上蟹子红如玛瑙，盐花白似雪片，遥望狼山，青青两点，再远望大海，漫无涯际，想想故国已无处可寻，自己只能在大海上漂泊，随处为家，文天祥不禁仰天长叹一声，感慨地作《卖鱼湾》诗：

> 风起千湾浪，潮生万顷沙。
> 春红堆蟹子，晚白结盐花。
> 故国何时讯，扁舟到处家。
> 狼山青两点，极目是天涯。

迎着漫天朝霞，文天祥的船，慢慢消失在金光跳跃的大海之上……

臣心一片磁针石

终于踏上南归抗元复宋的航程了,回望渐行渐远的石港盐场卖鱼湾,回想从出使元营以来一路走过的坎坎坷坷,文天祥心中百感交集,连写《发通州》三首:

孤舟渐渐脱长淮,
星斗当空月照怀。
分明今夜栖海角,
未道便应是天涯。

白骨丛中过一春,
东将入海避风尘。
姓名变尽形容改,
犹有天涯相识人。

淮水淮山阻且长,
孤臣性命寄何乡。
只从海上寻归路,

便是当年不死方。

此诗记述了他一路隐名埋姓东躲西藏的艰难经历和痛苦心情。他在《指南录后序》中说过,"予之及于死者不知其几矣",历数种种可死的情形,从"诋大酋当死",到"至通州,几以不纳死",共计18种,真是"死生,昼夜事也",但他都避过,确实万幸。这次渡海南返,"以小舟涉鲸波出",前路等待着的究竟是什么,尚是未知,也没什么堪忧的,大不了一死而已,"死固付之度外矣"!不过,种种磨难中,最让人痛苦的,是战友的误解。"境界危恶,层见错出,非人世所堪。痛定思痛,痛何如哉",屡屡被自己人捕杀,这感受不是所有人都能忍受的啊,真的是痛入骨髓!

死,从赴义勤王始,就已根植在他骨髓里了。

离开卖鱼湾向东,就进入通州海门县北侧马蹄形海湾三余湾,绕过黄海吕四蓼角嘴往南入长江,则可由此进入东海海域。过海门时,文天祥写《北海口》:

沧海人间别一天,
只容渔父钓苍烟。
而今蜃起楼台处,
亦有北来蕃汉船。

文天祥此时的心境与前大有不同,他看到渔夫在烟波浩渺的海洋上捕捞,看到海市蜃楼的景观,还看到驶来驶往的外国船,看得出,精神放松了许多,他接连写了《出海》和《使风》诗。心情松弛,诗句也就清灵。文天祥在诗中,拿苏东坡作比,认为他这一路的坎坷,不仅是自己一生中的奇绝经历,也足可与苏东坡三次被贬的多舛人生比较。即便在睡眠中,半梦半醒之际,仍然是醉里看剑纵马飞奔的感觉。

闰月三月二十二,船穿过北海口进入长江口,想到马上可以回到南宋朝廷,马上可以回到抗元复宋的战场,文天祥心潮澎湃,写下著名的《扬子江》诗：

> 几日随风北海游，
> 回从扬子大江头。
> 臣心一片磁针石，
> 不指南方不肯休。

自镇江逃脱，绕道北行，在海上漂泊数日，费尽千辛万苦回到扬子江头。我的心就像那一根磁针，不指向南方誓不罢休。后来，他把沿途所写诗汇编成集，取名《指南录》，就借这首诗诗意。"臣心一片磁针石，不指南方不肯休"句，与他后来《过零丁洋》中"人生自古谁无死，留取丹心照汗青"，都成为千古名句，鞭策后人。

这期间，文天祥一行还遇到一惊一乍的事。海门县海域时常有海盗出没，开辟"海上漕运"的朱清，在归顺元军前，就曾经是海上汪洋大盗。这天中午，他们抛泊避潮，突然发现远处有一支船队乘风而来，一看，竟有18艘之多，以为遇上海盗，随即弓箭在手，严阵以待。仔细观察，才知是渔船，遂松了口气。为此，文天祥作《渔舟》诗，记下此番经历：

> 一阵飞帆破碧烟，儿郎惊饵理弓弦。
> 舟中自信娄师德，海上谁知鲁仲连。
> 初谓悠扬真贼舰，后闻欸乃是渔船。
> 人生漂泊多磨折，何日山林清昼眠。

诗中文天祥自比自己是娄师德和鲁仲连。娄师德是唐朝抗番将领，曾拜为相；鲁仲连是战国时齐国人，多次为齐国立功，却不肯作官，两人都是历史上备受赞誉的贤人。文天祥在这里再一次表达，不管有"多磨折"，一心抗元的脚步不会停留。他盼望天下太平那一天，选一处山深林幽地，一觉睡到自然醒。

出了海门水域南行,到达长江江心,文天祥写了《过扬子江心》:

渺渺乘风出海门,
一行淡水带潮浑。
长江尽处还如此,
何日岷山看发源。

长江万里奔腾排空而来,携大量泥沙到达海口,江海交汇之处泾渭分明的景象如此明显,真想哪天到长江发源地岷山去看看,那里的水到底是清还是浑。岷山是长江水系与与黄河水系的分水岭,那时,还没探明青藏高原的昆仑山与唐古拉山才是长江源头,而把处于甘肃与四川之间的岷山当作长江发源地。

过了扬子江,就到今上海附近的东海,时称苏州洋,文天祥写了《苏州洋》一诗:

一叶漂摇扬子江,
白云尽处是苏洋。
便如伍子当年苦,
只少行头宝剑装。

一路奔波,一路吟咏,如有丹青妙手,循着文天祥的足迹,定能描绘出《文山行吟图》来。确实,文天祥这一路的磨砺,不仅折射忠义气节的光芒,也散发出才高八斗的馥郁诗性。 这些诗,不求辞藻华丽、含蓄蕴藉,而是平铺直叙,直抒胸臆,情感沉郁而又激昂,忠君、忠国、忠义之念贯穿始终。

告别苏州洋,航行在东海之上,离南宋小朝廷越来越近,文天祥的心境是"近乡情更怯,不敢问来人",是"离别家乡岁月多,近来人事半消磨",还是"故园东望路漫漫,双袖龙钟泪不干"?今人是不得而知了。但从他在东海之上所写四首《泛海怀通州》诗,可窥见他当时极为复杂的心境,

219

江波无奈暮云阴，
一片朝宗只此心。
今日海头觅船去，
始知百炼是精金。

唤渡江沙眼欲枯，
羁臣中道落崎岖。
乘船不管千金购，
渔父真成大丈夫。

范叔西来变姓名，
绨袍曾感故人情。
而今未识春风面，
倾盖江湖话一生。

仲连义不帝西秦，
拔宅逃来住海滨。
我亦东寻烟雾去，
扶桑影里看金轮。

　　在四首诗里，可以从众多具象中捉摸到许多意想内容，其主线都是拨开云雾始见阳光的急迫期待和无限憧憬。"暮云""江沙""烟雾"，都曾迷住双眼，看不清前路，但秉持一颗"朝宗"的心，坚韧不拔，克难赴义，这才能百炼成金。也曾在江口眼巴巴的等候渡海的船，为了渡海，不惜重金购买船只，在海上飘摇，身家性命全托付给渔夫舟子，此时此刻，他们才是真正的大丈夫。

　　诗中，文天祥用了两个典故。一个是"绨袍曾感故人情"。战国魏人范雎曾经跟从大夫须贾出使齐国，回国后，须贾告发他有通齐之嫌，范雎差点被打死。后来，范雎更名张禄，当了秦国宰相。须贾出使秦国，范雎微服去客栈见须贾，须贾大惊，问：你怎么贫寒到这种地步，身体还好吗？当即送他一件粗制丝织袍子。当须贾得知他要见的秦国宰相就是范雎时，更是大惊，"肉袒膝行"去见范雎，范雎念旧情，且须贾有赠袍之谊，便放过须贾。

另一典故"仲连义不帝西秦"，文天祥再次以鲁仲连自比。此典故说的是齐国人鲁仲连游历赵国，恰巧秦国派兵攻伐赵国都城邯郸，赵国上下主战主降争论不休。鲁仲连仗义执言，力主抗秦，与魏国投降派辛垣衍展开争辩。他通过雄辩口才，层层铺垫，直击弊端，陈言要害，使得辛垣衍哑口无言，心服口服。后魏国信陵君无忌来援，击退秦军，邯郸解围。

文天祥这是告诫和勉励自己：人哪，任何时候都要讲信义，念旧情，绨袍之恩，当倾情相报，更何况有报效之责的故国家园呢？想当初，在元军大兵压境之际，朝廷也是力战派与投降派各占一词，最终投降派占了上风，我却没能像鲁仲连那样辩服投降派，来坚定朝廷抗元决心。如果我真的能够助得朝廷抗元成功，那一日，我一定像鲁仲连举家迁居海滨逃避齐王封赐一样，找块清闲之地，隐身世外。虽然眼下抗元态势还不明确，但我已透过迷雾，看到一轮红日已从东方冉冉升起。

看，文天祥抗元复宋的愿望是何等强烈！

留取丹心照汗青

越过长江口航行东海上,经过难以想象的艰难险阻,辗转两个多月,1276年暮春初夏之交到达福州,小皇帝宋端宗赵昰任命他为右丞相。文天祥会合南宋残部,重举抗元大旗,转战东南沿海地区,曾一度收复几处失地。1278年夏天,在广东海丰五坡岭被元军都元帅张弘范所俘。

文天祥被俘后,决意以死报国,几次自杀均未果。张弘范要文天祥写信招降张世杰,文天祥拿出途经珠江口写的一首诗《过零丁洋》交给张弘范,以明心志。诗曰:

> 辛苦遭逢起一经,
> 干戈寥落四周星。
> 山河破碎风飘絮,
> 身世浮沉雨打萍。
> 惶恐滩头说惶恐,
> 零丁洋里叹零丁。
> 人生自古谁无死?
> 留取丹心照汗青。

著名画家王西京所绘文天祥慷慨就义的画面

　　回想我这一生的遭遇,由科举入仕,历尽辛苦,全起于一本经书。从高擎抗元大旗兵败海丰至今,已过去了四年。如今,破碎山河恰如狂风中的柳絮飘摇不定,我的命运也如同风雨中的浮萍沉沉浮浮。当初在江西老家惶恐滩的那场惨败,让我至今依然惶恐,身陷元营漂浮零丁洋,我曾慨叹我孤苦零丁。从古到今,人生有谁能够长生不死呢?我要留下一片忠义丹心,来映照华夏史册。

读完文天祥《过零丁洋》，尤其是读到最后一句，张弘范笑了笑，把诗收了起来。不久，张弘范遭使押送文天祥至大都，自己率部去与南宋残部决战。当十万南宋军民血染崖山之际，文天祥在押送途中停下来脚步。他回身遥望崖山，只见晚霞染红天边，那红，犹如鲜血。当晚，他拒绝进食，以绝食赴死来追随南宋王室。

文天祥绝食虽被救，但他死意已定。无论谁来劝导他，他都是那句话："一死之外，无可为者。"1283年1月8日，文天祥被押赴菜市口受刑。临刑前，文天祥整肃衣冠，恭恭敬敬向南而拜，起身从容地对刽子手说："吾事毕矣！"

我这一生中所有的事情都做完了，你们动手吧！说完，文天祥仰首向南，从容赴义，年47岁。

那一刻，天地动容，山河呜咽。

呜呼，古往今来，圣贤不绝。然而，真正能够俯仰天地、无愧无怍者，又有几人当得？

文天祥当得！

文天祥是感天泣地的大英雄，华夏儿女怀念他，江海儿女怀念他，他在江海大地留下的二十几首诗作，是宝贵的精神财富。明英宗天顺八年编修的《如皋县志》有载：

夫皋仅江淮弹丸方幅，乃两忠臣，一念恢复，一念勤王。

如皋仅是江淮地区一方弹丸之地，却留有两位忠臣遗踪。"一念恢复"指岳飞任通泰镇抚使时，曾驻军狼山，出师于如皋，去收拾旧山河，挥师江南，大败金兵于常州、镇江，收复建康（今南京）；"一念勤王"，指文天祥一心勤王，路过如皋，走上抗元征程。

明嘉靖年间，如皋知县黎尧勋读《如皋县志》，读到文山丞相经如皋渡海诸诗，抚卷叹息曰：

元时之祸，自有天地以来，未有此大变，文山丞相自有君臣以来，未有此大忠。

黎尧勋因此择地在定慧寺东建文丞相祠，将文丞相借宿的宋家桥村转水墩定名"丞相原"，并立碑纪念。后人又在定慧寺西建二忠祠，祀岳飞、文天祥二位英雄，称赞文天祥"岂维扬一邑已哉，实为天下后世忠义观感区也"！通州、海门都建有文天祥祠，塑立文天祥雕像，将军巷、金应墓、义马墓、渡海亭……文丞相在江海大地的足迹与遗篇，融入江风海韵。

NANTONG
THE BIOGRAPHY

南通 传

敬亭柳绵：雨打风吹絮满头

第十一章

通州龙城余西人

他本姓曹，后来改姓柳。世上少有人听说曹永昌这名字，却多知道柳敬亭"柳麻子"这个人。

他出生在通州余西场，被太仓人吴伟业一句"柳敬亭者，扬之泰州人"所误导，将他祖籍从通州剥离开来，变成泰州人。

他是地地道道说书的民间艺人，既无官权，更无兵权，却被南明王朝称作"柳将军"，连手握重兵的左良玉和权势熏天的马士英、阮大铖都礼他三分。

他既算不上是文人，也谈不上是武夫，说得隆重些，是扬州评话的开创者、鼻祖、宗师，因他任侠仗义，具有民族气节，把评书说得出神入化，故而身后被人们颂扬300余年，直至今天。

无论他是哪里人，无论他是哪种人，南通、泰州、扬州，都把他当成自己的儿子，把在他身上发生的故事一代一代地传扬。

他长得不好看，某种程度说，长相颇丑。写过"泥塑岳侯铁铸桧，只令千载骂奸雄"诗句的张岱，这样描述他长相："柳麻子，黧黑，满面疤瘤，悠悠忽忽，土木形骸。"面色又黄又黑，脸上疙里疙瘩布满疤痕，说话随随便便，举止吊儿郎当，身材又高又瘦，像枯槁的树干，还邋里邋遢，不修边幅。这样一个扮演无常鬼不用化妆的人，却上得殿堂，下得书场，三教九流，人脉之广，无一因觑他相貌而减损一丝仰慕之心。

余西古镇上的钱氏牌坊(黄俊生 摄)

明万历十五年(1587),是明王朝由中兴转向衰败的转折点。这一年,铮臣海瑞、名将戚继光相继去世。万历皇帝明神宗朱翊钧被群臣逼迫,立朱常洛为太子,他满肚子怨气无处发泄,实在不愿意看到那些以指责皇帝来博取自己好名声的大臣的嘴脸,于是,开始不再上朝,不理朝政,以此回怼群臣。

这年,扬州府通州余西场曹应登家欢天喜地,曹家得了一个胖乎乎、白净净、活泼可爱的头胞小子,一家人甚是喜欢,便给他取名永昌,字葵宇。

余西场是江苏省和中国历史文化名村、传统村落,有1000多年文字记载史,宋朝时期叫余庆场,取《易经》"积善之家,必有余庆"之意。余西场是通州东南沿海第一个盐埠,我国蓝印花布的发祥地。余西场盛产蓼蓝草,余西人从蓼蓝草里提取靛蓝作染料来染布。蓝印花布又称靛蓝花布,俗称药斑布、浇花布，是中国传统的工艺印染品，从它出世的那一天起，已经走过1300年的历程，它那如青花瓷般优雅沉稳的文静之美，很受大众喜爱。余西人利用植物染成的蓝印花布，通过运盐河流向各地，美名远播。

余西镇形似一条昂首摆尾的龙，所以有"龙城"之名。镇内有龙街、精进书院、钱氏牌坊一大批历史文化遗址，明代抗倭英雄曹顶出生在这里。

儒将曹彬像

唐代之后，这里因泥沙淤积而浮出水面，成为盐镇，逐步成为盐业生产经营的一个重要据点，南宋李庭芝为勾连盐场之间的运输，开挖串场河，余西场就处于串场河之滨，四面环水，是重要的盐运枢纽。

余西场有"九季十三曹"之说，指季姓、曹姓在余西人口众多，尤其是曹姓，在余西场是个大姓，据说，其先祖是北宋开国名将曹彬。

公元931年，曹彬出生于河北灵寿县。这个年代属于中国最为混乱的五代十国时期。梁唐晋汉周五代，就是史书上说的后梁、后唐、后晋、后汉、后周，加上分布南方的十个国家，在短短的53年里，五个朝代更替，十个政权倾轧，华夏乱成了一锅粥，连研究历史的人都被搞得头疼。曹彬的父亲曹芸是后汉的武将，曹彬从小就在父亲的军营里厮混，耳濡目染，对军营军务事宜十分熟悉，长大后直接参军入伍，成为军中一名牙将。

曹彬跟后周太祖郭威沾亲搭故，不过，曹彬在军中混得风生水起，并不是完全靠了裙带关系。他为人端正，不巴结显贵，不攀附权臣，在官场中走门子世风盛行的年代，他就像不解风情的木头人。这种性格，反而得到世宗柴荣以及后来"黄袍加身"成为宋太祖的赵匡胤的赏识，赵匡胤说过，世宗身边的官吏，不欺主瞒上的，只有曹彬一人。在赵匡胤担任世宗殿前都点检时，爱酒的他曾派人去向掌管酒类的供奉官曹彬讨酒喝，曹彬拒绝道，这是公家的酒，我不能私自开坛，要喝，我自己掏腰包买酒给你喝。

曹彬作为北宋名将绝非浪得虚名。赵匡胤克灭后蜀时,他是副帅兼监军,下令制止宋军抢掠烧杀。他亲率十万水师克灭南唐,对金陵围而不攻,多次以箭投书城内劝降,终使南唐后主李煜献表投降,免除了更多的杀伐。他率兵连灭两国,又参与剿灭北汉,先后随太祖、太宗两帝征伐契丹辽国,战功赫赫,封官进爵,官至侍中、武宁节度使、枢密使,谥号"武惠"。因孙女是宋仁宗的皇后,又累加封为太师、中书令,封爵郡王,配飨太庙。

今天的余西人,多奉曹彬为先祖,说是曹彬第三子曹玮之后代,与《红楼梦》作者曹雪芹同族同宗。南宋建炎年间,金人南侵,曹氏一脉从河北石家庄灵寿县流落江南,定居常熟。元朝至元年间(1335—1340),江南曹氏族人各自西东,在元朝当盐铁司副使的曹尧卿,弃官带尧咨、尧民两兄弟,迁至通州余西,以"武惠"为堂号。从明洪武十七年(1384)开始,余西场曹氏族人六次续修家谱,其迁徙余西轨迹清晰可循。

除了"武惠堂",曹氏在余西还有"四端堂"一脉,属于武惠堂支系。"四端"指的是儒家所倡导的四种德行:恻隐之心,仁之端也;羞恶之心,义之端也;辞让之心,礼之端也;是非之心,智之端也。这部分曹姓人坚信,自己的远祖是东汉末年曹操。既是曹操后人,为何千年来遮遮掩掩?从余西一句俗语可窥一二。这句旧俗说:"余西不演《捉放曹》。"说在余西唱戏不能唱《捉放曹》,在余西唱《捉放曹》,会有曹姓人来捣乱。这也许可以从侧面反映,余西曹氏对于远祖曹操的尊重和避讳。

无论余西曹氏先祖是曹彬,还是更早、更有名的曹操,已经不重要,重要的是,余西曹氏血管里确实流淌着曹操多谋善变的枭雄血液,也流淌着曹彬清谦畏谨的刚正血液。曹永昌就混合着这两种血液,形成复杂的性格。

江岸柳下小麻子

幼年时的曹永昌,天生好动、聪敏精灵,又生得白白胖胖,像个无锡惠山福娃。但是天有不测风云,五岁那年,永昌得了一场天花,差点送命,后来命虽保住了,但却落了个浑身疮疤、满脸麻斑,福娃一下子变成丑娃,曹家顿时凉透了心,遂放弃了对他的管束。永昌成了野孩子,七八岁时便和一帮顽皮孩童混在一起,打架斗殴、寻衅滋事,小小年纪变得蛮横凶悍,刁钻无赖,沾染了一身恶习,一脸麻癞,逞狠斗勇,大人小孩都绕着他走。

曹永昌祖父与叔叔常往来于泰州、通州两地之间做生意,叔叔在泰州开有分号,父亲曹应登时常给予帮衬,遂把曹永昌带在身边见习,拓展永昌的视野。后来,他父亲把家搬到泰州南门外曹家湾,永昌随父落户,这才有吴伟业和黄宗羲称其乃"扬之泰州人"之说。

当时,泰州在社会文明与经济发展上相对优于通州,从落后的地方迁到发达的地方,对于正在长身体、形成人生观的十几岁的孩子来说,应当是幸事,可曹永昌并没有因此而变成乖孩子,依然顽劣如故,滋事生非。

该来的总会来。明万历二十九年(1601),15岁的曹永昌在泰州被官府通缉,畏罪潜逃了。要说曹永昌犯了什么大事,倒也未必,有说是将人致残致死,或者跟盗抢有关,这些说法都未见记载,比较靠谱的事实是,泰州新上任一位叫李三才的州官,州官上任三把火,李三才锐意整顿治安,开展严打,缉捕恶棍，恰巧曹永昌在地方上颇有恶名，李三才手下就拿曹永昌开刀，曹永昌闻讯溜之大吉。这段史实《泰州志》有记录：

>柳敬亭者，名逢春，本姓曹，住曹家庄。年十五，犷悍无赖。李三才开府泰州，缉地方恶人，有司以逢春应，乃走。

《泰州志》把曹永昌列为"地方恶人"一类，属于李三才打击对象，不得已，曹永昌脚底抹油，溜之大吉。泰州是呆不下去了，通州余西也不能回，只有隐姓埋名，远走他乡，餐风露宿，乞讨为生。边讨饭边行走，走着走着，不知不觉走到了盱眙。

盱眙离泰州300多里，是古泗州城所在地，明太祖朱元璋的出生地，地处交通津渡，商旅络绎不绝。曹永昌心想，我一个小孩家家，混在人群里不显山不露水，应该好厮混。于是，盱眙成为他人生漂泊的第一个驿站。

盱眙街市上，多了一个蓬头垢面、破衣烂衫、满脸麻坑的小叫花子，龌龊丑陋的样子，连流浪狗都不敢靠近。手里捧着讨饭碗，腋下挟着打狗棍，没纽扣的破袄，用一根草绳系在腰上，趿拉着没有后跟的草鞋，在雪地里蹒跚着挨家挨户乞讨。他白天沿街讨饭，肚子里有食了，就拣人多的地方看热闹，到竹厂大街听说书。到了夜晚，找个草垛，扒拉扒拉往里一钻，权当是寝宫。这种餐风露宿之状，不堪描摹。

这次备尝艰辛的逃亡，人不人鬼不鬼地东躲西藏，反倒让他有时间反思自己，所谓不吃苦中苦，难为人上人，经受了这次人生的磨难，他一下子长大了，懂事了许多。蜷缩在破檐下、草堆里，冻得睡不着，看着满天星星冲他眨眼，总觉得是在嘲讽他荒唐的人生，他对自己过去非常懊悔，立誓改过自新，痛改前非，重新做人。

看得出，他家庭的状态多半不太好，即便不犯事逃亡，也很难踏踏实实掌握一点生活技能，逃亡之后，更是寻不着适合的营生。所幸他出逃时携带了一本野史小说，闲暇时捧着话本小说消磨时间，后来在竹厂大街听书听多了，曹永昌忽灵机一动：何不摆摊说书，比乞讨强上许多。

于是，盱眙市井多了一个说书人。他肚子里虽然墨水不多，但说话诙谐打趣，活泼俏皮，勤快嘴甜，讨人喜欢，听书人都叫他"小麻子"。

渐渐地，小麻子说书名声大了，慢慢把场子摆到通州、如皋、扬州一带，然而，还是不敢示以真名，一旦有人请教大名，总是支支吾吾，闪烁其词。那一日，他渡江南下，在江边一棵柳树下午睡，醒来后盯着柳树冠看了半天，忽然跳将起来，两手拍打着树干，流着泪大笑道："有了，有了，我有名字了，从今往后，我姓柳，叫柳敬亭！"弄得身边的人都以为他发了魔怔。

柳，有离别之意，在柳下会意，告别了曹姓，便取柳为姓；敬亭为何意？有说仰慕安徽敬亭山而名，有说敬慕盱眙万柳亭而名，都有些附会穿凿。从他取号为"逢春"来看，有冬去春来、枯木逢春的意思，表达他告别凄苦流亡生活、重返人生正途的欣喜心情。

自此，世上再没有曹永昌，只有说书人柳敬亭。这年，他22岁，向云间（今上海松江）一位叫莫后光的说书人讨教，深得其味。学成，辗转于扬州、杭州、南京等大城市说书，达官贵人争相延请，无不称赞其说书技艺，吴梅村（伟业）描述说：

> 后二十年，金陵有善谈论柳生，衣冠怀之辐辏门，车尝接毂，所到坐中皆惊。有识之者曰：此固向年过江时休树下者也。

衣冠，指有身份、有地位的人，他们争相邀请一位说书先生，来迎接他的车驾一辆接一辆，把街巷都堵住了。吴伟业在这里说得很有趣：在众人都惊叹柳敬亭说书说得出神入化之际，有人把他认出来了，惊讶地说，这不是当年在江边柳树下又哭又笑的那个小麻子吗？三十年河东、三十年河西，谁能想到，当年的一个小叫花子，籍籍无名的柳麻子，今日竟是显贵堂上"夸夸其谈"的人呀！

柳将军高光时刻

人到中年,小麻子长成大麻子,明星派头也随之大了。张岱在《柳敬亭说书》中说:

> 余听其说"景阳冈武松打虎"白文。……主人必屏息静坐,倾耳听之,彼方掉舌。稍见下人咕哔耳语,听者欠伸有倦色,辄不言,故不得强。每至丙夜,拭桌剪灯,素瓷静递,款款言之。其疾徐轻重,吞吐抑扬,入情入理,入筋入骨。摘世上说书之耳,而使之谛听,不怕其不齰舌死也。

柳麻子说书,一定要等到听众屏住呼吸,安静地坐下来听才说。只要下面稍微有人窃窃私语、打呵欠、伸懒腰、脸上有疲倦之色,他就不说。每次到了深更半夜,他擦拭桌子,剔亮灯芯,用白瓷盏静静地喝茶,缓缓开口道来。他说话的快慢轻重,吞吐抑扬,都十分合情合理,深入人物和场景的精髓之处。把这世上说书人的耳朵摘下,来听柳敬亭说书,恐怕他们都要惭愧地咬舌自尽了。

且不说张岱的描摹是否有夸张的噱头成份,但当时南京要想听柳敬亭说书,确实必须提前预约:"一日说书一回,定价一两。十日前先送书帕下定,常不得空。"(张岱《柳敬亭说书》)看看,拽吧,一天只说一回,预付定金一两白银,十天之前就写好帖子连同定金一起送到,还不保证空不空。这样的摆谱,可谓大之极矣。

对于这种摆谱,张岱倒没觉得不妥,在他看来,柳敬亭虽然"貌奇丑,然其口角波俏,眼目流利,衣服恬静",与当时金陵优伶王月生"同其婉娈","行情正等"。波俏,在扬州方言里有俊俏、秀美的意思,又有口齿伶俐、说话刻薄俏皮的意思,通常用来形容小姑娘,而"婉娈"多指女子美而柔媚、缠绵委婉,这样绮丽的辞藻,用在麻脸汉子身上,不知道是嘲讽,还是幽默。

柳敬亭虽是说书艺人,却与东林党文人墨客走得近,他与"明末四公子"陈贞慧、侯方域、方以智、冒辟疆常有交流,与"江左三大家"龚鼎孳、钱谦益、吴伟业引为莫逆。崇祯十一年(1638),东林党人发布公告,揭露魏忠贤阉党余孽阮大铖罪状,当时,柳敬亭正受邀在阮大铖石巢园说书,看到公告,不待曲终,拂衣而去,说:"宁可埋之浮尘,不愿投诸匪类。"孔尚任在戏曲《桃花扇》中记有此事。

公元1642年,宁南侯左良玉在湖北樊城与李自成交战,兵败南逃,借口军中无粮,移兵九江,声言到南京"就食"。"就食",就是讨口饭吃。途中,左良玉请安徽提督杜宏域吃饭,说到想结交一个有特异才能的人,杜宏域就发文书召来柳敬亭。接下来,吴伟业描述的场面就十分精彩了:

> 进之左,以为此天下辩士,欲以观其能,帐下用长刀遮客,引就席,坐客咸振慑失次。生拜讫,索酒,谈啁谐笑,旁若无人者。左大惊,自以为得生晚也。

待到柳敬亭到来,左良玉想要试试这位天下闻名辩士的胆识与才能,就在帐中设宴,幕后密排执着长刀的兵士,以身着戎装的士兵来延请客人入席。所有的客人都被这场面镇住了,惊慌失措,乱作一团。只有柳敬亭从容不迫,行过大礼后,立马索要美酒,开怀畅饮,滑稽调笑,旁若无人。左良玉被柳敬亭的镇定与气度惊住,相见恨晚。

公元1644年，农历甲申年，是中国历史上特殊的一个年份。这年，大明思宗崇祯十七年、大清世祖顺治元年、大顺李自成永昌元年、大西张献忠天命三年，四个政权争锋天下，五个皇帝轮番出场。大顺农民军攻陷北京，崇祯帝朱由检自缢煤山，大明谢幕，李自成登基称帝；吴三桂冲天一怒为红颜，打开山海关，多尔衮领清兵进关，京师复为清人所占，顺治帝定都北京；阮大铖、马士英拥立福王朱由崧为帝，在南京建立南明政权，年号"弘光"；张献忠在成都称帝，国号大西，改元大顺。

那时，左良玉同情东林党人，与打压东林党人的阮大铖结下怨隙。柳敬亭受左良玉所托，到南京说和。"是时，朝中皆畏宁南，闻其使人来，莫不倾动加礼，宰执以下，俱使之南面上坐，称柳将军。敬亭亦无所不安也。"（黄宗羲《柳敬亭传》）因为柳敬亭是宁南侯的特使，南明朝中群臣都敬畏左良玉，所以上下没有谁不以恭敬之礼接待柳敬亭，除了一人之下万人之上的宰相，朝中百官都让柳敬亭坐在向南的尊位上，称呼他"柳将军"，柳敬亭也没有扭捏不安的表现。

这是柳麻子一生中的高光时刻。

如皋名士冒辟疆写过《赠柳敬亭》诗，描述柳敬亭会于左良玉的情景，诗云：

> 忆昔孤军鄂渚秋，
> 武昌城外战云愁。
> 如今衰白谁相问，
> 独对西风哭故侯。

后来，左良玉以"清君侧"的名义率兵十万去征讨阮大铖，半路上呕血而亡。清兵乘隙东进南下，在扬州屠城十日，弘光帝逃离南京，在芜湖被清兵俘获，次年被杀。南明互相争权、各自为战，以郑成功退据台湾而宣告结束。中国彻底进入满人统治时代。

柳敬亭资财殆尽，流落苏州街头，重操旧业。

柳家巷口夕阳低

晚年的柳敬亭生活极为穷困、倍显凄凉，但是他坦然面对，乐观地对人说：

> 吾在盱眙市上时，夜寒藉束藁卧，屝履踵决，行雨雪中，窃不自料以至于此。今虽复落，尚足为生，且有吾技在，宁渠忧贫乎？"（吴伟业《柳敬亭传》）。

正如常谚所说：荒年饿不死手艺人。柳敬亭有如此神奇说书技艺，当不致饿死。说书六十余载，漂泊人生，辗转各地，南达杭绍，北至京师，西到武昌，东至云间，周游大半个中国，名重一时。直到晚年，才收江都人居辅臣为徒。居辅臣是柳敬亭唯一的弟子，从康熙二十七年（1698）起，开始在南通说书（见王勤《江都评话艺术》），康熙后期还曾到福州双门楼授徒传艺，形成如今的"福州评话"。至今，福州人仍尊崇柳敬亭为"福州评话祖师"（见方民忠《千万别弄丢了福州评话》）。

柳敬亭生命不息，说书不止，乡人冒辟疆在秦淮河又与之重逢，恭恭敬敬听他说了一回评书，写诗相赠：

> 游侠髯麻柳敬亭,
> 诙谐笑骂不曾停。
> 重逢快说隋家事,
> 又费河亭一日听。(《小秦淮曲》)

吴伟业曾有《沁园春》词回忆柳敬亭晚年:

> 客也何为,八十之年,天涯放游。正高谈挂颊,淳于曼倩,新知抵掌,剧孟曹丘。楚汉纵横,陈隋游戏,舌在荒唐一笑收。谁真假,笑儒生诳世,定本春秋。
>
> 眼中几许王侯。记珠履三千宴画楼。叹伏波歌舞,凄凉东市,征南士马,恸哭西州。只有敬亭,依然此柳,雨打风吹絮满头。关心处,且追陪少壮,莫话闲愁。

柳敬亭盛年时,曾回通州设场说书,引起轰动。崇祯元年(1628),柳敬亭在通州城内柳家巷口的小城隍庙里摆下书场,听者如云,通州总兵王扬德、乡绅范凤翼等一批地方名士都来捧场,赞声不绝。崇祯三年(1630),通州总兵调去北方应付国事。通州城里发生明万里发起的动乱,民众冲击了包括范氏在内的六家大户。范凤翼携家眷避乱,寓居南京,柳敬亭也随同来到金陵。这说明柳敬亭在柳家巷设书场至少有三年。范凤翼与南京兵部尚书范景文同祖同宗,颇有深交,柳敬亭结识范景文并在范府说书,便由范凤翼引荐。

范凤翼是当今画家范曾的老祖,明万历二十六年(1598)的进士,官滦州知州、顺天儒学教授、员外郎,因与东林党人过往甚深,坐事削籍回通州。清初颇负诗名的通州人范国禄,是范凤翼三公子,王士禛赞他是"翩翩浊世佳公子"。范国禄幼年随父避乱客居南京,听过柳敬亭说书。柳敬亭死后18年,又听柳敬亭弟子居辅臣说书,从而想起柳敬亭,写了一首《听居生平话》七言古风诗,来抒发怀旧之情。诗中在描述柳敬亭的艺事之后,说柳敬亭"直到烈皇初御极,五狼发迹名始扬"。烈皇就是崇祯皇帝,因壮烈地吊死在皇城后山,故称"烈皇",五狼指南通。这两句的意思是:直到崇祯皇帝即位时,柳敬亭才在南通发迹出名,诗句直指柳敬亭少时逃离泰州浪迹江湖,曾经回到通州说书。范国禄诗中最为苍凉凄恻的两句是:

我尝掩泪望余西,柳家巷口夕阳低。

柳敬亭晚年还曾回到柳家巷城隍庙说书,站在夕阳低下的柳家巷口,回望故乡余西,不禁掩面流泪,唏嘘不已。

在南通城内,很多人认为,柳家巷巷名的由来,是因为柳敬亭曾在此说过书。其实不然。早在明万历年《通州志·里巷》中,就说通州城西北隅有五条巷子,曰"天宁寺街、石桥头巷、西关帝庙巷、柳家巷、二铺巷",可见柳家巷是条古巷,并不是因为柳敬亭在此说书而得名。但柳敬亭两次在柳家巷设场说书,早已把柳敬亭这个名字,融进濠河之畔这条古老的、幽深小巷的肌理。

居住在南通城里官地街的汤鸿绶,是我国早期电影发行人与制作人。1947年,他从上海回南通探亲,同来的有中国第一代电影导演卜万苍。看到柳敬亭曾经设书场的古郡庙已改成官地小学,旧地重游,感慨不已,遂生拍摄一部纪念柳敬亭电影的念头。

南通是我国电影发祥地之一。1919年,张謇先生创办中国人全资建立的第一家电影股份公司——中国影片制造股份有限公司,卜万苍即为此公司职员。后来他为上海联华影业公司导演,拍摄了《三个摩登女性》《母性之光》等一大批书写中国电影史的经典影片,发现并启用了阮玲玉等许多演员。卜万苍与汤鸿绶商定,请欧阳予倩写剧本,由祖籍是启东吕四镇的韩兰根饰演柳敬亭,卜万苍导演,汤鸿绶制作。

欧阳予倩是著名的戏曲大师、中国戏剧改革先驱,1919年,受张謇先生邀请,来南通主持中国第一家戏曲学校南通伶工学社;韩兰根非常有喜剧演员天份,是中国老一代滑稽影星,被当时的影人评为"东方的劳莱"。这是一套非常有实力的拍摄班底,而且万事俱已齐备,惜乎不久汤鸿绶与卜万苍去了香港，影片拍摄搁浅，终成憾事。

柳敬亭是中国说书界的传奇。说书又叫评书，按曲艺界的说法，评书起源于东周时期，周庄王是评书的祖师爷；唐代出现了一种"说话"的曲艺艺术表演形式，与评话相似，这种曲艺形式到宋代中兴，主要是说评佛教典籍；"说话"发展到"俗说"后，就与"评书"非常相近了。评书实际的创始人是柳敬亭，最初只是说唱艺术的一部分，称为"弦子书"，晚清光绪年间，评书传入皇宫中，因在皇宫唱歌多有不便，于是改说唱为"评说"，评书的艺术形式便固定下来。

当然，柳敬亭的传奇不仅仅是创造了说书的艺术形式，更在于他的人生轨迹充满传奇性。当初，如果不随父迁居泰州，他也许就是一个墨守成规的盐民农夫；如果在泰州不被通缉而出走，他顶多成为一个继承父业的商人，娶妻、生子、延续香火；如果不是在盱眙无师自通地操了说书行当，世上就没有"柳麻子"柳敬亭这名字；如果不是在通州柳家巷郡庙设了三年书场，恰巧与范凤翼熟识，又恰巧随范凤翼避乱寓居南京结识了范景文、何文端等高官显达，"柳敬亭"三个字大概只能像舞剑器的公孙大娘一样，虽然能够留下些印记，但顶多是故纸堆中一个名字而已；如果不是卷入崇祯、弘光之间南京的官场纷争，在政治漩涡中充当说客，他在历史上的存在感就不会如此放大，最重要的是，如果不是明清众多顶尖文豪如钱谦益、吴伟业、龚鼎孳、张岱、黄宗羲、冒辟疆、陈维崧、顾开雍、阎尔梅、毛奇龄、余怀、杜濬、方拱乾、孔尚任的集体膜拜，一代一代为他接力般地书写颂扬诗文，他绝不会在直至今日的时光里，拥有绝无仅有的奇观。从《史记·滑稽列传》中提到的几位名伶起，到现在的2000多年里，有幸留下姓名的艺人寥寥无几，像柳敬亭这样，被频频书写、倾心吟咏的，仅一人而已。

南腔北调冠古今

所有研究柳敬亭的学者,没有一个敢断言他用哪一种方言游走说书,只能含含糊糊地说是"南腔北调,五方杂言"。不过,所有人都敢肯定,绝对不是南通话。

南通在江苏处于不南不北位置,虽在江北,却又偏东南。南通人曾经不忿上海人称他是"江北人",觉得遭受到蔑视,就如同里下河人最恨南通人叫他"下河佬"一样。这一不南不北、靠江靠海的地理位置和五方杂处的人口,造成语言的复杂性与多样化。

方言作为一种语言的地域性变体,其形成需要经过复杂的历史过程,人口的扩散、地理的变迁、行政区域的变更和语言发展的不平衡,都是方言迥异的因素。南通是一个移民谷,语言汇合南北,糅杂江苏吴方言、江淮方言、北方方言三大语系,南通主城区一带,更是形成外壳坚硬的"语言城堡",独树一帜,百毒不侵。

如果试图解锁南通方言密码的话,就会发现,南通方言是江淮官话与吴语彼此入侵、互相融合,以及北方语言东渐干涉的结果。吴方言吴侬软语,哆嘛哆得来,喏嘛喏得来,江苏八个人中,就有二人操这种让人心底发酥的语言;江淮官话处于长江以北、淮河两岸,十个江苏人有六个说这种带有土疙瘩味儿的方言,南京、扬州、镇江、淮安、南通西北部也是江淮方言区;北方方言在淮河以北，以徐州为中心，说这侉里侉气话的江苏人十之一二。

这是从江苏全域看问题，如果仅看南通，情况则更加复杂些。广义地说，南通语言处于吴方言和江淮方言过渡带上，但仅此而已的话，情况就不会那么复杂。区区8000平方公里，竟然存在四个语言片区：如皋、海安、如东大部分地区，说江淮官话；启东、海门为主一带，说沙地话，属于吴方言；通东一带说舌头怪里怪气打着卷、音调往上扬的"江北吴语"；而真正怪里怪气、除了说的人别人听不懂、只在语言孤岛上通行的是"南通话"。南通话只在崇川区以及通州区小部分地区通行，这种方言发音比较硬，入声多，有音无字，外人很难听懂。

如果再细分，南通语言可分为七种主要方言，那就是南通方言、海安方言、如皋方言、如东方言、金沙方言、通东方言和海门方言。这么多的方言在一个地域交流，恐怕是其他地域文化中难以出现的语言现象，这是南通历史文化南风北韵独特性的体现。

柳敬亭在通东话、沙地话犬牙交错的余西出生，受到通东话和沙地话的熏陶，青少年时期迁往泰州，后来被迫逃亡盱眙，在江淮方言区厮混，其祖上来自北方，中间有三代住江南常熟，柳敬亭自小就熟练驾驭江苏三大方言。所以，他到哪儿说哪儿话，唯独不说南通话，不是他不会说，而是说了人家听不懂。

说书全凭一张嘴，南腔北调倾世人。扬州评话中州韵，吴地方言楚地音。在盱眙，他用泰州话说书，泰州话与盱眙话接近，都是江淮语言，听书没障碍；在金陵，他用扬州话说书，扬州话与金陵话同宗同源，亲如兄弟；在杭州，他用苏州话说书，苏州话糯软香艳，风靡杭州酒肆茶楼。

不过，在通州柳家巷，柳敬亭说的却是纯正的南通话，"一人巷，二沟头，三里墩，四步井，五步桥，陆洪闸，七佛殿，八里庙，九华山，十里坊"这样描述乡里地名的儿歌，柳敬亭用地地道道的南通方言朗诵，音调高昂，抑扬顿挫，总能获得一片喝好声。

通州诗人范国禄有诗云：南国已无芝麓客，故乡曾有敬亭翁。总之一部廿二史，尽向胸中道不尽。"芝麓客"指江左三大家之一龚鼎孳，敬亭翁即柳敬亭。时序更迭，沧海人生，柳敬亭也好，龚鼎孳也好，连同写诗的人，都成历史过往，只有那南腔北调的声，还在悠悠扬扬，悠悠扬扬……

NANTONG
THE BIOGRAPHY

南通 传

一柱楼案：历史衣襟上的斑斑泪痕

第十二章

用栟树和茶树做名字的古镇

栟茶处于南通的如东、海安和盐城的东台之间，是如东的一个镇。这一特殊的位置，让它的历史归属感有点复杂。它在黄海边上，成陆于西周，是扶海洲的一部分，唐初是广陵郡辖下的一煎盐亭场，宋代因盐兴，移民聚居，逐步兴旺，清乾隆年间，归东台县管辖，直到1945年如东县正式定名时，才划归如东管辖。

栟和茶是两种树的名字，栟是栟树，即棕榈树，茶是茶树。栟茶镇在唐代叫"南沙"，不知道什么时候，沙地长出两棵树，冠大如盖，高逾两丈，一棵是栟树，一棵茶树，两棵树兀立在沙岗上，引导出海渔民归航，于是当地人就把这里称做"栟茶"。

栟茶是文化沃土，书香四溢，文风绵延，名贤辈出，且不说其他，仅明清两朝，栟茶就走出1位状元，1位榜眼，19位文武进士，23位举人，37位监生、贡生。这么说吧，栟茶世代高门簪缨之族，牌坊就有37座之多，朝廷敕建的牌坊就有5座，正可谓，文脉承续是圣地，树德立言有先贤。

栟茶有徐、缪、蔡三大名门望族，其先祖均从北方或江南迁来。三大家族中，缪家的缪思恭（1321—1364）是从栟茶场走出去的元朝勋臣，担任过嘉兴通守、杭州路同知、淮阳路总管。元至正十三年（1353），东台县白驹盐民张士诚在泰州揭竿而起，缪思恭"挺身自拔，随军征进"，用现在的话，就是毛遂自荐,参加元朝宰相脱脱大军,征讨张士诚盐民义军,因功授万户。他平生最大的光耀倒不是赫赫战功,而是以乡人身份成功劝降张士诚归顺元朝。《缪思恭墓志铭》记录了这段隐秘:

> (张士诚)以乡人故,欲招为援。公欲行,所属以言阻,公曰:"是非尔所知也,挽回元气,正在此举。"遂行,见张曰:"明公之所以招我者,其何故也?"张曰:"天下汹汹,生民涂炭。且天下钱粮莫越苏湖,而我有其地矣。东而浙江,北而淮安,而我有其民矣。若公与我一心,天下可图也。公何拘拘守尺寸,以致不测之祸耶?"公曰:"元氏百余年,天下之共主也。今乃欲背而立乎?无乃不可乎!为今之计,莫若遣使诣京师,请朝命,奉正朔,谨守斯土,以待王师。脱元气不长,也不失为忠臣。苟能克复,则明公积世之荣宠不浅浅矣。胡乃为此不测之事,以取天下不测之祸哉?"张沉吟良久,深以为然。即日遣使入朝,悉如公言。

由上可见,缪思恭不仅能征善战,还口齿伶俐,一番说辞,说得张士诚连连点头。按另一种说法,张士诚之所以降元,一方面是被朱元璋逼得走投无路,另一方面,他最得力的助手、也是他最信任的弟弟张士德为朱元璋所囚杀,故而他宁可降元,也誓不与朱元璋合作。不管怎样,缪思恭与张士诚同为泰州老乡,又有墓志铭为证,张士诚受缪思恭劝说而投降元朝的史实诚可信也。张士诚先降元,后复反。

元至正二十四年(1364)冬,缪思恭随军去与朱元璋打仗,半途生病,奄奄一息,"乞骸骨归故里,不日而终",葬于栟茶盐场祖茔。死之前,与缪思恭兵戎相见的对手朱元璋在应天府(南京)自立吴王,对手不衰反而强盛,缪思恭会不会是被气死的呢?

缪思恭的六弟缪思敬,以刚正不阿、宁折不弯而扬名于世。元至正二十三年(1363)八月,张士诚在平江(苏州)自称吴王,次年正月,朱元璋在应天府(南京)自称吴王,民间称朱元璋为西吴,张士诚为东吴。张士诚称王后,曾把隐居乡里的缪思敬请到苏州,请他就任苏州重要职务,缪思敬不从，张士诚好言相劝，缪思敬回道："吾宁杀身以成仁，不偷生以害仁。"张士诚也是好脾气，不仅不以为忤逆，还赞其"气节不敢屈"，恭送他回乡。

明洪武十五年（1382），缪思敬被举荐为吏部主簿，给吏部尚书当秘书。他不满朝廷举荐人才政策，上书指责朝廷举贤荐能道路不畅，说"路不通则人才雍塞于下，朝廷锢蔽于上"。朱元璋被指责得极为光火，欲处以极刑，被左右官员劝止。朱元璋罚他去洱海戍边，给了台阶，说只要缪思敬认个错，就让他去离家近的淮扬路当个小官。不料，缪思敬怫然作色道："大丈夫死则死于王命，何家之有？"毅然远戍洱海，十年后，死于洱海。

在世俗眼光中，缪思敬是个不会融通、不会转弯的臭脾气之人，但在历代文人眼中，缪思敬有个性，有底线，有操守。明嘉靖《两淮盐法志·人物》记载的两淮三十六盐场人物中，缪思敬唯一被誉为"以忠亮著"。栟茶诗人宋志得知缪思敬被遣送云南洱海守卫边疆，作诗一首，勉励好友正确对待人生挫折：

> 漠漠云间铜柱连，朔风寒雪傍残年。
> 人于离别情偏重，事到崎岖节合全。
> 九死一生投瘴海，千山万水出秦川。
> 临岐莫叹恩波远，圣主回天即用贤。

另一个栟茶诗人张京也有诗勉励缪思敬：

> 天子恩深死复生，孤身万里岭南行。
> 荔枝庐桔关飧饭，鸡骨鹅毛共世情。
> 湘水夜深冤鬼哭，长沙日落旅魂惊。
> 从来窜客知多少，别泪临歧漫濯缨。

都说文人相轻，但最了解最理解文人的，还是文人自己。

缪家似乎有硬骨头精神传承，明朝末年，有一个缪家子弟因不畏奸佞、仗义执言而遭受魏忠贤阉党迫害致死，他就是缪思恭的后人缪昌期。

天启六年（1626），已辞官居家的缪昌期受东林党以及汪文言案牵连，被魏忠贤捉拿下狱，缪昌期自知此一去必死无疑，临行前拜别家庙，挥笔写下千言，以表心迹，内中写道：

余行真而未笃，口直而多躁，心慈而色厉，种种欠缺，人所共见，而不敢营私背君，欺心卖友。祸至于此，但义不屑以三朝作养之躯，辱于狗奴狞贼之手耳！（明崇祯《江阴县志》卷六《艺文》）

缪昌期历数自己性格上的种种缺陷，比如做事认真但有时虎头蛇尾，心直口快却脾气急躁，心地善良然而对人太过严厉，但有一样却是无愧于天地，那就是从不结党营私、欺君背主、卖友求荣，更不屑于苟且偷生，蒙受奸佞羞辱。这是他对自己人生的总结，是抛掷给浑浊天地最后的声音。

写罢，缪昌期将笔一扔，对前来捉拿他的锦衣卫喝道：走吧！随即昂首向前，慷慨赴难。

后来，缪家人又有多人高中文武进士，缪彤、缪曰藻父子在清康熙年间分别中状元和榜眼，康熙皇帝视为大清盛世之象征，特作御制诗嘉奖缪氏父子。

孝女蔡蕙·义僧寂然

栟茶串场河外范公堤下,有用二十八块石头垒成的石牌坊,名曰"孝女坊"。石坊历经几百年的风吹雨打与霜蚀日晒,不曾有丝毫的倾斜、错动与裂缝。这条河开凿于南唐至北宋初年之间(937—960),通过这条河,栟茶产的盐运往泰州、扬州,通过京杭大运河运达京城和各地,故而,栟茶便有"苏东古盐都,运河入海口"之谓。晚清两江总督兼南洋通商大臣左宗棠曾坐船从海安出发,顺流而下,到栟茶勘察范公堤,拨款修堤。千余年来,串场河日夜奔流,樯帆悠然而过,源源不断运出白花花的淮盐。一条宽宽的路,从孝女坊下经过,通往栟茶。这座石坊,记录着一个"缇萦复生"的故事。

缇萦是西汉名医淳于意的幼女,汉文帝十三年(前167)时,淳于意为齐太仓令,不慎犯罪,当处残酷的肉刑。淳于意没有儿子,只有五个女儿,最小的女儿缇萦随父亲前往长安,上书皇帝,自愿以身为官婢,来赎父亲的肉刑,换取父亲自新的机会。文帝怜悯其孝心,遂下令免去残酷的肉刑,淳于意也因此得以赦免,缇莹成为后世赞美的孝女。

栟茶"孝女坊"女主人公叫蔡蕙。其父蔡孕琦是康熙年间的读书人,生性豪爽、耿直,凡看不惯的事,则喜直言,眼里容不得沙粒,因而得罪了不少人,尤其是得罪了栟茶场的土豪缪器。缪器串通他人,捏造十九条罪状,将蔡孕琦告至江苏按察司,按察司也没详加审理,按光棍罪将蔡孕琦收监,判死刑，待秋审后问斩。在清代，光棍也称恶棍，即指流氓、地痞之类的犯罪分子，罪大恶极。大清戒律规定：光棍犯罪，为首者斩立决，为从者绞监候。无论是立即执行，还是缓期执行，清代的地痞流氓逃不脱一个死字。蔡孕琦摊上如此冤屈，虽然坚持无罪，却也只能在狱中等死。

蔡孕琦与淳于意一样，膝下无子，只有五个女儿。蔡蕙乃长女，她杜绝了一切嗜好，去掉一切贵重的服饰，睡觉不脱衣服，严寒不生火炉，发誓要为父亲申冤。康熙二十七年（1688）冬，蔡蕙打听到康熙皇帝次年正月下江南视察河道水利，将"亲幸淮扬"，于是，她决心效仿缇萦救父的故事，告御状救父。

蔡蕙偷偷买了一条船，瞒过土豪缪器，赶到扬州，不料康熙离开扬州去了常州，蔡蕙连夜渡江赶到常州，可康熙又离开常州去了无锡，追到无锡的蔡蕙，终于在江南濛濛春雨中等到康熙龙船，跪于河岸，嚎啕大哭。凄惨的哭声引起康熙注意，吩咐蔡蕙近前呈上御状。最终，在康熙皇帝的过问下，蔡孕琦得以昭雪出狱，与家人团聚。乡邻都很惊奇，一个柔弱小女子，居然冒着极大风险替父告御状，赢了官司，都赞她是"缇萦复生"。可复生的"缇萦"却因过度劳累，在出嫁后第二年便早逝。闻知讯息的康熙皇帝下诏在泰州建孝女祠，泰州知州柯荣庚亲撰祭文，极赞蔡蕙"至孝极天，精诚贯日，祈祷救父"的孝道。《清史稿》亦将之收入列传之"列女篇"。栟茶乡人亦垒石为坊，纪念孝女。《海陵竹枝词》中有诗咏曰：

父冤昭雪客能谈，生女由来胜似男。
请看西桥南畔路，蔡家小姐有高庵。

在今天的栟茶古镇上，有一块石坊，上面写着"寂然坊"三个字，这上面记录了"中国的辛德勒"、南京栖霞寺当家监院寂然法师在日军南京大屠杀中营救两万三千多难民的故事。

1937年的寒冬，血雨腥风，万物含悲。南京城里震耳欲聋的枪炮声，打破栖霞寺的宁静。这天早上，寂然法师带领寺里的和尚从正殿出来，在打开寺门的那一刻,他惊呆了:眼前聚集了几千名难民,其中大多是老人和孩子。寂然法师没有犹豫,立即打开寺庙大门,给这些可怜的生命提供庇护的场所。

从1937年冬,到1938年春,四个多月,栖霞寺僧侣怀着"人饥己饥、人溺己溺"的慈悲心,救助四面八方来的难民。难民中,有二百多抗日军人,其中就有后来成为抗日名将的国民党第二旅中校参谋主任廖耀湘。寂然法师凭借自己的力量与智慧,与惨无人道的日军周旋。为了阻止日军对于栖霞寺的袭扰,寂然法师书写抗议书,通过丹麦工程师辛德贝格转交给约翰·拉贝先生,并翻译成英语,递交给日本大使。这篇文章的题目是《以人类的名义致所有与此有关的人》,文章记录于战地日记《拉贝日记》一书。

在四个月里,栖霞寺消耗尽全部的100多万斤存粮,寂然法师又四方告捐,筹集救济粮,在那日军嗜血屠杀、流血成河时刻,寂然法师想方设法建立了"栖霞寺难民所",成为受到国际组织保护的安全区。为了保证难民一日两餐稀饭,寂然法师减少了寺庙和尚的口粮,又让僧人上山采草药,为难民治伤。面对日军进寺强暴妇女、枪杀难民的行径,他在转递给日本大使的"万民书"《以人类的名义致所有与此有关的人》(约翰·拉贝先生改定的文章名)里愤怒地写道:

> 南京沦陷以来,每天都有数百人逃至我庙寻求保护,要求安置。我写此信的时候,寺庙里已聚集了两万零四百人,大部分为妇女和儿童,男人们几乎都被枪杀或被掳去为日本士兵当苦力。
>
> 下面,我们扼要地列出日本士兵自今年1月4日以来所犯下的罪行:
>
> 1月4日:一辆载着日本士兵的卡车驶来,他们掠走了九头牛,并勒令中国人为其宰杀,以便把牛肉运走。与此同时,他们放火焚烧邻近的房屋以消磨时光。
>
> 1月6日:从河上来了很多日本士兵,他们抢走了难民的一头毛驴,并抢走了十八个铺盖卷。
>
> 1月7日:日本士兵强奸了一位妇女和一个年仅14岁的少女,抢走了五个铺盖卷。

1月8日和9日：有六位妇女被日本士兵强奸。他们像往常一样闯进寺庙，寻找最年轻的姑娘，用刺刀威逼她们就范。

1月11日：有四名妇女被强奸。喝得酩酊大醉的日本士兵在寺庙内胡作非为，他们举枪乱射，击伤多人，并损坏房屋。

1月13日：又来了许多日本士兵，他们四处搜寻并掠走大量粮食，强奸了一位妇女及其女儿，然后扬长而去。

1月15日：许多日本士兵蜂拥而来，把所有年轻妇女赶在一起，从中挑出十人，在寺庙大厅对她们大肆奸淫。一个烂醉如泥的士兵晚些时候才到，他冲入房间要喝酒、要女人。酒是给他了，但是拒绝给他女人。他怒火冲天，持枪疯狂四射，杀害了两个男孩后扬长而去。在回到火车站的路上，他又闯进马路的一间房子，杀害了一位农民七十岁的妻子，牵走了一头毛驴，然后纵火把房屋烧了。

1月16日：继续抢劫、奸淫。

1月18日：盗走了三头毛驴。

1月19日：日本士兵大闹寺庙，砸坏门窗和家具，掠走七头毛驴。

大约在1月20日，开来了一支新的队伍，换下栖霞山火车站的岗哨。新来部队的指挥官是个少尉，他心地较好，自他来后，形势明显好转。

他在寺庙内设了一个岗，哨兵努力把专来捣乱、偷窃和抢女人的士兵拒之于寺庙大门之外。

因此，我们害怕，一旦这位少尉撤离此地被派往别处，原来可怕的情景会重新出现。所以，我们请求你们，不管是谁，只要能帮助我们阻止重现这种惨无人道的残暴行径即可。

安置在我们这儿的难民百分之八十已失去了一切，他们的房屋被毁，牲口被杀，钱财被抢。

此外，许多妇女失去了丈夫，孩子没有了父亲，大部分年轻男子遭到日本士兵的杀害，另一部分则伤的伤，病的病，躺在这里缺衣少药，谁也不敢上街，害怕被杀害，而我们还只剩下少量的粮食储备。我们的农民既无水牛又无稻种，怎能春耕播种呢？

在此，我们所有签名者再次恳请您的帮助。

1938 年 1 月 25 日

2003 年，栖霞寺内挖出三块石碑。其中一块刻有六个大字："栖霞寺难民所"，这应当就是寂然法师所竖的那块碑了。另两碑刻着题为《寂然上人碑》的一段长文，其中描述了救助难民一事：

> 民国二十六年七月，卢沟桥事起，烽火弥漫，旋及沪京。载道流亡，惨不忍睹。上人（寂然法师）用大本、志开两法师之建议与相助，设佛教难民收容所于本寺。老弱妇孺，护救者二万三千余人……

1938 年 3 月，日军终于结束在南京的大屠杀，30 万个鲜活的生命倒在日军的枪弹与刺刀之下。两万多难民逐步离开栖霞寺，寂然法师这才关闭栖霞寺难民所。难民走了，寂然法师却倒下了，他由于积劳成疾，引发旧疾，于 1939 年 10 月 12 日溘然病逝。寂然法师救护难民的故事，如同他的法号名字一样，在历史的长河里沉寂了半个世纪，直到 1997 年《拉贝日记》发表，才重现人们眼前。2005 年，以栖霞寺和寂然法师的故事改编的电影《栖霞寺审判 1937》搬上大屏幕，家乡栟茶为他勒石纪念。

千古奇冤徐述夔

都说栟茶是个晴读雨耕、诗书传家的文脉之地,世代栟茶人兴办学校、教化民风、开启民智、传播文明,但偏偏冤假错案在这里频频发生,缪思敬、缪昌期、蔡孕琦等都蒙受不白之冤。但其中最大的冤案,当属徐述夔一柱楼诗案。

乾隆四十三年(1778)秋,再过几天就是八月十五,大人小孩踮着脚盼望月圆之夜,一些大户人家的少女幼姑、千金小姐,已经着手准备中秋之夜拜月的祭品,月饼、藕饼、红菱、鸭子、蹄髈都已准备齐全,只等花好月圆之夜摆上香案,祭拜蟾宫。栟茶乡人与北人的习俗一样,不论贫富,皆"登楼或中庭,焚香拜月,各有所期。男则愿早步蟾宫,高攀仙桂;女则愿貌似嫦娥,圆如皓月"(《新编醉翁谈录》)。

忽然间,一阵马嘶人叱与杂乱的脚步声打破镇上的宁静,一群衙门捕快与官军兵卒把运盐河岸畔的"一柱楼"围得水泄不通,随即,一柱楼里传出大人呼叫小孩哭闹的声音,捕快、兵卒们推推搡搡地将数十口用绳索捆绑着的人众押了出来,一时间,盐场内人心惶惶,交头接耳,纷纷打听事态,说:一柱楼徐家的官司打到朝廷,天子震怒,诏令严查,一干涉案人犯押解官衙,听候发落。

刹那间,栟茶盐场上空愁云惨淡。徐家老少数十口,哭哭啼啼地被押上官船，眼巴巴地消失在运盐河弯曲的河道之中，留下的官兵，将徐家财产搬上另一条官船，尾随前船而去。

在"一柱楼诗案"中先后粉墨登场的历史人物众多，上至大清皇帝、省部级高官、州府幕僚、文人士子、乡野村夫，可谓朝野上下，举世皆惊，但此案中最关键的人物亦即始作俑者，却是一个叫蔡嘉树的栟茶场国学生。

清代的国学生相当于现在的博士、硕士学位，一般都有秀才身份。蔡家自元朝末年逃避兵乱，从苏州渡江至栟茶场，连绵繁衍，成为栟茶场第三大姓，到蔡嘉树时，已繁衍十六世。蔡嘉树于雍正九年（1731）出生时，他的长辈蔡大姑已去世40余年，蔡大姑就是康熙年间为救父而冒死告御状的孝女蔡蕙。蔡嘉树本与徐家并无仇隙，只是为了与徐家争夺田产而闹上法庭，最终繁衍出一场震惊朝野的文字狱大案，使200多人丢官的丢官，坐牢的坐牢，流放的流放，人头落地的人头落地，其阵仗完全超出了他的预期。

"一柱楼诗案"的另一主角徐述夔，绝对是有声望的人。徐述夔康熙四十二年（1703）生人，家境优渥，加上自小聪明好学，17岁就参加童试，以出色的成绩连闯县试、府试、院试三关，成为一名秀才。后来赴省城考举人，又轻松答题交卷中了举人。按照当时的规定，中举的答卷必须送往京城，由礼部过目复审。当科制艺题是《行之以忠》，徐述夔答卷上有"礼者，君所自尽也"一句，礼部认为，"君所自尽"为"大不敬"，有讥讽朝廷之意，褫夺徐述夔考进士的资格。

期冀以科举入仕的徐述夔遭此厄运，心灰意冷地回归故里，建造了"中以一柱支之，众梁纷架其上，楼梯筑于楼外"的读书楼，取名"一柱楼"。自此，徐述夔躲进一柱楼里，以诗酒遣怀，结交文友，写下大量的诗词和《五色石传奇》《八洞天》等传奇小说，其郁愤之情，常常流露于笔端。那时，知县一般都需进士出身，但举人也具备了做官的资格，可以择优录为知县，这就是拣选知县，徐述夔晚年担任过一任拣选知县。乾隆二十八年（1763），徐述夔病故，享年60岁。他的儿子徐怀祖在父亲的学生徐首发、沈成濯帮助下，请沈德潜作序，把徐述夔的《一柱楼诗》《和陶诗》《学庸讲义》等著作刊刻成书，又将《论语摘要》《想诒琐笔》《蘧卷堂杂著》三种抄存于家中，以追念先人，流芳后世。

这期间，不知出于什么缘故，蔡嘉树的堂弟将数百亩地作价2400两银子，卖给了徐怀祖。这桩买卖留下了一个尾巴，那就是这片圩田中，有蔡氏家族的祖坟。按当时的乡规里约，祖坟非不得已一般不迁移。为了方便蔡家逢年过节扫墓祭祀，徐怀祖围绕蔡氏家族祖坟，划出半亩坟地，保留了原有一条田间小路。本来，徐蔡两家倒也相安无事，但不久，矛盾来了。乾隆三十三年（1768），朝廷将泰州东北境一片地方划出来，设立东台县，辖栟茶场。一县要有一县的孔庙，县衙通知各乡为建孔庙捐资。徐怀祖是栟茶乡董，接到县衙通知后，自己先带头认捐，然后拿着县里的公文，到本乡各户财主家里募集捐资，可到了蔡嘉树这儿卡了壳儿，蔡嘉树拒绝捐款，这引起徐怀祖极度反感。乾隆四十二年（1777）正月，清孝圣皇后病故。按规制，皇家人归西，老百姓在百日之内不准剃发。然而，蔡嘉树的儿子蔡瑚却违制剃发。徐怀祖也许是出于发泄募捐怨忿，便将此事告之于县衙，蔡嘉树被罚缴500两白银，算是保住儿子的首级。徐、蔡两家由此便结下梁子。

这年七月，徐怀祖病故。三年前，蔡嘉树曾为其年轻守寡的三婶徐氏请旌竖建孝节牌坊，恰巧在徐怀祖病故时得到朝廷批复允建，蔡嘉树"以建坊故，介而求赎"，提出赎回堂弟卖给徐怀祖带祖茔的圩田。不地道的是，蔡嘉树开价只有960两白银，还不到原价的一半，这就有点太欺负人，因为，徐怀祖大儿子徐食田只有19岁，二儿子徐食书才15岁，蔡嘉树明显以大欺小。

徐食田尽管年纪轻，但也知道买卖从来没有这么做的，自然不会答应，很果断地拒绝了。谋定而行的蔡嘉树不慌不忙，发出狠话，你若不答应，就去官府告你，告你祖父《一柱楼诗》有诋毁本朝之语。这在清代可是个不小的罪名，诋毁朝廷，藐视皇上是杀头之罪，蔡嘉树吃定了徐食田，不怕你不就范。

当时，乾隆皇帝正在大兴文字狱，查缴"违碍书籍"，给出上缴期限为三年，过期严处。现在三年期限已过，徐食田知道其中厉害，连忙将其祖父所著《一柱楼诗》《和陶诗》《小题诗》《学庸讲义》和348块书板包扎起来，抢在蔡嘉树举报之前呈缴东台县衙，主动自首，以争取主动权。过了三天，蔡嘉树才把徐述夔所著《一柱楼诗》等刻本呈送到东台知县案头，实名举报徐述夔"诋毁本朝"。

按照蔡嘉树的举报，《一柱楼诗》里有下列大不敬句：

> 清风不识字，何故乱翻书。
> 夺朱非正色，异种亦称王。
> 明朝期振翮，一举去清都。

这些句子，若脱离诗的语境，刻意往某个角度靠，便是叛逆之语。"清风不识字，何必乱翻书"句，按《清稗类钞》和民间流传，有多种出处，最流行的说法，此诗出自徐述夔《一柱楼诗》。可惜，《一柱楼诗》以及徐述夔其他著作都已被乾隆销毁，无法查证了。

"夺朱非正色，异种亦称王"，原诗出自最受乾隆恩宠的诗友、礼部侍郎加礼部尚书衔、光禄大夫、太子太傅沈德潜的《咏黑牡丹诗》，徐述夔借用题在一柱楼《紫牡丹图》上。

"明朝期振翮，一举去清都"，这是定徐述夔罪的直接证据，原意是期待有朝一日一飞冲天，一下子飞到京都报效朝廷。可按刘墉刘罗锅的解读是，"朝"是朝代的"朝"，并且反问：为什么不说"到清都"，偏说"去清都"？这不是反清复明之意是什么？

文字狱最大的特点也即最可怕的地方，就是明明知道并非此意，却刻意说成此意，还容不得你辩驳。当然，清朝的官并不个个糊涂，此案初审从县、府、省，对蔡嘉树并不利，都知道蔡嘉树举报的目的是挟私报复，意在图谋田产，蔡嘉树因"诬告反坐"，被拘监起来。

看上去，蔡家要没戏了，可事态却发生了根本性逆转，一个比蔡嘉树更狠的角色出现了，他就是蔡嘉树的长子蔡瑚。

八月的一天清晨，24岁的蔡瑚忽然从床上一跃而起，把家里人叫了起来，将长辈们请了过来，向众人宣布一件事：凌晨，欲醒未醒之际，他梦见蔡大姑孝女了，他跪在阶前，汗流浃背地听蔡大姑训诫。蔡大姑说，我们蔡家如今怎么这样怂了!"

蔡瑚本是假托蔡大姑"梦训怂儿"来说事儿,可他红口白牙地说得煞有介事,把所有人都听得脸色大变,心跳加速,本来还残留一点朦胧睡意,刹那间惊得瞌睡全无,只听整个院子都是蔡瑚如裂帛般的嘶吼:"我要告状去!府里不行省里,省里不行京里!"

这是蔡瑚铁石般的决心。这一刻,距离蔡大姑蔡蕙告御状整整90年!

蔡瑚找到江苏学政刘墉,提起上诉。刘墉政治敏感相当强,又极擅揣摩上意。看了徐述夔诗集后,感到诗中"语多愤激",是个典型案例。他一方面将此事移交两江总督、江苏巡抚处理,另一方面密折上奏,禀呈乾隆。这样,原本在江苏境内审理的民事案,一下子捅上了天,变成皇帝督办的政治大案。

乾隆接到刘墉奏折及《一柱楼诗》《徐述夔传》后,大为震怒,也大为振奋,他连发数道谕令,斥责两江总督萨载和江苏巡抚杨魁"平日所司何事?"立即把此案18名人犯押解进京候审。这18名人犯是江宁布政使陶易,扬州知府谢启昆,东台知县涂跃龙,江苏布政使衙门幕僚陆琰,江宁书局委员保定纬,东台栟茶盐场大使沈澜,东台县衙书吏金长五、倪锦八名官犯,徐食田、徐食书,他们的祖母、母亲,徐食书的妻子和三岁与一岁的两个孩子,徐述夔的学生徐首发、沈成濯,以及原告蔡嘉树十名民犯。

乾隆不仅亲自督办,还亲自审案,给案子定调子。他说徐述夔的诗文有"反清复明"之意,"大逆不道,至此已极";其子徐怀祖"孽种相承",公然将其父所著逆书刊刻流传;沈德潜为逆犯写传,吹捧徐述夔"品行文章皆可法",实为丧尽天良。

在乾隆亲力亲为之下,"一柱楼诗案"很快尘埃落定,对涉案人员进行了严惩:

已经去世的徐述夔、徐怀祖父子二人"仍照大逆凌迟律,碎其尸,枭首示众,以彰国宪,而快人心",开棺挫碎其尸、枭首示众;

徐食田、徐食书兄弟斩监候,秋后处决;

徐家年16岁以上者,皆处斩,15岁以下男丁以及女子,皆付给功臣之家为奴,共牵连徐家200余人。其依据是大清刑律"大逆者凌迟处死,正犯之子孙兄弟,兄弟之子年十六以上皆斩,十五以下及妻妾姊妹,子之妻妾,给付功臣之家为奴,财产入官,知情隐藏者斩";

为《一柱楼诗》校对的徐首发、沈成濯等人斩监候,秋后处决。

……

蔡嘉树虽检举逆书有功,但挟嫌告发,非"实知尊君亲上",取保释放。

谁都不是赢家

在这场震惊朝野的文字狱中，徐家、蔡家、官家，谁是赢家？

徐家200多口人杀头的杀头、流放的流放、籍没的籍没，从此元气大伤。徐家焚毁了所有的藏书，把文字看做是不祥之物，除了应试的八股文，诗词歌赋一律不许涉猎，老老实实地做无需通达大义而埋头辨析章句的读书人。不仅如此，整个栟茶场在近200年间，吟诗作对的风雅之事几乎绝响。

清末民初栟茶大才子叶文瀚在《记徐氏一柱楼诗狱始末》一文中记载说：

> 夜深里巷中，火光炎炎烛天，盖藏书家聚其所有，付之一炬也。此后数十年中，父诏兄勉，斥文字为不详物，制艺外，无许涉猎及，因此而古籍销沉。所谓读书种子，皆章句儒生。风雅绝响者，近二百年焉。

蔡嘉树打官司的目的是那块圩田，最终他有没有得到？没有记载说及此事，但此后蔡家再也无人归葬那块圩田上的祖茔，从中就可以看出端倪。蔡嘉树在皇帝"挟嫌出告，其心为私，而非为公，蔡嘉树原不能无罪"的斥责声中，怀揣朝廷"免其置议，即予省释"的判决书回到栟茶。家乡人见到他都流露微妙的表情，目光躲躲闪闪地不愿正面与他对视。可他一如往常，平静从容，但在这平静背后，却是咬紧牙关的死守。虽然，蔡嘉树又活了20年，可以肯定，20年里的每一天，他都是自己灵魂的囚徒。

事实上，蔡家人面对徐家人心怀愧疚，避而不谈当年这桩往事。蔡嘉树晚辈后来修订《栟茶蔡氏宗谱》，涉及"一柱楼诗案"的文字，连"徐"字也不愿提及，而是用"他族，世姻也"代替，并且一再强调，此案结局实属意外，并非蔡嘉树的初衷，而是朝廷另有忌讳，这笔账千万不可以记在蔡嘉树的头上。

《栟茶蔡氏家谱》有一条戒律，要求族人"戒斗狠"："小忿不忍，忘身及亲；大怒弗惩，结冤贻祸；仇非君父，刃不居先；怨非弟昆，戈宜处后；逞一时血气，滋数世之患害，是斗狠所必致也。"蔡嘉树没能做到"戒斗狠"，所以遗"数世之患害"。蔡嘉树的重孙蔡占先记取祖辈教训，给自己取了一个斋名"三让堂"，借泰伯"三以天下让，先圣谓至德"之意，告诫自己与子孙，凡事好让不争，唯善是宝。

这一个"让"字，该是经历了怎样的惊涛骇浪啊！

乾隆赢了吗？在这场官司中，乾隆既是裁判员，又是运动员，他屠戮具有汉家正统思想的忠良，压制与打击文化的自由精神，将读书人改造成精神上的"太监"。此案之后，江南岁暮，地暗天昏，冻云密布，一场查办禁书的文字狱狂飙挟着血雨腥风席卷朝野，笼罩了一代知识分子的命运，诚如历史学家邓之诚在《中华两千年史》中所说：

> 乾隆时，一字违碍，每兴大狱，犯者以大逆论，本身兄弟及其子成年者，皆处决，妻若幼子，流宁古塔、尚阳堡等地。自生民以来，未有如是之惨酷者也！

乾隆不是文字狱的肇始者，文字狱历朝历代都时有发生。春秋齐国丞相崔杼弑君篡位，史官因为记载事实引来了杀身之祸；西汉杨恽因《报孙会宗书》被汉宣帝腰斩；三国时期嵇康因抑司马而扬曹魏"胡说八道"被斩杀在东市；北魏崔浩因为记录拓跋氏家族曾受过的屈辱引来了诛族之祸；北宋苏东坡因"乌台诗案"一再被贬，最后被赶到地处天涯海角的海南岛。不过，那时的文字狱规模并不大，牵涉的人员也不多。但到清朝，文字狱则到达登峰造极、无以复加的地步。史学家顾颉刚说："清代三百年，文献不存，文字狱祸尚有可以考见者乎？曰：有之，然其严酷莫甚于清初。"

清初，顺治施文字狱7次，康熙施文字狱20多次，雍正施文字狱20多次，乾隆则施文字狱多达130多次，其中施展酷刑斩杀涉案人员的就有47次之多，直接将中国的思想文化引入万马齐喑的黑暗时代。乾隆大兴文字狱，貌似是审判者，但他把自己置于历史的审判之中，并且被绑在了历史的耻辱柱上，从真正意义上说，他才是文字狱的大输家。

可叹的是，曾居中国文宗之位的江南读书人、文化人，怀揣庄子的梦、老子的梦、屈子的梦、孔子的梦、华夏民族的梦，在清朝君王文字狱的围剿下失守初衷，"江南文人"成为士子文化摩落的缩影和象征。

徐述夔算是江南文人一员，其著作可用"等身"而谓。可惜，其文字在"一柱楼诗案"中被焚毁殆尽，搜尽天下，只余下为扬州府兴化人王国栋《秋吟阁诗》而写的序文，以及清廷阿桂等大员呈报给乾隆奏折上的几句残诗：

> 其《一柱楼诗》内有"明朝期振翮，一举去清都"二句显为悖逆；其余如"莫教流下土，久矣混薰莸""蛰龙竟谁从，重明敢谓天无意""市朝虽乱山林治，江北久无干净土""陪鬓非今制，无为讽独清""不知警跸清尘日，可有情形触属车，乾坤何处可为家""旧日天心原梦梦，近来世事益非非"等句，妄诞狂吠不可枚举。

这几句残破不全的诗句，是从屠刀滴下的点点血迹，也是落在历史衣襟上的斑斑泪痕！

NANTONG
THE BIOGRAPHY

南通 传

独领风骚：中国民族企业家的楷模

第十三章

我踏金鳌海上来

"奶奶"这两个字，在通州方言里念作"na na"，与海安一带的"女将"，如皋一带的"马马儿"，海门、启东一带的"娘子"，都是一个意思，现在统称为"老婆"。张謇是张彭年"小奶奶"金氏所生，也就是说，张謇的母亲是张彭年小老婆，张彭年是农户人家，兼为小商小贩，按规制，老婆称不得"夫人"，也够不上"太太"之谓，只能叫"大奶奶"或"小奶奶"。

张謇弟兄五人，张彭年大奶奶葛氏生二男，小奶奶金氏生三子，按排行分别叫张誉、张䚿、张詧、张謇、张警，每个名字下面都有个"言"字。张謇行四，故而乡人都叫他"张四先生"。

张謇清咸丰三年（1853）出生在海门长乐镇。长乐镇成陆时间不长，清雍正六年（1728），才由几个小店发展为一个小镇，人们殷切期望子孙后代永远安居乐业，结合周边长兴镇、长来镇、长安镇、长春镇的名字，将小镇取名"长乐"，寄托美好愿景。民国初年，"长乐"改名为"常乐"，一直延续至今。

清同治三年（1864）初，张謇12岁。张彭年在海门常乐建了一间房，用来延聘私塾

张謇像

先生给张誉、张謇、张警三兄弟坐馆授业。房子不大，陈设简洁，一张柞木教桌、三张学桌，加上几张学凳和放置先生日常用品的家具。房子外面有五株柳树，张彭年受陶渊明"五柳先生"别号的启发，给小屋取名"仿陶书屋"。

张彭年延聘坐馆的是西亭私塾世家宋郊祁（字蓬山），一位年过半百的老秀才。宋蓬山过世后，由宋蓬山侄子、县学公费生员宋琳（字紫卿）授业，宋蓬山的儿子、后来考中举人的宋琛（字璞斋）为问业师。

仿陶书屋开馆这年的春天，书屋外的柳树已经抽芽，柔细的柳枝随风轻拂，柳树旁的两株桃花开得正艳。张彭年信步走到书屋，见宋蓬山老先生坐在教桌后摇头晃脑地诵读"子曰"，三个儿子安静地默背典籍。那时，张彭年长子张誉已年过十五，不再读书，二子张謩四年前溺水而亡，宋老师也就三个年龄参差不齐的学生。

宋先生抬头一看，东家来了，连忙起身，端张条凳请坐，东家与西席就教育问题在馆中闲聊起来。

东家说：犬子少不更事，先生多多操心。

西席说：诸子聪颖，都是读书的料。

东家感慨系之：小儿虽经蒙师畏之先生七年调教，终是功底不深。俗云，基础不牢，地动山摇。此乃余之虑也。

西席应声附和：检视前所读书，音训句读多误，今令《大学》《中庸》《论语》《孟子》重读，亦背亦授，自当日有寸进。

二人正有一句没一句地拽着文撂淡话，忽然传来一阵马蹄声，只见一个武官骑着一匹白马从书屋门外走过。宋先生灵机一动，叫停学生背书："且住。适才有武弁骑而过门外者，为师有出句于此，若等对之。"老师的出句是："人骑白马门前去。"张家小兄弟互相对视，一时无语。片刻，张謇起身应而对曰："我踏金鳌海上来。"

> 人骑白马门前去，
> 我踏金鳌海上来。

张謇创建的中国第一个公共博物馆——南通博物苑（黄俊生 摄）

张彭年和宋蓬山一听，大喜。此联不仅格律严谨，对仗工整，而且意境高远，襟抱宏大，这是蟾宫折桂、金榜题名的好兆头啊！今天，南通人在古通州的护城河濠河西北侧建了座"金鳌坊"，金鳌坊旁边有座"童子踏金鳌"雕塑，记录的就是张謇"我踏金鳌海上来"的故事。金鳌坊与珠算博物馆、审计博物馆连在一起，园林里芳草萋萋，绿树婆娑，濠河波光粼粼，清风徐徐，空气似乎都是绿的，成为濠河风景区标志性景点。

从这一刻起，张彭年坚定了让张謇走科举之路的信心。

科举制度从隋朝创立到清朝废除，存在了1300多年，科举制度让底层百姓看到了改变命运的希望，考中了荣华富贵、光宗耀祖，许多人终其一生孜孜以求。

清朝的科举制度，共有六个等级的考试。通过县试、府试的称为童生，是个初通文墨的读书人，再往上要成秀才就需要通过院试考核，有些人考到七老八十也还是个童生，说明秀才也不是容易考的。秀才已经有了些许特权，见了官无需下跪，虽然还没资格做官，但是身份地位已经高人一等了。

科举之路很重要的一步就是乡试，通过了就是举人。这绝对是人生的分水岭，因为举人可以做官了，每个月朝廷给发俸禄，免去一切徭役赋税，就算当不上官，一辈子也不用发愁。所以，中举是所有读书人的梦想。《儒林外史》里范进考了大半辈子，终于考了个第七名，中了举人，消息传来，范进喜极而疯，还是被经常骂他"现世报"的岳丈胡屠夫一巴掌拍醒。这是1000多年来读书人在科举道路上的缩影与写照。

乡试之后是会试，通过会试后成为贡士。贡士等同于进士，只要没有什么意外情况，顺利参加皇帝主持的殿试，就是进士了，因为殿试只排名次，一般不会淘汰人。进士是皇帝的门生，这份荣耀绝对是那个时代读书人一生的梦想，是读书人的金字塔尖，绝大多数读书人可望而不可即。

张謇16岁即考中秀才，可以说是少年得志，不过，张謇却没有从中感受到丝毫快感，因为，他自此陷入长达四年多的"冒籍风波"之中。

清代时期，八类人没有资格参加科考：乞丐、戏子、和尚、道士、娼妓、丁忧、罪犯、冷籍（祖上三代没有功名）。张謇祖上世代务农，属于冷籍。于是，在问业师宋琛的斡旋下，15岁时冒用如皋张家子嗣之名，报名获得学籍。次年，考中秀才。但是，如皋张家用冒名一事来要挟张謇，又是要酬金，又是要封口费，连续索要钱财，还与如皋学官设陷张謇，将张謇诱至如皋看押于县学，扬言非千金不能赎人。这令张彭年十分狼狈，只好四处借贷，才将张謇赎出。

这样的经历，让张謇胸中郁积了太多愤懑，他在《占籍被讼将之如皋》诗中充分表达了内心的痛苦与悔恨：

　　丝麻经综更谁尤，大错从来铸六州。
　　白日惊看魑魅走，灵氛不告薏苡愁。
　　高堂华发摧明镜，暑路涸颜送客舟。

惆怅随身三尺剑，男儿今日有恩仇。

　　"惆怅随身三尺剑，男儿今日有恩仇"，那时的张謇，胸有冲天杀气。他不愿再忍了，不愿再被勒索了，他决意拼个鱼死网破。此时，江苏省院试主考官彭久余巡视到南通，张謇便抓住时机向彭九余主动坦白冒籍一事，请求革去自己的秀才功名，恢复通州原籍。彭久余非常同情张謇，托通州知州孙云锦调查此事。孙云锦了解到事情来龙去脉后，请彭久余咨请朝廷变更张謇籍贯。次年，礼部回文，要求张謇补交一份家族的世系图。又过了一年，清同治十二年（1873）夏天，礼部收到张謇补交的世系图和相关担保书，批准张謇归籍通州。

　　一场旷日持久的官司最终尘埃落地，但张家自此家道中落。

敦仁堂里缚竹苦读

无锡市大成巷有幢叫"敦仁堂"的小楼,是江南名师赵菊泉的私家学馆,张謇曾在这里上过一年学,留下"缚竹苦读"的故事。

清同治十年(1871),19岁的张謇在父亲带领下,去海门师山书院去见时年70岁的训导赵菊泉,请老先生辅导秋闱乡试课业。赵菊泉25岁中秀才,43岁中举人,先在无锡任学官,68岁调任海门学署训导,主管全县教育。他为人正直,学识渊博,教学认真,受人敬重,海门学子以能在赵老师门下求学为荣。

赵菊泉是张謇遇到的第一位高明的老师。赵菊泉先生让张謇将以前所读的文章从记忆里清空,为他量身定制课程,选择安徽桐城方苞的《四书文》《明正嘉隆万天崇文》来授课,几乎一切从头开始。张謇的作文在大半年里几乎一而再、再而三地被否定,这说明,赵先生对张謇过去所受的教育和此时张謇的水平非常不满意。在赵菊泉的严格训练下,张謇当年便考得如皋生员一等十一名,主持考试的方侍郎说张謇"文可第一",只是考虑到他即将归籍到通州,为"避众忌",故而将名次排后。

同治十三年(1874)阴历年后,张謇顶着寒风来到师山书院训导署,向恩师辞行。不久前,卸任通州知州而赴任江宁发审局的孙云锦,聘任张謇为江宁发审局书记,兼作两个儿子伴读。赵菊泉深知孙云锦怜才惜才深意,再三叮嘱张謇：孙先生是个爱才的人，你去江宁后，切切不可放松功课，更不可沾染社会恶习。

话别后，张謇走出训导署，走出老远了，忽听菊师在身后叫道："且住，且住。"回身一看，只见赵先生从屋里拎着两包茶食，急急忙忙跑过来，将茶食放于张謇手上，拍拍张謇手背："予年老，有厚望于子，勿忘斯言！"

走出半里路，张謇再回望，却见赵先生仍远远地目送他，举手过顶，缓缓摇动。他那清瘦而略显佝偻的身影，在数九凛冽寒风中越发显得单薄。张謇遥对恩师，深深地弯下腰，两行清泪流下面颊。

赵菊泉在75岁上辞去海门训导告老还乡，那年，张謇26岁，刚刚辞去清军吴长庆营机要文书，回通州备考乡试，便专程护送菊师回无锡，并且在无锡大成巷赵家"敦仁堂"继续从菊师深造，长达一年。赵先生为张謇特设书斋，免费供读。张謇每每起五更，睡半夜，发愤苦读，攻取功名。

一天深夜，赵菊泉醒来，老人觉少，再也睡不着，遂披衣起身，去看望张謇。只见张謇手执一卷书，半倚半靠地蜷缩在被窝里，微微打鼾，被窝中竖搁着一根青竹杆。菊师一下明白了：张謇虽读书困乏睡去，但只要一翻身，便会被竹杆硌痛，痛醒又起来读书。这不就是"头悬梁，锥刺股"吗？菊师深为慨叹，悄悄退回，不惊动张謇。第二天，菊师把子孙叫至跟前，把夜里所见告知大家，激励赵家子孙要像张謇那样用心读书。后来，张謇"缚竹苦读"的故事，在赵家代代相传。

张謇在无锡日子虽短，但长进不少，收获颇大。张謇在离开无锡前，曾为赵家书写对联多幅。书斋门上的对联是：开径望三益，高谈玩四时。大厅屏门上的对联为：几百年人家无非积善，第一等好事还是读书。东厢房门上的对联云：汲古得修绠，荡胸生层云。

这些对联，为赵家留下座右铭，赵家引以为祖训，世代相传。倏忽间百余年过去了，大成巷的面貌发生了巨大变化，张謇当年读书的小楼不见了，张謇在巷子里青石板上留下的记忆，已被无数双匆匆过客的脚印所覆盖，但是，青石板并没有因沧海桑田、人间变幻而断片。今天的大成巷连元街小学后门处，一位青年书生左手握书，右手支撑石凳，眼睛低垂，嘴唇微启，正在低声诵读的铜雕，正风光无限地向每一位来访者讲述张謇"缚竹苦读"的故事。

赵菊泉之于张謇，实为亦师亦父，张謇尝以"教父"谓菊师。张謇后来创办实业，赵菊泉之孙赵翼孙应张謇之邀，来南通襄助创办资生冶厂，并且从无锡招募熟练的技师工人。张謇举荐赵翼孙之子赵介丞到大生纱厂任总管，又安排赵介丞的五个儿子分别到南通垦牧公司、大生纱厂、复兴面粉厂、资生冶厂谋事，赵家许多后人便留在南通。赵家在为子孙起名时，取"南通大生"意，以"南""通""生"等字排行，缅怀张謇先生。

南通历史上的第三位状元

孙云锦是张謇恩人并恩师的存在，2012年出版的《张謇全集》里，张謇在诗联、书信、日记里称呼孙云锦为"孙师""桐城师"的地方有166处之多，说孙先生对他有"饮食教诲生华枯木之恩"。

张謇的青年时期，几乎亦步亦趋地紧随孙云锦。

孙云锦到淮安查勘渔滨河积压讼案，张謇随行。此行让张謇明白，学问不能仅限于八股制艺和经史古文，实际事务中有更多的深奥的道理需要钻研。

孙云锦迁任开封府，邀请张謇入其幕下。张謇从芦泾港搭乘"太和"号轮船西上，抵达孙云锦老家安徽安庆的桐城，与孙老师汇合，随后途经六安州、顺河集、冯家集、太和县、淮甸、新镇、周家口、大林港、张市、朱仙镇等地，到达开封赴任。

张謇追随孙云锦16年，先后6次赴安庆，或为老师祝寿，或顺道看望老师。光绪十八年（1892）初，孙云锦病终于故里，张謇在《日记》中记下悲痛心情，"感恩知己，有泪如泉"，写下挽孙师联：

> 师无疚乎亲民官，所去见思，旧政寻常皆治谱；
> 我何为者报恩子，悲来横集，行年四十尚公车。

张謇撰写了《祭桐城孙夫子文》，代表通海各界，上书两江总督刘坤一，奏请将孙云锦生平事迹付国史馆《循吏传》，并为此事往来奔波于江宁、海门、通州、淮安等地，终使孙云锦政绩付于"循吏传"，得以青史留名。

人生有许多机缘，这些机缘，并非预先能知，碰上或错过，全在一瞬间。如果没有经历"冒籍风波"，张謇就得不到孙云锦的赏识；没有孙云锦的抬举引荐，张謇就不会结识吴长庆军门；没有吴长庆带他在身边历练，张謇就没机会在政坛上崭露头角，并且逐渐站立历史最前沿。错过这些机缘，张謇也许就只能蹉跎于场屋，终老于乡里。

张謇与吴长庆的相识，也得益于孙云锦的撮合。光绪元年（1875）三月，张謇在江宁浦口见到时任正定镇总兵的吴长庆，一时惊为异人，连撰两联，描述吴长庆：

身伟嵇康，
音洪卢植。

爱士而门左千客，门右千客；
罗贤而朝拔一人，暮拔一人。

嵇康是三国时期人，乃"竹林七贤"精神领袖，其容止出众，身长七尺八寸，相当于一米八的个子；卢植是东汉末年名将，声如洪钟，身长八尺二寸，一米八九的个头，跟项羽差不多高，放到现在都算大高个。在张謇眼里，吴长庆既高大威猛、声若洪钟，又相貌俊郎、举止儒雅，并且，爱好交友，重用贤良。所以，在吴长庆的再三邀请下，他放弃正在努力中的学习生涯与科考目标，于光绪二年（1876）年闰五月间，由通州赴浦口，投入吴长庆帐下，在庆军幕府任机要文书，时年23岁。

跟着吴长庆，张謇逐步走向政治舞台的前列，也卷入清末政治派系斗争的漩涡之中。

光绪八年（1882），暗潮涌动的朝鲜半岛突发一件大事，清朝藩属国朝鲜，爆发了史称"壬午兵变"的武装动乱。清政府既担忧日本政府插手朝鲜半岛事务，又想安抚日本朝野震怒的情绪，于是决定出兵朝鲜，平定兵乱，这项任务就交给了驻守山东登州的广东水师提督吴长庆和统领水师提督丁汝昌。吴长庆命张謇"理画前敌军事"，这对于一介书生来说，是全然陌生的任务，于是，张謇请求吴军门派跟从自己学习写作的袁世凯为佐理。这一年，张謇29岁，袁世凯23岁，一场扑灭朝鲜半岛战火的行动，便由两个少壮派来处置前敌军务。

吴长庆的水师抵达朝鲜后，迅速平定兵乱，斩数十人，擒100余人，逮捕了兴宣大院君李昰应并押解到天津。

此次平乱，让日本失去兵占朝鲜半岛的借口，暂时稳定了渤海湾局势。这一役，也成就了两个人，一个是袁世凯，一个是张謇。

圆满完成军事行动的吴长庆，令袁世凯留守朝鲜，自己带着张謇返回天津述职。一路之上，张謇向吴长庆分析朝鲜战后局势，提出善后见解。他分析说，朝鲜介于中国、日本的要冲，南部与日本仅隔一个对马海峡，轮船由朝鲜釜山出发，只需要六个小时就到日本。朝鲜的中部和北部与中国东三省接壤，朝鲜不保，中国东三省难保。就日本而言，既防止俄国进攻东亚，又觊觎中国东三省，无论从哪个角度看，朝鲜都是日本志在必得的重要战略要地。

回到驿馆，张謇连夜挥毫，花了几天时间，写了《壬午东征事略》《乘时规复流虬策》《朝鲜善后六策》等三篇政论文章，其中《朝鲜善后六策》由吴长庆上表朝廷。

《朝鲜善后六策》两千余字，朴实无华，文气清疏，沉博绝丽，有笔扫千军之力。张謇作文，喜欢言简意赅，不蔓不枝，但笔酣墨饱，波澜老成，理念明确，见解独到，风格迥异于常人，他日后起草的《清帝退位诏书》就是这种风格。

此文虽是善后之策，却是治国安邦方略，表现了张謇的治国能力和安邦大志。不料，军机大臣李鸿章阅后，鼻子里哼了一声，淡淡地说了一句"多事"，便随手扔到一边。虽然朝廷没能采纳张謇的建议，但南派"清流党"首领、两朝帝师、时任户部尚书翁同龢却记住了张謇这个名字。

光绪十年（1884）闰五月初五，吴长庆病逝于金州军营，张謇就在守在他的身旁。当夜，张謇在日记里写道：

> 悲夫！十载相处，情义至周，遂终于此，固其命也。而感念旧义，悼痛何如！

吴长庆与张謇，东家与西宾，十年共事，一世情分。此时此刻，吴长庆的种种好，刹那间涌上心间。吴长庆去世前后遭遇，使张謇对世道人心颇感失望，也使他在心中对择友交友的标准有了一杆秤，他后来写道：

> 观人于不得意时，于不得意而忽得意时，于得意而忽不得意时，经此三度，不失其常，庶可为士。

张謇先后婉拒两广总督张之洞和直隶总督、北洋大臣李鸿章的延揽，回到通州，备考科举，光绪二十年（1894），张謇终于在42岁时，高中甲午恩科状元，授六品翰林院修撰。

史学家普遍认为，唐朝武德年间的孙伏伽，是中国实行科举制度以来的第一位状元。清光绪三十年（1904），河北人刘春霖中甲辰科状元。次年，袁世凯、张之洞等六位督抚联名奏请废除科举，刘春霖便成最后一名状元，当时的人称他是"第一人中最后人"。张謇则是继北宋徽宗年王俊乂、清乾隆年胡长龄之后南通的第三位状元。

洹上村那一夜煮酒

河南安阳,古称彰德,中国八大古都之一,甲骨文的故乡,《周易》的发源处,殷墟的所在地。

一座千年帝都,一个不需要编造故事的城市,从古至今,从来不缺少帝王将相的爱怜和垂青;兴衰洹上村,悲欢帝王梦,一条洹河,沉淀了3000多年的历史重量,破灭了多少王朝兴废之梦,也淹没了一段一个世纪前的历史隐秘。

清宣统三年(1911),辛亥年。这一年,是中国近代史上最为重要的一年,张謇注定将非常忙碌。

这年的四月初,清廷摄政王载沣宣布成立第一届责任内阁,也即所谓的"皇族内阁",将一切军政大权进一步集中到皇族贵戚手中。顿时,全国上下舆论大哗,各省咨议局与朝廷的对立达到空前尖锐的程度。立宪派领袖张謇受东南各省咨议局委托,趁进京办理华商赴美考察团护照之机,会见朝廷权要,力劝载沣加快立宪步伐。

恰在这时,南通大生公司租用汉口纱、布、麻、丝四厂的谈判有了结果,汉口方面邀请张謇亲自出席承租合同的签字仪式,于是,张謇决定两件事一起办,先去汉口,再取道京汉铁路进京。

张謇在汉口签完合同,搭乘京汉铁路官员的专车离开汉口,在河南驻马店住了一夜,十一日晨继续北上。在车上,他发了一封影响历史进程的电报:"别几一世矣,来晚诣公,请勿他出。"

电报的电波从飞驰的列车上向北飞去,飞进安阳洹河北岸的洹上村,飞进院墙如城墙一般高厚的袁家花园,递送到花园的主人袁世凯手上。

此时的袁世凯由于受到摄政王载沣的打压,被迫以"足疾"为由,辞去所有官职,回到河南安阳隐居。他在安阳洹河北岸、京汉铁路东侧置地三百亩,建了座"袁家花园",取名"洹上村"。洹上村四周筑有上薄下厚的砖砌围墙,墙高而厚,类似城墙,但无城堞。墙内四角建有上下两层的碉楼。面南的围墙中间开了一个拱券式大门,门上方的墙壁上嵌一块石牌,横刻着"洹上村"三个篆体字,是袁世凯长公子袁克定的手笔。在这样的世外桃源一样的花园里,袁世凯掩饰着内心的沸腾,赋闲垂钓,韬光养晦,等待东山再起。

当袁家花园的主人接到这份没曾料到的电报时,一时摸不着头脑。自从朝鲜一别后,已有28年没见面了,确实是"别几一世矣"。当年在庆军军营,张謇奉吴长庆之命教袁世凯八股文,算起来,张謇还是袁世凯的老师。目下,猛然接到当年的老师"来晚诣公"的电报,让他"请勿他出",袁世凯颇费猜量。他推测,张状元公现在是君主立宪的领袖人物,又是江苏咨议局议长,此来一定与君主立宪政体改革有关。

对张謇来说,主动拜会比自己小六岁的学生,乃是情非得已。当下的时局,非常复杂,革命党义帜蜂起,朝廷推行立宪的态度暧昧,革命党、立宪派、清政府三者矛盾日益突出,作为社会变革的温和派领袖,既不赞同革命党人的过激行动,又反对清政府固守皇权的保守行为,他觉得,社会如同大泥潭,只有踏踏实实地一砖一瓦地垒房子,日后才能形成摩天大厦。他期望自己是那个给大厦画图纸的人,现在就急需一个组织施工的职业经理人,他看中袁世凯是"职业经理人"的理想人选。

专列到达安阳已近黄昏,袁世凯的副官、轿子早恭候在站台。张謇连贴身秘书、大生公司经理刘厚生都没带,只身一人钻进八人抬轿子,一路抬到袁家花园。轿子在大门前歇下,进入大门是振衣轩,绕过轩正中红酸枝格栅屏风,出门便是占地几十亩的池塘,池塘上亭阁曲桥,莲叶田田,一乘二人抬轻便小轿在等候张謇。张謇撩开袍襟入轿，心里暗忖：慰亭倒会享福。

小轿沿着池塘旁鹅卵石小径，晃悠悠地在题额"养寿园"的门前停下，只见身材肥胖的袁世凯笑容可掬地从台阶上抢步而下，一边伸手掀开轿帘，一边连声招呼："季直师可好，可想煞慰亭了！"

袁世凯将张謇迎入内堂，内堂中央八仙桌上酒席已摆好，袁世凯亲扶张謇上座，举杯为张謇接风。俄顷，袁世凯从张謇坦白的态度、诚恳的语言中，捉摸到他的本心，于是也敞开了心扉，吐露心曲。二人以治淮话题为始，从七年前张謇致函希望袁世凯支持立宪、袁世凯回函"尚须缓以俟时"，到对时局的评估、潮流的走向、挽清政府大厦于既倒的方略，张老师与袁学生观念渐趋一同。

酒已温了好几回，残羹已撤下，新茶已奉上，原先相向而坐，不知不觉中竟越坐越近，直至把臂洽谈。两人半夜对酌，袁世凯从张謇那里看到立宪人士对朝廷已经失去信心，而对革命党人也不抱希望，从而坚定了他复出的信心。当晚，一个收拾旧山河的政治同盟形成雏形。

夜转深，天渐凉，张謇以明日赴京为由起身告辞，袁世凯亲自送到大门外，很恳切地说："有朝一日，蒙皇上天恩，命世凯出山，我一切当遵从民意而行。也就是说，遵从您的意旨而行。"（刘厚生《张謇传记》）

两人相识30年，绝交、试探、结盟、蜜月，一个是莽武夫兼老政客，一个是状元公和实业家，一个把立宪、共和当作工具，一个希望政体更替、平稳过渡，他们最终会在一条道上走到黑吗？

4年后，袁世凯称帝之心昭然若揭，张謇劝其莫学上断头台的路易十六，要做中国的华盛顿。劝说无果，张謇愤而辞去工商兼农林总长职务。1915年底，复辟称帝后的袁世凯加封张謇、徐世昌、赵尔巽、李经羲为"嵩山四友"，派人专送一幅《嵩山四友图》来到南通，张謇闭门拒收。

老师与学生的恩恩怨怨、分分合合，终于在"洪宪皇帝"一命呜呼后而了结。

安阳洹上村那一夜煮酒，终是苦酒。世事如梦如幻，足堪千年一叹。

中国近代第一城

20世纪初，国外发行的世界地图上，有两个弹丸之地是被特意标注的，一个是美国的黄石公园，一个是中国的唐闸。

一个弹丸小镇，因为一个叫张謇的人，进入了世界的视野。

唐闸是通州城西北面古盐运河边一座石闸，石闸建于明成化年间，因为石闸旁边住着一户唐姓人家，于是这石闸就叫"唐家闸"，又称"唐闸"。至清朝末年，唐闸逐步发展为古盐运河（1909年改称通扬运河）边一座小镇。

光绪二十一年（1895），新科状元张謇在唐闸筹划创办大生纱厂。大生纱厂于1899年开车投产，唐闸由此成为中国民族纺织工业的发祥地。此后，张謇以大生纱厂为轴心，在唐闸创办榨油、磨面、冶铁、制皂、蚕桑、染织系列企业，大力推行棉垦、盐垦，改变南黄海沿海生产方式，并且劈道路、兴河运、收地引商、建屋启市、开埠通商、构建"一城三镇"田园城市格局，一时间，通扬运河沿岸工厂林立，商埠繁荣，使唐家闸成了苏北地区最大的花、纱、布、粮油、竹木加工基地与市场集散中心。

"状元办厂"已是史无前例的惊世骇俗之举，但张謇惊世骇俗之举还不限于办厂，他以"父实业、母教育"的理念大办教育，发展社会公共事业，从开办师范学校开始，先后兴办了370多所学校，以及一大批公共事业，创下多个全国第一：

1901年张謇在唐闸创建广生油厂，现为"1895近代工业文化创意园"内的工业遗存。（黄俊生 摄）

1902年5月，创办民立通州师范学校，近代中国第一所师范学校；

1905年9月，创办南通博物苑，中国第一座公共博物馆，开启中国博物馆事业先河；

1912年，成立南通纺织染传习所，次年更名为南通私立纺织专门学校，中国第一所纺织学校；

1914年，开办女红传习所，中国第一所民立刺绣学校，刺绣艺术大师沈寿担任所长兼教习；

1916年，在军山开办南通盲哑学校，中国第一所特殊教育学校；

1916年10月，成立军山气象台，中国人建立的第一所气象站；

1919年9月，开办南通伶工学社，中国第一所戏剧学校，著名戏曲大师欧阳予倩任教务长。

在当代中国赫赫有名的高等学府中，出自张謇创建手笔的就有南京大学、东南大学、河海大学、南京师范大学、南京农业大学、南京工业大学、南京林业大学、江南大学、江苏大学、苏州大学、扬州大学、南通大学、复旦大学、同济大学、东华大学、上海海洋大学、上海海事大学、景德镇陶瓷大学，等等。

一位状元，以"谋一国之事，须有世界眼光，谋一省之事，须有全国眼光，谋一县之事，须有一省眼光"的胸襟，几乎凭一己之力，将南通这座落后闭塞的小城，打造成"中国近代第一城"（两院院士吴良镛语）。正如他自我勉励的那样，"人生天地间，本与草木无异，若遗留一二有用事业，则不与草木同腐"，他的一生，他给后人留下的事业，与日月同辉，与天地共存。

所以，孙中山 1922 年在上海会见张謇之子张孝若时，一再问候张謇，并谦虚地说："我是空忙。你父亲在南通取得了实际的成绩。"他请张孝若向张謇转赠自己亲书"季直先生惠存"并落款"孙文"的照片。中华人民共和国成立后，毛泽东主席曾说："讲轻工业，不能忘记张謇。"习近平总书记称赞张謇说："提倡实干兴邦，起而行之，兴办了一系列实业、教育、医疗、社会公益事业，帮助群众，造福乡梓，是我国民族企业家的楷模。"

这位曾经期望通过改良来实现社会变革的"立宪之父"、由君主立宪转向民主共和的"民国助产士"，除了是政治家、实业家、教育家、慈善家之外，还是有胆有识的军事家、八面来风的社会活动家、名闻遐迩的水利学家、高瞻远瞩的城市规划家、见微知著的金融家、敢为人先的创新家，他是我国近代沿海开发的倡导者、中国大农业的开拓者、中国近代渔业发展的功勋人物、中国民族工业的奠基人、中国早期现代化的先驱，他还是意气风发的诗人、才情满怀的书法家、底蕴深厚的文化巨人、才华横溢的一代儒商、艰难转型期的非凡斗士，他是一个"集大成者"和"全能冠军"，是著名学者林语堂所说的"不可无一、难能有二"的人间精英（张华《张謇：一生把两件事做到极致》）。

今天，无论是谁，如果沿着护城河濠河漫步，徜徉在江风海韵里，都会深切地感受到，在南通，无论你走到哪里，都是行走在张謇的足迹之上，都绕不开张謇深邃的目光。

在濠河南岸,有幢叫作"濠南别业"的英式建筑,它是张謇的故居,由我国著名的建筑专家孙支厦设计,1914年建成,1926年张謇先生就在这里谢幕人生。现在,它是南通博物苑的一部分。围绕着它,南通形成环濠河博物馆群,包括南通博物苑、沈绣博物馆、南通纺织博物馆、中国珠算博物馆、中国审计博物馆、南通群英馆、蓝印花布博物馆、个簃艺术馆、尤无曲艺术馆、濠河博物馆、风筝博物馆、中华慈善博物馆、华侨博物馆等。濠河岸柳,六桥明月,流连博物馆群,总有说不完的回忆,道不完的情愫。

濠河,南通的母亲河,后周显德五年(958)建城之时就存在,是中国现存的四条护城河之一,另外三条护城河是北京紫禁城护城河、苏州护城河、西安护城河。它周长十余公里,最宽处215米,最窄处仅十米,像一只宝葫芦,包裹着南通的旧城新廓,被誉为"少女脖子上的珍珠项链"。

濠河外与江、海、运河相通,潮汐与共;内与城中纵横交错的市河连接,舟船不绝如织。若要追根寻祖,濠河是江海的后裔。世世代代的南通人,围绕濠河装点许多建筑,开辟许多渡口。濠河西岸遍植栀子花、茉莉花,濠河北岸南岸种菊为田,每到花季,夕阳问渡,临河唤船,此起彼伏,繁华非凡。明清两代,濠河更是拥有文华流彩的荣耀,建筑众多亭台楼阁,顾养谦的珠媚园、范氏父子的河上丈人坨、包壮行的苍翠园与听雨楼、凌兰的云深馆、李堂的借水园、丁有煜的双薇园……一时间,大江南北名流雅士来会,王士禛、陈散木、屈大均、曹贞吉、龚半千、陈维崧、李渔、邵潜、黄慎、郑板桥等先后汇聚濠河之上,日日持觞醉碧罗,兴来移棹入深波。清末民初,张謇兴建了数十个公共事业,博物苑、师范学校、通师第一附属医小学、通师第二附属小学、南通中学、南通医学院、东西南北中五公园、女工传习所等,它们就是项链上的珍珠,在历史的光阴里熠熠闪光。

站在濠河的长桥上,顺着城市中轴线向南眺望,能够看到十多华里外,狼山的支云塔在阳光下闪耀着金光。长桥并不长,原来是通州南城门的木吊桥,明天启元年(1621),通州名医陈实功赴苏州为巡抚慕天颜母亲治愈顽疾,拒收重金,提请改建家乡南城门木吊桥为石桥,遂有此长桥。长桥长仅三

南通博物苑外景

丈余，往南，抵达长江边的黄泥山，山上则有张謇为怀念恩师翁同龢而建的"虞楼"。

清光绪二十四年（1898），开罪慈禧于先、失信光绪于后的翁同龢，在"百日维新"新政颁发之后，即被太后与皇上联手罢免了官职，遣回老家交地方官监视居住。张謇也厌倦官场险恶，借口大生纱厂事务繁忙，向翰林院请假南归，此后再也没有复职。张謇专程到常熟虞山脚下的草屋看望恩师，翁同龢饱蘸浓墨，用颜体书写一副楹联，赞赏学生实业救国，激励张謇再接再厉：

> 枢机之发动乎天地，
> 衣被所及遍我东南。

此后，张謇与仅一江之隔的翁同龢常有书信往来，也多次去常熟看望恩师。1904年，翁同龢逝去世前夕，自拟挽联一副，遗命张謇为之书写：

  朝闻道夕死可矣，
  今而后吾知免夫。

  翁同龢逝世后，张謇渡江亲往常熟吊唁。1921年，年近古稀的张謇，再次前往常熟拜谒虞山白鸽峰下的翁师墓，捐资助修墓庐。站在虞山上，眺望江北，狼五山清晰可见，于是，张謇心生在通州江边黄泥山建楼纪念恩师之念。

  1922年，楼成，张謇取名"虞楼"。站在虞楼上，透过江烟雾霭，可看得见江对岸的虞山，张謇遂为山门撰写楹联：

  山根拟改丹砂井，
  江上唯瞻白鸽峰。

  在以后的日子里，张謇常去虞楼望江，凭吊先师，并作《宿虞楼》诗，抒发寂寥落寞的心情：

  为瞻虞墓宿虞楼，
  江雾江风一片愁。
  看不分明听不得，
  月波流过岭东头。

张謇与沈寿

相去虞楼不远，与黄泥山紧连一起的马鞍山的山坳里，有一座四方体石座、上覆半圆形穹顶的墓阙，墓阙前是墓高六米的石阙，门额上镌刻张謇亲笔楷书"世界美术家吴县沈女士之墓阙"，墓后立有碑石，阳面刻张謇书撰《世界美术家吴县沈女士灵表》，阴面镌一位面容姣好、身材苗条的旗装仕女像。这里就是中国刺绣大师、中国"仿真绣"创始人、苏绣"绣圣"、被俞樾称为"针神"的沈寿之墓。

沈寿原名叫沈云芝，号雪宦，1874年出生于苏州一儒商家庭。慈禧七十大寿时，沈云芝进贡一堂绣品贺寿，慈禧深喜，赐"福寿"二字，沈云芝遂更名沈寿，其夫余觉更名余福。

张謇与沈寿相识，可谓机缘巧合。宣统二年（1910），清政府在江宁（今南京）举办"南洋劝业会"，这是中国首次举办"世博会"，盛况空前。张謇具体负责展品审查、评比事宜，因为事务繁杂，便邀请沈寿为"专家组"成员，担任绣品审查官。张謇时年57岁，沈寿时年36岁，两人虽是初次相识，却一见如故，三年

沈寿像

后并邀请沈寿主持通州女红传习所。

沈寿与张謇在通州合作共事8年，事业上斩获多多，绣品继《意大利皇后爱丽娜像》获得意大利万国博览会"世界至大荣誉最高级卓越奖"后，仿真绣《耶稣像》又获美国旧金山"巴拿马太平洋国际博览会"一等大奖，创作了《女优蓓克像》《蛤蜊图》《花鸟》《生肖像》《观音像》《柳燕图》等传世绝品。她帮助张謇将绣品贸易做到美国，在女红传习所培养了一批刺绣艺人，使"沈绣"在南通扎根，扬名全球。

沈寿一生中只怀孕过一次，却在赶制慈禧太后寿辰贡品过程中流产，造成终身不孕，只得把侄女沈粹缜当女儿带在身边学刺绣，沈粹缜后来嫁给中国文化名人邹韬奋为妻，儿子邹家华担任过国务院副总理。

今天的南通博物苑里，有一所名为"谦亭"的中式建筑，原是张謇为师范学校教师修养而建的馆所，位于藤东水榭之南，张謇在这里接待过京剧表演艺术家梅兰芳。因为沈寿身子一直不好，张謇便将谦亭腾出来让她养病，1919年，沈寿病势日沉，张謇"惧其艺之不传而事之无终也"，就由沈寿口述，张謇执笔记录，完成传世刺绣专著《雪宧绣谱》。在那些日子里，沈寿半躺在床上，张謇坐在床头案旁，她讲一句，他记一句，就像燕子垒巢，一点吐沫，一点泥巴，一点草叶，含辛茹苦搭建着《雪宧绣谱》这个特殊的巢。张謇曾说，《雪宧绣谱》"无一字不自謇出，实无一语不是寿出也"。

张謇感念这段时光，感念沈寿对刺绣艺术的执着精神，写诗赞道：

枉道林塘适病身，
累君仍费绣精神。
美意直应珠论值，
余光犹压黛为尘。

沈寿挣扎着病体，绞下青丝，披衣走针，绣成发绣"谦亭"二字，以赠啬翁张謇。这是沈寿最后一副刺绣作品，其中饱含的情意，着实让人动容。张謇写诗记录此事：

> 感遇深情不可缄，
> 自梳青发手掺掺。
> 绣成一对谦亭字，
> 留证雌雄宝剑函。

沈寿去世后，张謇将谦亭一厢定名"味雪斋"，怀念这位刺绣艺术大师。

1921年6月，沈寿一缕香魂飘渺于濠河之岸。沈寿生前交代，死后葬于通州，绣品赠与博物苑。张謇选定马鞍山南侧为她最后的归宿，为她举行隆重的公葬，亲自诵念长篇祭文，其痛惜之心，哀伤之情，溢于言表。

第二年，张謇在通州城南陆洪闸袁保圩选了一块地，为自己营建墓地，世称"啬公墓"，啬公墓与沈寿墓之间仅数里之遥。5年后的盛夏，74岁的啬翁抱病视察水利，回来便卧床不起，于1926年8月24日去世，归葬啬公墓。啬公墓石阙门额上只写着"南通张先生之墓阙"几个字，阙门的对联是张謇生前自拟好的："即此粗完一生事，会须身伴五山灵。"墓上无铭无志，陪葬的只是一顶礼帽、一副眼镜、一把折扇，还有一对金属的小盒子，盒子里分别装着一颗牙齿，一束胎发。

NANTONG
THE BIOGRAPHY

南通 传

江海丰碑：那些勇敢的行者

第十四章

他们到来了

1949年农历正月初五（2月2日）清晨，一队着装整洁的中国人民解放军队伍，从南通城北的北土山出发，踏着整齐的步伐，精神抖擞地向南迈进，抵达南通城东门吊桥。走在最前头的，是一位三十五六岁的青年军官，他骑着一匹高头大马，硬朗的身板挺得笔直，目光炯炯地扫视着城堞，豪情万丈地回首向身后的战士高喊一声："同志们，进城！"

霎时间，街道两旁红旗招展，鞭炮齐鸣，锣鼓喧天，夹道欢迎的市民和青年学生高呼："热烈欢迎中国人民解放军！""南通解放啦！"

这位青年军官就是中国人民解放军华中军区第九军分区副参谋长施亚夫，一位土生土长的南通人。

队伍在沸腾的欢呼声中来到南通县衙前的钟楼下，准备在这里与从西门率队进城的分区司令员张震东、副司令员彭寿生会合。

钟楼是南通城内的最高建筑，它的身后是始建于元代至正九年（1349）的谯楼，东西贯穿宁波门和来恩门，向南穿过江山门可达狼五山，向北则是北宋政和年间就壅塞了的北门城墙上的北极阁。钟楼于1914年由张謇、张詧兄弟筹资兴建，用来安放从上海买来的西式巨钟，为市民报时。钟楼两侧有张謇撰联并手书的对联：

前为建于民国初年的南通钟楼，后为建于元至正年间的谯楼。（黄俊生 摄）

畴昔是州今是县，
江淮之委海之端。

钟楼和对联，成为南通城内的地标建筑与历史记录。

南通人对钟楼有特殊情结，因为，钟楼上那斑驳的苔痕和流淌的光影，就是南通百年历史的印记，它经历了无数志士仁人用生命的呐喊唤起沉睡雄狮的峥嵘岁月，见证了用血与火铸就的波澜壮阔时光，正是有这样的记录，民族才有传承的意义和生生不息的希望。现在，它又要见证一段历史，见证南通人民用斧头镰刀开天辟地的辉煌时刻：让红旗插上钟楼！

上午十点，张震东、彭寿生与施亚夫两支队伍在钟楼会师。彭寿生带领警卫排登上钟楼，警卫员王新华高举红旗，向着欢呼的人群使劲地挥舞，然后高高地插上钟楼。仰望着鲜艳的红旗在新春艳阳里迎风飘扬，施亚夫眼眶湿润了。

我们胜利啦!

那些战火纷飞、战旗猎猎的情景,一幕幕又闪现在施亚夫眼前……

施亚夫似乎与张謇这个名字有不解之缘。他出生于张謇兴建钟楼的这一年,出生地在张謇创办中国第一家棉纺织厂大生公司的古镇唐闸,16岁就加入中国共产党,从事地下情报工作。1940年夏天,施亚夫被派打入汪伪内部,猎取情报,粉碎日伪清乡。施亚夫顺势拉起一支队伍,自任师长,并且获得汪精卫的信任与日军的认可。1941年初夏,南通城大大小小的布告落款一律署名"绥靖军第七师中将师长施亚夫"。

施亚夫利用身份,参加了驻南通日军的重要军事会议,向中共地下党和粟裕、陶勇所部新四军递送了大量情报,一次次粉碎了日伪对苏中根据地的围剿与清乡,最终引起日军指挥官小林信男师团长的怀疑。1944年1月,新四军一师副师长叶飞命令施亚夫提前率部反正起义。这年腊月,施亚夫带着2000多名绥靖军士兵,成功投向新四军根据地。"施亚夫起义"与数月前演绎"特洛伊木马计"经典传奇的汤景延苏北清乡公署外勤警卫团"汤团行动",成为震惊日伪上下的新四军策划的两大反正行动。

率部起义后,施亚夫转战南北,浴血奋战,终于开进南通城,与广大市民一起,欢呼南通解放。

重回家乡的又何止施亚夫一人。17岁的《江海报》兼新华社华中九支社工作人员李明勋,惊喜地与父亲李志刚相逢,直到此刻,父子俩才知道,他们竟然是同一个战壕里的战友。

是的,近百年来,多少代江海儿女,在血与火洗礼的大地上子承父业,薪火相传,为江海大地的彻底解放,为人类的民主、平等、自由、幸福,奉献着鲜血与生命。

江海大地的丰碑上,铭刻着他们的名字和辉煌业绩。

一腔碧血泪雨连

1964年9月的一天,国防科委副主任、国防工办副主任张爱萍上将匆匆走出中南海紫光阁,他刚刚参加完由周恩来总理亲自主持的一个重要会议。这时,秘书迎上来,接过公文包,在张将军耳边轻声说:江苏如皋来电话,何昆军长的遗骨找到了!

张爱萍停下脚步,抬头仰望天空,清瘦的脸庞上流下两行热泪,他哽咽地说:"30多年了,终于盼到了这个消息!"

他在心里,默念着34年前为怀念老军长而写的诗:

> 通如靖泰义揭竿,
> 工农武装掌政权。
> 老户庄头争战烈,
> 亲举机枪率当先。
> 无情弹丸玉山倾,
> 一腔碧血泪雨连。
> 庆功酒酣酒亦苦,
> 报捷声频声愈黯。
> 何期长诀铭心底,

丹心永昭苏北原。

一个月后的1964年10月16日,在张爱萍将军现场指挥下,中国第一颗原子弹在新疆罗布泊爆炸成功。中国人向世界庄严宣告:中国人民依靠自己的力量,掌握了原子弹技术,打破了超级大国的核垄断!

透过滤色镜,望着升腾而起的蘑菇云,张将军觉得这样的场景,似乎已经等了30年,这是向老军长最好的汇报! 1930年4月16日那个枪弹横飞的晚上,仿佛被拉回到眼前。

那天晚上,江苏省如皋县磨头镇西南方向老户庄的枪声渐渐稀疏,一场倾盆大雨突然从天而降。这时,一群农民模样的人,抬着一具尸体,急匆匆地踏着泥泞的小路,来到西燕庄,将尸体埋在庄外的一块地里。几个人围成一圈,低垂着头,用低沉却又坚定的声音说:军长,你的鲜血不会白流,我们一定为你报仇!说罢,匆匆离开。

很少有人知道,这里埋葬的,是红十四军军长何昆。

何昆是湖南山里的娃子,1898年出生在湖南省永兴县的一个农家。27岁考上黄埔军校预科,在黄埔军校加入了中国共产党。广州起义失败后,辗转到武汉、上海从事地下工作。

1929年11月,中国共产党江苏省第二次代表大会在上海召开。会议决定组建中国工农红军第十四军,周恩来亲自选定何昆担任红十四军军长。次年初,何昆带着俞乃诚、张爱萍、何扬、宋奇等人,赴如皋组建红十四军。

红十四军是中国土地革命时期,江苏省唯一列入中央正规序列的红军武装,军长何昆,政治委员李超时,参谋长薛衡竞,政治部主任俞乃诚。红十四军下设两个支队,共1300多人。

与红军根据地大都选择在山区的情况不同,红十四军所在的南通一带,紧挨国民党统治的中心城市南京、上海,无所凭借的平原,没有山林的掩护,不利于开展游击战,斗争环境极为复杂与艰难。在特定的环境下,何昆一边整训军队,一边打土豪分田地,在全省率先建立苏维埃政权,通海如泰发展为全国15个红色游击区之一。

如皋县磨头镇西南老户庄，由大地主张符秋盘桓把守，像巨石一样阻断了如泰游击区与通海游击区之间的联系，何昆决定搬掉这块石头。

1930年4月16日，攻打老户庄的战斗打响。老户庄沟深垒高，易守难攻，驻扎着县保安团团部、县警察九分队和省保安总队一个中队的兵力。何昆将兵力分成三路，自己身先士卒，强渡护庄河。进攻遭到顽强抵抗，对方碉堡喷射着机枪火焰，战斗陷入胶着状态。眼见敌人的援兵快到，情势十分危急，何昆对身边的张爱萍说："让我来对付碉堡，你组织渡河。"说着，何昆提起一挺手提机枪，纵身跃上了一个麦草垛，朝着碉堡一阵连射。

何昆一边射击一边高喊："同志们，不要怕，往前冲！"

就在这时，雨点般的子弹从碉堡飞向何昆，一颗子弹钻进何昆左胸，何昆从草垛上跌了下来。

草垛下的张爱萍一把抱住军长，连声喊道："军长，军长！"浑身是血的何昆摆了摆手，说："别管我，你们……一定要拿下……"话音未落，何昆头一歪，倒在张爱萍的怀中。

国民党援军赶到，红军进攻老户庄失利，不得不撤出战斗，带着军长的遗体向周家岱方向且战且退。

途中，天空下起了大雨，仿佛是在哭泣。战士们将何昆的遗体抬到了西燕庄，请当地的几位农民匆匆掩埋，为了不暴露忠骨埋葬地，没有做标记。

军长就牺牲在自己怀里，那一晚的情景，像刀刻斧斫一般印在张爱萍的脑子里，寻找军长遗骸的愿望，一直萦绕在他的心头。30年里，张爱萍两次回到西燕庄，试图寻找何昆当年的埋葬处，然而却始终没有找到。解放后，张爱萍又多次委托人去如皋寻找何昆的遗骨，也一直没有确切下落，这成为张爱萍的一块心病。

1960年，中共如皋县委、如皋县人民政府纪念红十四军建军30周年，在何昆军长牺牲的地方老户庄建立纪念碑，张爱萍亲笔题写"中国工农红军第十四军军长何昆烈士纪念碑"。1964年，何昆军长牺牲已经整整34年，张爱萍又请如皋人、红十四军五营政委周方，再次寻找何昆遗骨。根据老人们的回忆，人们在西燕庄外展开铺地毯式搜寻，终于在一块菜地里挖掘到一具遗骨，经过法医的鉴定,确认这就是中国工农红军第十四军军长何昆的遗骨。周方在何昆埋葬处设立了衣冠冢。

1968年清明节前夕,何昆的遗骨经火化后,安置于如皋县烈士馆内,后迁至新落成的如皋市烈士陵园。

又见同侪并马归

1940年10月,陈毅率部移师海安,将新四军苏北指挥部迁至海安镇广福禅寺,海安一度成为苏北乃至于整个华中抗战的指挥中心。坐席未暖,陈毅带着粟裕等党政军领导人,前往韩公馆,拜见韩国钧。韩国钧喜出望外,盛邀陈毅和夫人张茜住进韩公馆,以便随时促膝交谈。

韩国钧,字紫石,海安人,清光绪五年(1879)举人,清朝时历任行政、矿务、军事、外交等职,民国后,担任安徽、江苏巡按使,两任江苏省长。作为清朝与民国的两朝重臣,韩国钧此前并不了解新四军。陈毅率部挥戈东进后,经镇江商会会长陆小波穿针引线,以晚辈的身份主动与韩国钧书信往来,阐明新四军抗日救亡的愿望,恳请他出面调停,"纾解内部纠纷",避免摩擦,合力对外。陈毅书信中说:"紫老为我省耆宿,德高望重,只要登高一呼,万民一定归从,我与管文蔚当枕戈待命。"

陈韩第一次见面是在新四军占领黄桥后的9月15日,陈毅专程到韩公馆拜见韩国钧。这一次见面,颇有戏剧性。交谈中,韩国钧见陈毅学识渊博,谈吐不俗,忽然心念一动,出了一条上联,请陈毅接续下联,颇有点现场面试的意味。

韩国钧出的上联是:

陈韩陈韩，分二层含二心；

"层"和陈近音，"含"和韩同音，意思是说咱初次相识，还需要多多了解。

陈毅不假思索，接道：

　　国共国共，同一国共一天。

意思是说，国共两方都是中国人，抗日不分彼此。

韩国钧一听，真乃管乐之才，他立起身来，说："数十年来，在军中从未见有如此雄才大略文武全才如陈将军者。"说罢，韩国钧着人铺纸研磨，挥笔亲书一联赠送陈毅，联曰：

　　注述六家胸有甲，
　　立功万里胆包身。

陈毅就着余墨，也书一联回赠：

　　杖国抗敌，古之遗直。
　　乡居问政，华夏有人。

从陈毅身上，韩国钧感受到新四军坚决抗日的决心，且为陈毅真诚所感动，遂决意出山，以八十二高龄之身，联络苏北士绅，奔走斡旋，居间调停，劝和促谈。受陈毅委托，在黄逸峰协助下，韩国钧邀请苏北八县知名人士胡显伯、黄辟尘、季方、朱履先、李俊民等，在韩公馆小花厅召开以"停止内战，团结抗日"为主题的苏北联合抗日座谈会。

10月10日，"鲁苏皖边区游击总指挥部直属纵队、鲁苏战区苏北游击指挥部第三纵队联合抗日司令部"在海安曲塘成立，这就是著名的"苏北联抗"

队伍。10月30日，由韩国钧、陈明扬联名邀集的"苏北抗敌和平会议"在海安曲塘召开，新四军代表陈毅、管文蔚、朱克靖，八路军南下部队政治部主任吴法宪，税警团和保安旅的代表，南通、如皋、海门、启东、泰兴、靖江、泰州、泰县、东台、江都、兴化、高邮等12个县的代表共30余人与会，韩德勤代表拒不到会。韩国钧在会上慷慨陈词：

  西安事变，恩来先生及中共大仁大义。此后只闻国民党限共反共，不闻中共有反国民党行为。新四军一再退让，韩德勤一再进攻，确属事实。目前政府与国民党不与中共合作，绝不能抗战救国。论政策及人才国不如共，乃是事实……我在你们新四军身上，看到了抗战胜利的希望！

11月7日傍晚，一艘汽艇缓缓停靠在海安镇串场河中坝码头，化名胡服的中共中央中原局书记刘少奇、冀鲁豫军区司令黄克诚、中共中央东南局副书记曾山等，先后跨上河岸，在岸上迎候的陈毅、粟裕、惠浴宇等党政军干部上前一一握手、拥抱。面对多年未见的战友，陈毅激动不已，豪情勃发，当场赋诗一首：

  十年征战几人回，
  又见同侪并马归。
  江淮河汉今谁属，
  红旗十月满天飞。

诗人将军的这首诗，在苏中大地迅速传扬，随军南下的八路军第五纵队第三支队司令员张爱萍诵读之后，奉和诗一首，诗曰：

  忆昔聆教几多回，
  抗日江淮旧属归。
  新四军与八路军，

> 兄弟共举红旗飞。

当晚,刘少奇一行与陈毅等一起研究建立苏北抗日民主政权问题。11月15日,苏北临时参政会如期在海安召开,江都、高邮、泰州、扬中、丹阳、泰兴、泰县、靖江、如皋、南通、海门、崇明、东台、盐城、兴化等15个县的380多名代表参会,刘少奇、陈毅出席了会议,刘少奇在会上讲话。会议通过了一项具有决定意义的议案,那就是不承认反共顽固派韩德勤的省政府,成立苏北临时行政委员会,选举黄逸峰为议长,朱克靖、朱履先为副会长,公推韩国钧为名誉议长。任命管文蔚为苏北临时行政委员会主任。

两天后的11月17日,华中新四军八路军总指挥部在海安镇西寺成立。刘少奇在会上宣布中共中央的决定:叶挺为总指挥,陈毅为副总指挥,在叶挺未过江之前,由陈毅代理总指挥,刘少奇为政治委员,赖传珠为参谋长,邓子恢为政治部主任。

苏北临时参政会的召开,苏北抗日民主政权的建设,新四军八路军总指挥部的成立,得到了人民群众和爱国士绅的拥护与支持,中国共产党在苏北抗日斗争中的领导地位由此确立。

苏中七战七捷

这片土地，是新四军和华中野战军活跃的战场，发生过无数次大小战斗，反日伪清乡围剿"火烧六百里篱笆墙"、战略大反攻前夕苏中战役七战七捷、渡江战役万舟竞发……

在海安苏中七战七捷纪念馆，有一座大青石纪念碑，碑身像是一把刺破青天锷未残的刺刀，被称作"天下第一刺刀"，新四军老战士、全国人大常委会原副委员长姬鹏飞题写碑名。这座纪念馆，翔实地记录了苏中战役的全过程。

1946年6月26日，蒋介石调动30万军队，围攻中原解放军，发动了一场中国历史上空前规模的内战。毛泽东原想将粟裕所部华中野战军调到淮南，开展外围战，以策应刘邓大军逐鹿中原。粟裕致电中央军委和毛泽东，建议在苏中解放区打几场运动战，消灭国民党有生力量。毛泽东同意了粟裕建议。

苏中解放区位于整个华中解放区的东南前哨，与国民党政府的政治、经济中心南京、上海隔江对峙，成为蒋介石首先夺取的重要目标。国民党在长江北岸的南通、泰兴、靖江、泰州一线集结5个整编师、15个旅共12万兵力，计划首先攻占如皋、海安，巩固沿江一线阵地，然后沿运河北进，攻取华中解放区首府淮阴。

苏中战役国民党指挥官是第一绥靖区司令官李默庵，李默庵是粟裕的老对手，这次他指挥 12 万大军，要把粟裕从南濒长江、东到黄海、北接淮阴、西抵运河的区域内赶出去，他恪守他的老校长蒋中正制定的作战方针：

我们的作战纲领，可以说是先占领据点，掌握交通，由点来控制线，由线来控制面，使"匪军"没有立足的余地。

他的对手粟裕遵循的是毛泽东的战略思想：

存人失地，人地皆有；存地失人，人地皆失。

仗还没打，粟裕就很透彻地告诉自己并告诫手下：

大家应记住，谁保存了有生力量，谁就会胜利；谁消耗或丧失了有生力量，谁就会失败。

苏中是新四军的老根据地，这里水网密布，人员稠密，交通四通八达，华中野战军有得天独厚的民众基础。粟裕在此集中 19 个团三万余人，组织如皋、泰兴、江都、兴化等县 14 万参战民兵以及 50 万支前民工，发动了著名的苏中战役。苏中战役从 7 月 13 日宣堡泰兴战斗开始，中间经历如皋鬼头街田肚里战、海安防御战、海安李堡歼灭战、如皋丁堰林梓战、邵伯保卫战，到 8 月 27 日如皋黄桥公路遭遇战结束，在 45 天里，粟裕牵着李默庵的鼻子打了七战，七战皆捷，歼灭国民党六个旅、五个交警大队，共计五万多人，史称"苏中七战七捷"。

苏中战役是毛泽东与蒋介石、粟裕与李默庵，在两种战略框架下的博弈。战后，李默庵曾弹冠相庆：

我部虽有损失，但基本达到按计划占领的目的。
由于我指挥的部队较多，损失一些，也算正常，南京政府从来没有怪罪我什么。

无论是蒋介石,还是李默庵,这样的认识,绝不是自我安慰。不过,这种见识,还没有国统区报纸《时与文》看得清楚,该报说:

> 共军以城市换有生力量消长,是赚钱生意。这时候看共军的情形,节节撤守,好像处处失败,而不知它也有收获。当有生力量消长(决定战争的根本因素)发生变化后,战局也随之逐渐变化。

1947年3月,毛泽东率部主动撤出延安,他环顾黄土高坡纵横交错的沟壑,豪迈地说:"我们要用一个延安,换取整个中国!"他命令刘邓大军千里跃进大别山,陈毅、粟裕率军到外线出击,把战场引向国统区。此时,蒋介石再一次趴在苏中地图上,重新评估战略形势,他终于恍然大悟:城市交通线是死的地理形势,占领的地盘越多,则需要分兵的地方越多,兵力机动性就越差。

两年后,毛泽东的预言变成现实。

钟楼上的旗帜

1948年8月28日，华东野战军一纵二师六团团长彭寿生，奉命向华中军区第九军分区司令员张震东报到，担任分区副司令员兼参谋长。第二天，他就参加并指挥了攻打启东泰安港的战斗，取得全面胜利。

这位15岁就参加红军的江西萍乡娃子，一直是陈毅、粟裕手下的兵，身经百战的他，从江西一路打到江南，又从江南打到苏北，由战士成长为指挥员。

在黄桥决战中，团长和其他几位营长相继负伤，身为二营长的他代替团长指挥。战斗进入白热化，一串密集的机枪子弹击中他的右臂，几乎将他右臂直接打断，残臂挂在肩膀上。战士要给他包扎，可当时战事紧急，根本就来不及包扎，彭寿生就用左手将断臂硬生生扯了下来。

战斗结束后，昏过去的彭寿生被送去救护所，医生看到他血肉模糊的右臂，惊叹道："你是怎么熬过来的！"

从此，军中多了位独臂英雄，彭寿生的名字不胫而走，他作为率部把红旗插上钟楼的亲历者，名字也被写进南通革命史册。解放后，彭寿生接张震东任南通军分区司令员，1955年被授予大校军衔，1957年担任江苏省军区副司令员，离休后，他用左臂写下60多万字的革命回忆录，2003年以91岁高龄在南京辞世。

南通是长江下游纺工业发达的中心城市，是国民党的战略基地，这里一直驻有重兵，防守严密，国民党一四六师和三零八师驻守南通城，二十一军六十八旅驻守今通州区金沙镇，而华中军区第九军分区直属的兵力只有八团、九团及各县县团武装，在淮海战役中，华中九分区向野战军输送了四个团的兵力，分区武装力量已十分薄弱。国民党意欲将金沙镇与南通城形成犄角之势，与解放军对峙，摆开决一死战的阵势。九地委和九分区领导，制定明确的指导思想，一定要保护好南通这座工业城市，要尽量避免与国民党军在市区作战，不让工厂和城市设施遭到战火破坏。中共地下党组织工人纠察队，开展护厂、护校运动，千方百计保护好城市，南通城以及唐闸镇、天生港镇的工厂、学校、商店、邮政基本完好地保护下来。（沙锦程《南通解放纪实》）

淮海战役结束后，解放军主力部队浩浩荡荡南下，盘踞在南通的国民党军队如惊弓之鸟，纷纷仓皇逃跑，人民胜利的捷报纷纷传来：

1949年1月20日，海安回到人民怀抱；

1949年1月28日，南通重镇金沙解放；

1949年1月28日，如皋全县解放；

1949年1月28日，启东全境解放；

1949年1月31日，海门被南通县警卫团占领。

至此，南通周边地区相继解放，南通城已成为一座孤城。1月31日，解放南通城的战斗打响了。

华中九分区部队分东西两路钳击南通城。晚6时，从青龙港赶来的东路部队对狼山守敌发动进攻，半个多小时后，守敌招架不住，向天生港方向逃去，分区部队尾随追击。与此同时，九分区施亚夫副参谋长带领通如支队和南通警卫团，绕到南通城北，直插任港、天生港和九圩港，断敌退路，并向南通城方向鸣枪轰炮。驻守南通城的国民党军三零八师、一四六师师部及所属三个团，于2月1日夜慌忙弃城南逃，争先从南通江边乘船过江逃逸，解放军抓获来不及逃跑的残部，缴获大量轻重武器。

中共华中九地委审时度势，于1948年底，未雨绸缪地在最先解放的如东县海边苴镇，建立了南通各级党政机构，任命赵琏为中共南通市委书记，与此同时，两淮市副市长叶胥朝接到华中军区领导陈丕显指令，乘坐机器快船，日夜兼程,从盐城东台赶赴南通,担任南通市首任市长,邹强任副市长。

2月2日清晨,施亚夫副参谋长骑着战马,由北土山出发,率部队经东门入城;张震东司令员、彭寿生副司令员带队从西门进城,两支队伍在南通城钟楼下会师,这座千年古城,终于回到人民的怀抱。

至此,中共华中九地委领导下的南通、海安、如皋、如东、启东、海门,全部解放了!1949年2月6日,华中九地委机关报《江海报》发表社论,宣告人民的胜利。

江海大地,自古多慷慨悲歌之士。他们怀抱一腔热忱,像夸父追日一样,在追求人类民主、自由、平等的路上,把最后一滴血播洒在这片青春的土地上。发动唐闸工厂大罢工的南通县县委书记顾臣贤,在广州农民运动讲习所亲聆毛泽东讲课、大革命时期先后担任中共海门县委书记的陆铁强、俞甫才,南通籍最早的共产党员、在"平江惨案"中惨遭杀害的中共湘鄂赣特委秘书主任吴亚鲁,潜伏在南通城日伪心脏的"孤胆英雄"马世和,著名的"汤团行动"领导人汤景延,《大众日报》新闻记者郁永言,勇救战友而献出生命的抗日宣传队员、张謇嫡孙女张聪武……他们的事迹深深烙在江海大地之上,镌刻史册。

萧瑟秋风今又是,换了人间。烈士无悔,含笑九泉!

NANTONG
THE BIOGRAPHY

南通 传

钟灵毓秀：老街古巷光阴里的故事

第十五章

宽街窄巷是凝固的长短句

2006年初夏的一个午后,南通城里寺街和西南营,一个年过花甲的高个儿男子,漫步徜徉在老街古巷鹅卵石路上,他用惊艳的目光,打量着古老民居上斑驳的光影。他就是时任中国文联副主席,中国民间文艺家协会主席,作家、画家、书法家兼及一身的文化名人冯骥才。

冯骥才下榻在濠河南岸的有斐大酒店。有斐大酒店的前身叫"有斐馆",是张謇于1914年在模范马路上兴建的一所中式旅馆,黄炎培和美国哲学家杜威曾在此下榻。"有斐"的意思是有文采,取自《诗经》"有斐君子,如切如磋,如琢如磨"。2003年,有斐馆被拆除,在上建了18层高的欧式高档酒店,仍以"有斐"命名。站在有斐大酒店顶楼套间,透过落地窗北望,冯骥才看到城中央连缀成片的白墙黑瓦民居,像发现了宝一样。他顾不上休息,把行李往床上一扔,独自去参观老街古巷。

下午是南通市城市建设专家建言献策座谈会,冯骥才什么也没说,只说了自己观览寺街和西南营的感慨,他说,在一个城市里,明清民居这么集中,保存得这么完整,在全国极为少见,听说已经拆了不少这样的古民居,请南通手下留情。冯骥才的感慨,激起曾经促成山西平遥、苏州周庄、云南丽江古城保护的同济大学阮仪三教授的同感,阮仪三教授呼吁,南通要以"城市更新"代替"城市改造",以保护文化遗产和历史根脉的情怀,保护好寺街、西南营

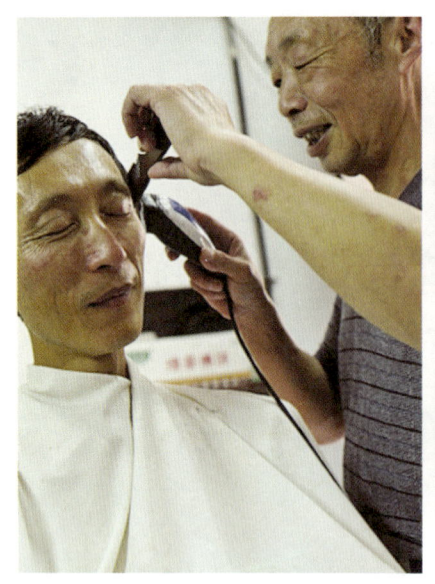

老街市井老味道

文化街区。

几年后,阮仪三教授主持编制了《南通寺街、西南营历史文化街区保护整治修建性详细规划》。一个曾经被动了念头要拆除的历史街区保住了,并且将恢复青春活力,向走进里街后弄的人,讲述千年时光里曾经的凄风苦雨和功成名就、闲庭信步的历历往事。

放在以前,如果从南通城十字街钟楼向南出发,顺着南大街,穿过江山门,跨过长桥、望仙桥、新城桥、段家坝,一直走,不拐弯,直接可以走进狼山山门。这是南通城的一条中轴线,中轴线两边是茂密的房舍,清朝的,明朝的,甚至更久远的。现在,城里南大街东边的古民居已经拆除殆尽,只留下丁古角、摇鼓井、习家井、东南营、马房角、藕花池、鹰扬巷这些地名让后人来想象它。所好,位于城西半爿的寺街、西南营还保持着原样,就是说,千年古城,还留半壁,还留有许多回望。

历史和家乡一样,都是留给人们来回望的,留给人们宣泄情绪,寄托情感。但寺街和西南营不一样,它不要人来回望,它那千年时光就在这里凝固,

余西古镇,建于唐、兴于宋、盛于明清,古通州东南沿海第一个盐阜。

粉墙黛瓦虽已斑驳,雕梁画栋虽已褪色,历史在这里却从无断层;它不用人借它来抒发情感,那世间的繁华,人生的烟火,庙堂上的玉带冕服,深巷里的油盐酱醋,早让它心静如水,宠辱不惊。不过,它很愿意跟人倾谈,谈谈南通城的身世、老街的掌故、坊间的传说,说说花木扶疏民居庭院里的家长里短、家族的兴衰赓续,其中有名人轶闻,也有百姓故事。

那长长短短、宽宽窄窄的古街老巷,就像凝固的长短句,从古到今,风云际会;那错落有致、苔痕阶绿的民居庭院,就是流动的风俗画,浓墨淡彩,赏心悦目。在此盘桓,不经意间,就会遇到唐服宋饰、明袍清装的老者,向你讲述久远的往事,你恍若穿越了,却又切切实实的感觉,这些故事就发生在昨天:胡长龄状元公嫉恶如仇巧斗和珅、随机应变巧对乾隆;范凤翼举荐东林党领袖顾宪成、高攀龙被"追夺诰命""削籍为民";柳敬亭说古道今眉飞色舞;蓟辽总督顾养谦"金戈铁马戍边关,空城一计退万敌";湖南布政使王藻归憩老宅"陶情丝竹,宾从杂迁,终日无倦容";蒋煜制浑天仪,观星测晷,了然心目;周懋琦撰《全台图说》,有图有真相地表明,钓鱼岛是我国领土。

街虽小，故事多。今天，老街古巷的故事正在续写。

根据《南通寺街、西南营历史文化街区保护整治修建性详细规划》所示，历史文化街区规划面积为410亩，寺街占280亩，保护范围东起南通中学，西至环城西路、官地街、柳家巷，南到柳家巷、大巷，北达胡长龄故居北侧；西南营占130亩，从惠民坊东巷、三人巷、西南营，再到惠民坊，形成一个方形保护圈。

可喜的是，方案摒弃大拆大建，强调城市肌理不丢失，传统格局不改变，恢复街区内典型完整的院落格局，以解决民生为前提，盘活老街区，优化人居空间，改善人居环境，平衡投入产出，合理发挥历史文化资源，以求社会、经济、环境三重效益。

寺街的由来

寺街是一条600多米的石板巷子，南北走向，宽不过三米，中间穿插着好多条东西方向的小街巷，在这些纵横交错的街巷里，一转身就是千年，隐藏着明清、民国建筑和名人故居，隐藏着南通古城的历史文脉。

寺街，顾名思义是有寺庙的街。没错，这里有寺有庙，还不止一座，清代的胡家庵、青莲庵，明代的郡王庙，元代的华王庙、谯楼，宋代的古郡庙、北上真殿、地藏殿，唐代的天宁寺、关帝庙，而这老街正是因为天宁寺才叫寺街。街上有寺，本没什么，但天宁寺对南通来说，却有不平凡的意义。

南通民间流传"先有塔，后有城，依塔建城"之说，指南通还没筑城的时候，天宁寺就已经存在了。南通城是柴荣的手笔，后周显德五年（958），柴荣设胡逗洲为通州，开始筑城，那时，天宁寺落成已经快100年了。天宁寺落成时，胡逗洲还没从水里上岸，它西边与廖角嘴之间还隔着一条尚未完全壅塞的古横江。天宁寺于唐懿宗咸通四年（863）建寺，第二年建塔，寺初名光孝寺，塔即名光孝塔。北宋政和年间（1111—1118），天宁寺与原在城西的奉圣寺合并，改称天宁报恩光孝寺。

中国佛教有天宁寺的地方很多，除南通外，常州、扬州、宁波、嘉兴、衢州、鹤壁、安阳、新乡、邢台、正定、北京、吕梁、晋中、南昌、雷州、南宁、福州、东营、温州、金华，都有天宁寺，一共有21处，但大多已在历史长河里淹没。南通寺街天宁寺是谁主持修建的？据悉，是由一个叫藻焕堂的僧人所建。藻焕堂又是谁？只知道是个和尚，其他则谁都语焉不详，只以"据悉"一言以蔽之，留下"藻焕堂"这僧不僧、俗不俗的名字让人猜测、揣摩。其实，明《万历志》和清《康熙志》对南通天宁寺有过同样的记载：

> 唐咸通中僧藻焕堂建。旧名光孝，天顺元年僧法恩奏改今名。

清《乾隆志》作了补充：

> 寺有光孝塔五级，后有毗卢阁。宋咸淳中君（郡）人管某建，僧法恩募捐。

天顺元年，是明英宗朱祁镇从弟弟朱祁钰手中夺回皇位的那一年，光孝寺于此年改名为天宁寺，寺名从此便固定下来，但五级浮图宝塔却没有随寺而更名，仍叫光孝塔。

天宁寺坐北朝南，以山门、金刚殿、大雄之殿、药师殿为中轴，西部为禅堂、僧寮，布局严谨，建筑雄伟。山门上悬有中国佛教协会会长赵朴初"天宁禅寺"题额，立柱上有画家范曾题写的"山河天眼里，世界法身中"楹联。山门前有照壁，一对石狮护持。主体建筑大雄之殿为宋代建筑，宋徽宗赵佶御笔题额"大雄之殿"。庙殿一般多称"大雄宝殿"，称"大雄之殿"的，恐怕只有南通天宁寺。大雄之殿高近40米，面阔三间，进深四间，歇山式，明向六根内柱，采用"包镶法"制成十二瓣瓜楞柱，下有复盆式石柱础，上雕缠枝牡丹花纹，主柱20根，高18米多，为宋代遗留下来的木结构古建筑。我国著名古建筑学家陈从周教授考证，用木质十二瓣瓜楞柱的古建筑，全国只有两处，还有一处在浙江宁波保国寺。

光孝塔是南通城最古老的塔，五级八面砖木塔，须弥座式塔基，塔檐用砖砌，上檐用角梁，下存擎檐柱，腰檐向上反翘，绕以雕板木栏，每层有四门。塔刹较高，承露盘上装相轮七重，刹顶上安置绕以光焰的宝珠，塔身顾长，呈现玲珑挺秀的姿态。天宁寺内的文化遗存众多，明代祝枝山所题"德抄空明"匾额，明清两代的七块古碑，天宁寺僧溪三大师的多幅墨竹图，寺内释迦佛、海岛观音、文殊、普贤、阿难、伽叶等像，均为唐代著名艺术家刘鸾所塑。2006年5月，南通天宁寺被国务院公布为第六批全国重点文物保护单位。

因寺而名的街，延伸着南通城的文化根脉，这里有建于宋代的紫薇书院、清代的紫琅书院，先后走出一名状元、一位榜眼、18位进士，以诗文传世十三世的文化世家范氏故居与天宁寺毗邻。当代画家范曾回忆小时候与同学袁运生、顾乐夫，跟在长他们几岁的袁运甫后面学画画时，每次听到寺庙里传来晨钟暮鼓之声，心境立马清净。这几位都在当代中国画坛占有一席之位，是不是小时候都不约而同地受到天宁寺钟声熏陶所致呢？

天宁寺钟声很别致，在古代，是通州"崇川八景"之一。"崇川八景"分别为：长堤春草、古井甘泉、锦绣遗荣、海山远眺、古寺钟声、仙桥云影、石港渔歌、沙田牧笛。这"古寺钟声"就出自天宁寺。民间传说，那时，天宁寺铸一口大钟，完工时，铸冶师辞离，吩咐寺僧不要忙着试击新钟。寺僧心急，未听吩咐，便叩击新钟测试。此时，铸冶师正步行至寺北方向之十八里河口，闻到钟声，叹道："钟声止闻诸此矣。"此后，天宁寺僧人每回撞钟，先急撞18下，再慢撞18下，接着中速撞18下，每组以18为限，共54声。州人谚云："天宁寺的钟声——紧十八，慢十八，不紧不慢又十八。"

"顾半街"与珠媚园

寺街的每一块石板，都光滑铮亮，因为，它经历了无数双每天从石板上走过的脚底板的磨砺，经过数代、十数代家族文化的传承积淀，那些油漆大门后面，隐藏了一批批官宦世家、诗文世家、教育世家、中医世家、艺术世家的身世，那些素雅精致的幽深庭院，明代的"苍翠园""一草亭""通园"，清代的"绿荫园""梅花楼""素园"……点缀在历史光影的后面，诉说着这些世家的优越与恬淡，展现他们出世入世的志趣。

南通顾家，在寺街上曾显赫一时，故有"顾半街"之说，这里是明万历年间（1573—1620）蓟辽总督、谥兵部尚书顾养谦所建顾宅，足足占据半条寺街。占据半条寺街当然是夸张，但顾氏有私家园林"珠媚园"，有家庙关帝庙，规模之大，为寺街一时之最。

顾养谦是明嘉靖四十四年（1565）进士，在万历朝镇守东北边关，打理朝鲜事务，是晚明重臣。奇怪的是，这样一位历史重要人物，连万历首辅申时行都称赞"余尝屈指人才，以为国家一旦有急，能排大难出死力者，必公（顾养谦）其人"，居然在整部《明史》里没有他的传，《四库全书》也不录，连其著作《冲庵顾先生督府奏议》《益卿诗文全集》等，全部被列为禁书，遭到毁禁，以致后人对他了解甚少，似乎被遗忘在浩渺的历史烟云之中。是什么原因导致这种情况发生呢？

顾养谦在镇守东北时,察觉努尔哈赤有野心,所以,在他的一篇《论开原道臣王缄反覆贻祸疏》的奏折中,提醒朝廷对努尔哈赤要特别防范。当努尔哈赤刚刚抬头,只有"骁骑"数千人马时,顾养谦就几次要剿灭他,都被同僚阻止,朝廷有人弹劾他夸张努尔哈赤的危险程度,目的是为"贪功徼赏",努尔哈赤因此逃过致命一劫。即使在日本丰臣秀吉率兵发动朝鲜战争之际,顾养谦仍警惕努尔哈赤,上御敌疏曰:"国家患虏(指努尔哈赤)不患倭。倭不能越朝鲜犯中国,其势不足畏,然自古御夷,常以顺逆为抚剿,权恩威而用之。"可惜朝廷仍坚持发兵朝鲜,打击日本,60岁的顾养谦忿而辞官,请求皇上"赐臣骸骨还乡"。万历准允其"在家调理"。至此,顾养谦回归寺街,造珠媚园,诗酒会友,颐养天年,68岁寿终正寝,万历赠谥兵部尚书衔,入祀乡贤祠。但清廷对他就没这么好了,不仅压制他的种种功绩,连他的著作都毁禁了。

顾养谦的名字渐渐退隐到历史身后,人们不再提起他。直到当代,他的后人在另一个领域声名鹊起,顾养谦才又被人们提起。让顾氏世家重新走入人们视线的是,著名电影导演顾而已、著名编剧、作家、江苏省作家协会副主席顾而谭、著名演员、上海电影制片厂当家花旦顾永菲等一大批顾氏后人。

与顾养谦同时代的广西巡抚、两广总督陈大科,在南方边陲处理与安南(今越南)的事务,采取了"不拒黎、不弃莫"策略,成为中国外交史上经典案例。陈大科故居不在寺街,他是通州崇明(今南通市通州区)人,其故居已不可寻迹,但他作为晚明镇守南疆的重臣,与顾养谦有"南陈北顾"之称而载入史册。

明万历年间,安南国内发生黎氏政权与莫氏政权之争,作为宗主国,大明的态度对两个政权的生死存亡有决定权。陈大科从维护安南和平稳定出发,一方面接受一方政权的岁贡,又对另一政权实行安抚,这一审时度势的外交政策,一直贯穿于整个"万历中兴"。

陈大科与顾养谦颇有私谊,常有诗词应和。陈大科服丁忧期间,与顾养谦合作修撰《通州志》八卷,还商量着要重修狼山广教寺。《说文解字》是东汉许慎的传世之作,它是文字史上划破天际的一道闪电,给后世学者留下一把解密古代文字的钥匙。《说文解字》是我国第一部系统研究汉字字形和考究学源的字书，分析了汉字的形、音、义，是研究甲骨文、金文和古音、训诂不可缺少的桥梁，特别是书中对字义的解释保存了最古的含义，对理解古书上的词义很有帮助。可惜许慎《说文解字》在唐代就佚失，流传下来的只有南唐徐锴《说文解字系传》和北宋徐铉《说文解字》。出于对许慎的崇敬，陈大科校刊并刀刻了徐铉《说文解字》，校刊本《说文解字》字大如钱，刀法稳健，墨色沉厚，横轻直重，颇类颜体。作为刻书爱好者，陈大科还刻有《五经旁训十九卷》《初学记》《灵隐子》《太史升菴全集》等，均为珍贵的刻版书籍。

胡状元巧对乾隆联

从寺街南口进去，一直往北，快要走到头，接近北濠河的地方，在紫红色碎石路旁，有扇朱砂红漆大门宅邸，清乾隆五十四年（1789），从大门里走出一位南通城里唯一的状元胡长龄。多少年后，身处京城的胡长龄，回望故乡明月，想起老宅的"绿荫园"，浓浓的乡思涌上心头，即兴写下七言绝句"家园杂忆"：

> 我家小筑城之北，细水春流直绕墙。
> 行过石桥西畔去，丛篁深覆读书堂。

胡长龄小的时候，喜欢到天宁寺玩耍，在天宁寺晨钟暮鼓和早诵晚课的梵呗里，感受人生精进的道理，这些道理，贯穿于他人生处世与入仕为官的始终。他九岁便考取童生，正儿八经的神童。童试那日，胡长龄骑在父亲肩头进考场，考官拦阻道："将父作马，岂能应考？"胡长龄回道："望子成龙，有何不可！"在场者无不惊讶。坊间还有种说法，说胡长龄殿试名次只排在第十位，乾隆皇帝拿到试卷，一看名字"胡长龄"，不禁欣喜道："胡人乃长龄啊！"乾隆是满人，游牧民族，乾隆又年届八十，对这吉祥顺遂的名字自是喜上加喜，遂御笔钦点为魁首。当时有文人以笔记形式《胡长龄以名得大魁》记录此事。

又有一传说，说乾隆曾微服外行，带胡长龄于身边。乾隆有心考一考这位新科状元、翰林院修撰，说，你乃南通州人氏，朕就以通州为题出上联，你对下联。乾隆上联曰：

南通州北通州，南北通州通南北；

胡长龄一转头，看到一当铺，接续下联曰：

东当铺西当铺，东西当铺当东西。

乾隆一听，频频颔首，龙心大悦。

以名得大魁也好，巧对乾隆联也好，都是民间传说，可当真，亦当不得真。不过，胡长龄在官场上与谁亲近与谁疏远，是极为较真的。胡长龄中状元后，和珅有心招纳他，可老兄头硬硬的，俜俜不睬，弄得和珅十分恼火，把他晾在翰林院十年，直到和珅被嘉庆赐死，胡长龄才有了出头之日，先是外放山东担任学政，后累官至礼部尚书，兼署户部。

戴联奎做过胡长龄的老师，也是嘉庆、道光两位皇帝的帝师，若如此论辈，胡长龄跟嘉庆、道光还是同学呢。当然，胡长龄不会傻到跟皇上去称兄道弟，事实上，谁也不会在意他与皇上的这层同学关系，要不然，他被和珅冷落时，穷得在家啃瓜皮，也没人来救济一把。坊间流传胡长龄朋友们看他日子过得太清苦，就在和珅做寿时，悄悄用乌贼鱼的墨汁，仿照胡长龄的笔迹写了一副寿联，送给和珅，还解释说，由于胡长龄太穷，没有一件像样的衣服可出门做客，不能亲自来贺寿，和珅老怀甚慰，这才让胡长龄去山东任学政。后来，和珅倒台，抄家时却没有发现胡长龄的寿联，原来乌贼鱼墨汁写字，时间一长，字迹就消失了。尽管这段子传得有鼻子有眼睛，也只能当相声段子听，或当幽默剧本看。

绿树映水覆为门，关山细雨几消魂。胡长龄虽官至礼部尚书，但一生清廉，身无长物，只留《胡三余堂存稿》和寺街几间老屋于世。当年修建状元府时，官府曾打算征用邻居宅地建园子，但胡长龄坚决不同意损及邻里，就局促地将宅子旁一块菜地略加整理，建成园子。时隔数百年，这些老房子似乎依然在诉说着当年的故事。

乾隆四十年（1775），戴联奎背着行囊，脚步轻轻掠过青石板大街，走出如皋集贤里，进京去赴考，那一刻，他脑子里尽是入仕为官、光耀门楣的念头。他也没想到，他日后竟然成为清代前中期官位最高的汉人。戴联奎与胡长龄同为乡人（乾隆时期如皋已归通州管辖），有着相同的经历，一生都在刻苦求学的道路上跋涉，都不受和珅待见，和珅死后才得以翻身。在清代六部中，戴联奎出任过礼部、兵部尚书，以兵部尚书兼署吏、户、工部，政府的部门都轮着管理了个遍。虽然没当过管理公检法司的刑部尚书，但做过都察院左都御史，也算与司法沾点边。

清代中期，除了戴联奎外，如皋白蒲的沈岐、通州寺街的王广荫，都当过都察院左都御史。都察院是监察机构，类似于今天的纪检监察部门，都察院一把手左都御史与六部尚书合称"大七卿"。王广荫、王广佑、王广福都是进士，王广荫是道光三年（1823）榜眼，官至都察院左都御史、工部尚书，曾举荐和起用过林扬祖、林则徐等一大批国之肱股重臣，王家"一门三进士"的故事，成为清代南通城里的佳话，与宋代如皋集贤里王家"一门七进士"的荣耀互相辉映。

李家梅花范氏文

寺街天宁寺东南曾有处大庭院，庭院里有幢二层的木质小楼，人称"梅花楼"。园子里广植梅花，到了季节，满院子暗香浮动，极为清幽。小楼的主人李方膺有诗云："故园好种梅三十，雪夜寒窗读父书。"这位喜爱画梅、以梅自励的诗人，所画梅花用笔倔强放纵，不拘成法，苍劲有致。画梅时以不剪裁为剪裁，以不刻划为刻划，顺乎梅之天性，不事人工雕琢。他在梅花图上的题诗最能体现他画梅的风格：

  天生懒骨无如我，画到梅花便不同。
  最爱冰枝长且直，不知屈曲向春风。

画梅枝是"长且直"，画花却只有"几点梅花"，尽见疏朗苍劲之态：

  挥毫落纸墨痕新，几点梅花最可人。
  愿借天风吹得远，家家门巷尽成春。

他也喜爱画风竹，画风松，不是轻风，是劲风、狂风，以在狂风中不屈的松竹来自勉。"自笑一生浑是胆，挥毫依旧爱狂风。"这种画风，在他以前，是没有过的。

当时，江淮一带出现一群独具个性的画家书家，与前人相比，他们的作品似乎不合规矩，他们的个性似乎特立独行，人们就把他们统称为"扬州八怪"。李方膺就是他们中的一位。

李方膺康熙三十四年（1695）出生在寺街一个书香门第，字虬仲，号晴江、秋池，父亲是康熙四十五年（1707）进士，官至福建按察使，为官清正，体恤民情，是李方膺从小的榜样。李方膺立志一生做两件事，"奋志为官，努力作画"。在第一件事上，他先后六次出任州、县官，却屡屡因刚正不阿的性格得罪上司，仕途坎坷；后一件事他做了一辈子，把绘画艺术提升到超越古人、今人难及的高度。

像所有铮铮傲骨的文人一样，李方膺弃官后两袖清风，积蓄无多，常行走于扬州，诗文会友，卖画为生，与金农、郑板桥、黄慎、罗聘等人交往密切。他有诗云："我是无田常乞米，梅园终日卖梅花。"他在画上常钤"换米糊口"之印，寄居金陵（南京）项氏借园时，自号"借园主人"。乾隆二十年（1755），李方膺在寺街家中辞世，临终前，他拖着病体做了两件事，一是写信让他的好友、当时的文坛领袖袁枚给他写墓志铭，二是在棺木上写下自己一生的遗憾："吾死不足惜，吾惜吾手。"

水部风流思入梦，梅花楼上酒千杯。李方膺带着他的梅花梦，葬于通州城西北十八里河口李氏墓园。没几年，家人卖掉老屋和梅花楼，移居北郊钟秀山。

与梅花楼相去不远，寺街西侧塞巷的尽头，静静地伫立着一幢一井三堂、五柱七架的明代建筑，宅子大门悬挂着"天官第""进士第"两块光绪年间的匾额，穿过门堂，进入院落，正堂屋上方的一块横匾"孝子"二字，揭示了老屋一代代的主人"忠厚传家，诗书继世"的隐秘。

老屋的主人姓范，北宋名臣范仲淹的后人。明嘉靖年间，范仲淹后裔一支从苏州迁居南通，在这里晴作雨读，世代相传，以诗书继世，薪火相传，十三代文脉绵延不绝，铸成了令人瞩目的世家文化景观。

南通范氏以明万历二十三年（1595）贡生范应龙为一世祖，范应龙曾任山东庆云县令，生性淡泊，仁慈忠厚，以清流自守，自全人格。他"少有文名，为学者所宗，诸生门下者可二百许"，在通州形成最初的影响。范应龙三公子范凤翼明万历二十六年（1598）中进士，任吏部员外郎，负责对官员的考核升迁事务。这可是官小权大的职位，官员拍马屁的趋之若鹜，可范凤翼油水不进，任你阿谀奉承，我自岿然不动。在这任上，他有两件事既得罪左右，又冒犯上司。一是揭发贪官污吏数十人，惹了众怒，二是举荐东林党党魁顾宪成、高攀龙，受到阉党弹劾，被削职为民，退隐故里，建了个"退园"，娱情诗酒。

说起来，范凤翼并不甘心蜗居乡里，依然混迹主流社会，所以经常奔波往来于扬州、金陵之间，结社交友，成为东南文坛领袖。范凤翼的儿子范国禄，以江东第一才子傲立于世，20岁便为"通州诗文之冠"，与《桃花扇》作者孔尚任、《池北偶谈》作者王世祯、说书名家柳敬亭互有来往。

可惜的是，范国禄虽然以诗闻于当朝，但因文字狱而不见容于通州，不得不远走他乡，避祸于湖南、江西、山东、河北之间，达十余年之久。尽管如此，范国禄的诗歌创作仍达很高成就，著有《十山楼诗》《十山楼文稿》，他与他的父亲范凤翼，形成范氏世家诗文的第一个高峰。

晚清是范氏世家诗文的第二个高峰，以范当世（范伯子）为代表。当时的文坛巨擘陈散原（陈三立）称范伯子有"瑰异之气"，苏东坡、黄庭坚之后无此奇才。陈散原的父亲是湖南巡抚陈宝箴，儿子陈师曾是著名美术家，陈师曾受张謇之邀，在通州师范学校任教，中年便染病去世，梁启超在悼词中说"师曾之死，其影响于中国艺术界者，殆甚于日本之大地震。地震之损失，不过物质，而吾人之损失，乃为精神"。范伯子的妻子是安徽桐城派领袖姚鼐的后人，他们的女儿嫁给陈师曾为妻，所以，陈散原与范伯子是儿女亲家。亲家夸耀亲家有"瑰异之气"，看上去有吹捧之嫌，但那时的文人，秉笔直书，有啥说啥，况且，陈散原此论倒也切中綮肯。

范氏世家诗文传至当代，著名画家范曾为扛鼎之人。历时五百年，传续十三世，南通范氏诗文不断演化，形成特有的诗风，积累了深厚的文化意蕴和历史内涵，成为寺街上的一大文化传奇。

西南营：静守在历史背影里

西南营是南通城里明清建筑的活化石，是凝固的诗行，那古街两侧的青砖白墙，屋檐下的青苔，充满历史痕迹的木门，都让人感慨岁月的沧桑，感叹时光的流逝。

西南营这名字，得自于明朱洪武（1368—1398）之赐，那时候，明太祖朱元璋在通州设置了守御千户所，有士兵1120名，分为十营，分别驻守城之各隅，守在东北角的就叫东北营，守在西南角的就叫西南营。后来，有的营被裁掉，有的合并了，只有西南营还留有古代军旅的遗痕。

西南营在寺街南边，中间隔着一条人民路，它的南边和西南边，是张謇兴办的东西南北中五座城市公园，明清之际的官宦、文人、商贾，大多喜择居于此，于是这里留下了许多深宅大院。有韩国的"屈原诗人"金沧江故居，有中国最早的建筑师孙支厦旧居，有著名演员赵丹故居，有顾氏大宅、徐家大院、冯家小楼，这些深宅大院，都是青砖黛瓦，有高高的院墙、雕花的屋檐、厚重的大门，以及用铜钉钉成漂亮图案的高高门槛。

西南营西头曾有一条南北流向的市河，河上有展龙桥、玉带桥、凤凰桥、广福桥四座小桥，明洪武年间刑部尚书李敬的府邸就在玉带桥畔。今天，市河和小桥均躲藏在历史的背影里了，李府也早在明万历年间荒废，后由谁人重建，不得而知，晚清时由陈南琴所居。陈南琴曾为清朝地方官，归故里后，一

南通蓝印花布

边支持张謇兴办女子师范学校和唐闸育婴堂，一边重整旧宅。整修后的陈氏大宅，一进五堂，一堂一天井，一堂比一堂高，寓步步高升之意。天井里设亭、游廊、假山、小溪、石桥、池塘，陈南琴整修陈宅，融合了民国风格，使陈宅成为兼具明、清、民国风的大宅。

西南营里纵横交错十几二十条小巷，这些小巷的名字都各有个性，甚至霸气。掌印巷因巷内出掌印高官而得名，衍生了以"掌印"为主题的官场文化；冯旗杆巷名字有多种来源，都与读书人中榜而光耀门庭有关；惠民坊名字已存在了上千年，是通州城当年19个街坊的唯一存世版。

西南营所有的建筑特点，在南关帝庙东端的"海门府"都能一一找到。"海门府"，望文生义，以为是座官衙，其实它是海门厅同知王宾的宅第。王宾于光绪二十九年（1903）离职后，便在通州南关帝庙旁边置产，建了两组各五进的大宅。大宅具有典型的明清建筑特色，采用通州"一进五堂"布局，院落宽敞、庄重朴素、空间含蓄而有层次，前四进设厅，厅两侧为房，后进为辅助用房，东侧有花园，东南方为家庙和书房。今天的"海门府"，依然完好地保存了明代后期的梁架结构。

跟寺街一样，西南营住民大多为官宦之家、读书世家，在掌印巷一户不起眼的板门上，刻着一副起眼的门联，联曰：

> 莳花须放出头地，
> 种石要立定脚跟。

这所房子的主人周懋琦曾出任台湾府知府，官至赏一品封典二品衔，也就是说，皇上赏赐他官帽上配饰红宝石（后来改为透明红玻璃）顶戴，封其妻子为二品夫人。那时，只有二品以上大员的妻子才能称夫人，三品以下家眷分别称淑人、恭人、宜人、安人、孺人。

周懋琦老家在安徽绩溪，随祖辈来通州经商，定居掌印巷，他母亲是单家店（今平潮）人，妻子是通州名臣、曾任福建巡抚徐宗干的侄女。徐宗干在通州办团练，看中周懋琦，招其入幕府，协助自己做事，之后又举荐他步入仕途。徐宗干赴任福建，留周懋琦在身边调用。同治十一年（1872），周懋琦就任台湾府知府兼护台湾道，这期间，他建造了台湾第一座水库——虎头埤水库，建造了安平炮台，倡议并捐款修建了"延平郡王祠"，确立郑成功在台湾的地位，台湾民众每年都要在台南大观音亭兴济宫，进行春秋两次祭典活动，弘扬中华传统文化。

周懋琦在台湾任知府期间，做的最重要事情，莫过于绘制了《全台图说》。同治十三年（1874），日本出兵台湾，意图吞并清朝藩属国琉球。清政府派福建船政大臣沈葆桢赴台办理交涉，周懋琦作为时任台湾知府，参与谈判。事端平息后，清政府意识到大清国的疆域所在，口说无凭，需有图为证。于是，周懋琦组织福州船政局的学员，对台湾全境进行精准测绘。《全台图说》中记载清乾嘉时期台湾的疆域区划，其中关于"钓鱼台（岛）"的一段记述："山后大洋有屿名钓鱼台，可泊巨舟十余艘"，佐证钓鱼岛为我国领土，有图有真相地厘清领土争议，成为钓鱼岛历来为我国领土的重要历史证据。后来由于行政设置变更，周懋琦所编台湾测绘图未能印行，光绪五年（1875），台湾兵备道夏献纶新编《全台舆图》，周懋琦为之撰跋语，强调筹防台湾的重要性。《台湾文献丛刊》第 216 种《台湾舆地汇钞》之十收录周懋琦撰写的《全台图说》文稿，并记载：

> 周懋琦曾于同治十一年任台湾知府及台湾道，所撰《全台图说》系在光绪初年台湾行政区划改革之前。其所附论说，多为后来析疆分治时所采纳。

周懋琦先后在台湾、福建、湖北任职，曾率学员赴海外留学，发明一种"子玉算盘"，南通珠算博物馆有收藏。

世界著名建筑师艾里尔·沙里宁说："让我看看你的城市，我就能说出这个城市的居民在文化上追求的是什么。"人来人往，花开花落，千年的光阴，也只是在倏忽之间。岁月改变了容颜，却改变不了历史上的故事和老街古巷里的宁静。寺街、西南营没有在推土机的轰响中颓圮，小巷深处的乡音俚语与走街串巷的叫卖声，呈现了历史与现实的律动，文化的血脉滋润着这座千年古城。

NANTONG
THE BIOGRAPHY

南通 传

江海食脉：东南第一佳味

第十六章

舌尖上穿越古今

叶兆言在《江苏读本》中提到，淮安人讲究饮食，所谓"淮刁"，据说最初指的就是"嘴刁"。

都说淮安人"嘴刁"，这没错，但南通人恐怕嘴更刁。

且不说别的，南通滨江临海，河网密布，江鲜、海鲜、河鲜，四季有鲜，鲜遍天下，江海大地物产丰富，与淮安一时瑜亮。

淮安是淮扬菜发祥地之一，南通是江海菜（又叫通帮菜）的产地。

有一段时间，与浙江菜一起支撑"南食"台柱子的江苏菜，只把金陵菜、淮扬菜、苏锡菜、徐海菜作为苏菜的四大名旦，而地处江苏东南一隅的南通，因为历史上一直隶属扬州府管辖，故而把通帮菜归于淮扬菜系。

后来，有一位人士不服气了，他就是江苏省烹协会名誉主席、曾经担任江苏省委书记的江渭清。江渭清在江苏省烹饪协会的一次常务理事会上说："江苏菜不止四大风味，还有一个江海风味——南通风味不能漏掉！我在南通南公园吃的'蟹粉海底松'和'烙文蛤'等海鲜菜，是我们江苏省最出色的菜。"

于是，江海菜走上了前台。

江苏菜系发源于先秦时期。先秦时吴人善制炙鱼、蒸鱼和鱼片，齐国的易牙创制了"鱼腹藏羊肉"，专诸为刺吴王，在太湖边学做"全鱼炙"，这就有了后来的苏州松鹤楼"松鼠鳜鱼";后来,汉代淮南王刘安在八公山发明了豆腐,梁武帝萧衍信佛,提倡素食,以面筋为肴,晋人葛洪发现了食用菌……这些美食的发源,都与江苏有关。

作为江苏美食菜系,源头已经够早的,可还有更早的。

当海安青墩先民在6000年前撒下第一把稻种、采摘第一粒芡实和菱角的时候,当他们第一次把麋鹿、猪、牛赶进圈栏的时候,当他们第一次在干栏建筑里保留火塘的时候,当他们用陶制二流三流壶盛放自酿米酒的时候,他们绝没有意识到,他们正从事着一项伟大的创举,他们不经意地用烤的、煮的、蒸的、熏的、腌的、酿的种种烹饪技艺,开辟了"民以食为天"新天地,开启了江海美食之先河。

尉迟宝林是初唐贞观年间(627—649)唐太宗李世民手下的大将,历史对他的记载不多,但南通人对他记忆犹新。那时,如皋与胡逗洲刚刚连接,形成了一个马蹄形的海湾。人们在此开垦荒田,开挖河港,挖出了一方石碣,上有"凤凰所栖,乃是宝地,石港新开,幸福万代"16个字的偈语,后遂有石港地名。这可是祥瑞之兆,各级官员便一层一层上报,李世民闻之,大喜,动了亲临宝地巡视的念头,顺便品尝东南海鲜美味,于是,派遣尉迟宝林在石港监造行宫。

尉迟宝林是个吃货,对美食有着抗拒不了的嗜好,他监造行宫有十年时间,要求厨师食谱天天不同,品种餐餐有异,名义上是为皇上备菜,实际上是近水楼台先得月。

石港厨师做尽了当时名菜,搜尽了民间土菜,将盐民的"盐焐鸡""盐虾",渔民的"跳文蛤""炝蜂鼻""泥螺""蟹鲜""腌彭蟆""炒烧海蜇",农民的"炒和菜""荷包扁豆炒蟹粉""野鸡丝""蘘荷炒毛豆",寻常百姓家的"金山藏玉斧""醋椒桂花鱼""扣鸡""淡菜皱纹肉""香酥肴蹄""灌蟹鱼圆"等,都搬上了餐桌,还是达不到"菜谱天天不同,餐餐要变花样"。

石港厨师便另辟蹊径,在废弃的烹饪下脚料中,开发新食源,创制新品种。比如,用鱼肠做成"烧卷菜",鱼皮做成"烧龙衣",鱼软骨做成"明骨烩双丁"……他们将鱼骨熬成胶汁,冷却后成为晶莹透明的"鱼脆",做冷菜和甜品；将废弃的鱼头、鱼鳔烧成"鹿头银肚"，成为华夏独秀；鱼皮在当时用于制革、建筑、衣裳、饰物，也被石港厨师搬上了餐桌，成为绝味珍品。

唐太宗终是没来石港，尉迟宝林监造的行宫也化为人们足下腐土，不过，尉迟宝林却无意间成就了南通菜肴的美名。当然，尉迟宝林也做过一些其他事，比如挖了几条串场河，修了几座寺庙和宝塔，所以，南通人至今还记得他。

尉迟宝林见识的，还只是寻常百姓餐桌上的日常口味，到了宋代情况就不一样了。宋代是江海菜一个重要发展期，那些散于居民、盐民、渔民、移民中的风味菜点，经过留优汰劣，逐步进入菜馆，植入筵席。在专业厨师那里，民间至味提升为筵席大菜。比如盐焐鸡，从煮盐锅里移入砂锅后，通过整鸡出骨加馅，外包网油、荷叶的盐焐技术，派生出"八宝虾蟆鸡""鸡包鱼翅"等名菜。又如在船上氽制的鳞虾，转入厨房后，派生出"白灼虾""盐焗蟹""酥鲫鱼"等。一招鲜，吃遍天，身怀绝技的厨大师，走到哪儿，香到哪儿。

明末清初李渔《闲情偶寄》是"中国人生活艺术的指南"（林语堂语），阐发了日常膳食中民间饮食的美学意蕴。李渔的饮馔之道、治膳原则，可以用24个字来概括："重蔬食，崇俭约，尚真味，主清淡，忌油腻，讲洁美，慎杀生，求食益。"李渔在300多年前就强调"绿色食品"，注重生态平衡、自然和合理合度的饮食。如皋这一方水土，滋养了李渔的美食思想。

与李渔同时代的董小宛，一位身世哀婉的奇女子，民间把她与善于煲汤的商代宰相伊尹、发明调料的春秋名厨易牙、精通水产品加工的春秋吴国太和公、《酉阳杂俎》里名菜主理唐代女厨膳祖、五代尼姑梵正、南宋宫廷女厨刘娘子、南宋民间女厨宋五嫂、清代女点心师萧美人、清代烹饪理论家王小余一起，评为"古代十大名厨"。

董小宛在水绘园里烧得一手好菜，清代徐缙《崇川咫闻录》中，记载了不少南通名菜点，其中就有董小宛制作的"董糖""董肉""鸡包鱼肚"等。董小宛用精细白糖、褪壳芝麻、纯净饴糖、上等面粉做成董糖，香而不艳，甜而不腻。她用各种鲜花制花露，用瓜果熬果膏，腌制的咸菜黄的如蜡、绿的如翠，各色野菜一经她手，都有一种异香绝味。她做的火肉有松柏之味，风鱼有麋鹿之味，醉蛤如桃花，都妙不可言。冒辟疆在《影梅庵忆语》里回忆董小宛的厨艺，禁不住哀叹道："我这一生的福，在这九年中全部享完了。"

如皋俚语里，把特别喜欢和疼爱的晚辈，叫作"小肉肉""乖乖肉"。董小宛发明一种肥而不腻、香甜可口、油亮光滑、纹似虎皮、软烂醇香的红焖肉，与苏东坡的"东坡肉"齐名，后来又叫"走油肉""虎皮肉"，但如皋人坚持叫"董肉"不改口。如皋人视董小宛为自家女儿，心疼她，怜惜她，把这道菜叫"董肉"，有"小宛乖乖肉"疼惜的意思在内。

除了李渔、董小宛，明清时期的陈实功、冒辟疆、柳敬亭、李方膺、胡长龄、金榜、徐缙等，都是南通文化名贤，名魁天下，作为南通烹饪文化的知音和阐扬者，对通帮菜系起到独特的文化推动和弘扬作用。清代史学家金榜所著《海曲拾遗》，详尽描述南通四时菜点制法与起源；王渔洋在《池北偶谈》中阐述南通民风与食俗的关系；晚清尤瑜所著《烹饪教科书》，是中国第一部烹饪教科书，启动了中国烹饪教育；没有人知道状元公张謇会不会烧菜，但他深谙美食之道是肯定的，民间有"謇公菜"之说，张謇在女子师范学校开设烹饪课，在中国第一次把烹饪教育引进学校；被誉为"福建第一菜""中华第一羹"的"佛跳墙"，发源地在如皋，其原型是如皋"上八珍"，由时任清光绪福建布政使周莲带去福建后演绎而来。

毋庸置疑，及至今日，"江海菜""通帮菜"，已是江苏菜系中的新晋花旦。

民风食俗江海韵

一个地方吃的习惯,是经济生活的反映,它与当地生产方式与农副产品关系密切。

北方人爱吃面,南方人喜吃米;西方人做面包,中国人做馒头;山西人惯吃醋,湖南人善吃辣。《博物志·五方人民》中说:"东南之人食水产,西北之人食陆畜。食水产者,龟蛤螺蚌以为珍味,不觉其腥臊也;食陆畜者,狸兔鼠雀以为珍味,不觉其膻也。"这正应了那句话:"靠山吃山,靠水吃水。"

南通是冲积平原,地势西高东低。地势高的地方种玉米、高粱、蕃芋,盐碱含量高的地方植棉花、间种三麦,水源足的地方长水稻。所以,南通人既

江海美食

吃米，也吃面。

很久以来，吃大米是奢侈的事，主要还是以三麦（大麦、小麦、元麦）为主。小麦可以磨面蒸馒头，富裕之家才有白面吃。大麦可以磨碎了煮饭烧粥，如东、如皋、海安一带叫"糁儿饭""糁儿粥"。元麦磨碎了煮的饭粥，通州人叫"粯子饭""粯子粥"，启海人叫"麦栖"。粯子饭、粯子粥粗糙、碜嘴，很不好吃，南通民谣说道：

> 姐儿吃饭面朝北，
> 顿顿吃饭顿顿哭。
> 亲娘问她什伲事？
> 五月六月喝薄粥。
> 一碗薄粥喝到底，
> 三粒粯子两粒米。

当然，元麦也有好吃的时候，比如做"冷紅"。冷紅也有叫冷蒸、冷嫩、麦蚕的。每年初夏，元麦灌浆之际，将青麦穗去芒去壳，翻炒磨碎，捏成团，青青的，香香的，糯糯的，这叫冷紅，好吃。此时，乡下人就会臂弯挎个竹篾淘箩，盛放半淘箩冷紅，用湿毛巾盖着，进城走亲戚，让城里人"尝青"，城里人会留她吃顿大米饭，回份礼，诸如茶食什么的，城里人乡下人走动便热络起来。

只要是南通人，都知道一句俗语："吃不穷、穿不穷，算计不好一世穷"，这是南通人持家过日子的座右铭。在农事上，南通人采用套种、夹种，麦田里夹种蚕豆、豌豆，麦田里套种棉花，棉花田里夹种玉米、香瓜、西瓜、花生，"十边田"上长黄豆、蚕豆，最大限度地利用土地。或许是五方杂处和盐碱荒滩的原因，南通人在餐桌上凡是能吃的，一样不放过，当令蔬菜吃不了就腌起来。南通人爱吃咸菜，过年做馒头馅，平时咸菜烧豆腐、咸菜肉丝汤、咸菜烧豆瓣。启东海门人叫咸菜烧豆瓣为"盐齑汤"，还说"三天勿吃盐齑汤，脚髁郎厢酥汪汪"，可见有多爱。

"春有刀鲚夏有鲫鲋，秋有蟹鸭冬有野蔬"，南通人一年四季都有好东西吃，时令更替，不同物产轮番上市，百姓餐桌上便花样百出。当地有句话："春咬、夏食、秋啃、冬守"，说的就是不同季节里的饮食规律。

明代沈明臣《通州志》、清代徐缙《崇川咫闻录》和金榜《海曲拾遗》里，对南通地区四时饮食有详细归纳：岁首迎新吃手巾糕、百果花糕，正月里食春卷、蛋饼、博饼、火饺，清明采蒿叶作馅饼，踏青采柳芽作柳芽翠烙，食韭菜合子，立夏食五香茶叶蛋、大方糕、萝卜饼，采嫩玉米作珍珠笋，夏月食绿豆葛粉糕、藿香饺、水酵馒头、蜂洞糕，中元日包馄饨做扁食、做十字饼、煎夹子，中秋采藕做蟹壳藕饼、采南瓜做饴饼，食玫瑰饼、桂花饼、月饼、椒盐油饼、髓饼、文蛤饼，九月里蟹包、狼山鸡丝饺、重阳糕上市，十月里烤山芋、烘年糕、蟹黄汤包、鸡丝汤包、蟹黄养汤烧卖应市，冬至食元宵、刀切面、五香螺，十一月食臭豆腐干，腊月里食腊八粥、鸡丝粥、豆腐脑。这中间，糕点是四时礼俗必备之物，婚礼送鸳鸯果盒，堆花糕馒，吉礼送蟠桃果合，敬神祭祖要用几十种花色糕点和菜肴，入童蒙、入塾、婚嫁、告庙、除灵、迁居、诞辰，莫不以糕点为礼。

中国人的习俗，善于把吃饭与节庆、礼仪结合在一起，南通也不例外，并且十分有趣。过春节、办喜酒、收工酒，酒席上的鱼不能动，鱼端上桌时，客人要连声喊"余（鱼）下来，余下来"，表示对主家的尊重；小孩在筵席上不可先动筷儿，要等大人搛过之后才能伸筷儿，搛菜还要浮上搛，不能兜底抄，更不能饭没扒几口就连搛几筷子菜，"隔河"搛菜更要不得，表示有家庭教养；吃喜酒、吃寿面、吃斋饭，客人送的食品，主家要回一部分以表敬谢，否则就坏了规矩，让人看不起。这样的食俗礼仪，反映了南通人在道德品行与行为规范上的严谨。

筵席，代表一个地区饮食的综合性和整体水平，菜点的数量、质量，色泽、形态、口味，关系要协调。南通的筵席，具备均衡、协调、多样化的特点。在原料上，南通筵席有燕窝席、鱼翅席、熊掌席、鱼皮席、鱼肚席、鸡肚席、刀鱼席等；在规格上，起先是八大碗、十大碗，没有冷盘，全是大菜，后来为了下酒，便有了八碗四碟、六碗六碟、八碗八碟、八碗十碟、六冷六炒六菜等；在烹调上，炒、烩、溜、炸、氽、蒸、煮、烤，无所不用。炒菜中，第一道菜本味清炒，口味清淡，第二道菜稍有汤汁，给客人润润口，第三道菜溜炒，调剂口味，第四道菜炸煎、锅贴、烧烤，之后就上头菜。头菜是有汤汁的烩菜，二菜一般是鸡、鸭，三菜是鱼，四菜是甜菜，五菜是叫座菜，一般是红蹄、走油肉，六菜是汤菜，七菜是海底松、烙文蛤、炸烹狼山鸡块之类，八菜是蔬菜。南通筵席是菜点的组合艺术，主料若是鱼，辅料就用禽蛋、畜肉，做成鱼羊鲜、鲫鱼嵌斩肉、鸡火鱼皮鲞、蛋煎鱼等，避免单调寡味，给客人的舌尖至美享受。

如皋是著名的长寿之乡，许多人力图解锁如皋长寿奥秘，对如皋人的膳食关注犹多。当然，人之寿命，与日常起居和饮食习惯密不可分；旁观者的探索与分析，总有隔靴搔痒之感，因为他缺乏实境的生活体验，而如皋人自己的总结，可给人以启迪。

如皋人陈根生、王友来对如皋膳食有长期研究，根据他俩的归纳，把如皋人的饮食之道归结为"淡、杂、鲜、野"四个字。

淡。粗茶淡饭，以素为主，拒绝大鱼大肉、重油重糖、大吃大喝、暴食暴饮，青菜、萝卜、豆腐当家菜，每天一干二稀不缺顿，根据对一百多位百岁老人的调查，他们爱吃的蔬菜依次是青菜、韭菜、菠菜。

杂。主食吃得杂，吃杂粮，什么都吃，不挑嘴，玉米面、大麦、小麦、元麦、山芋、南瓜、花生、蚕豆、白果，基本不离，粳米粥、糁儿粥、玉米粥，顿顿不少，偶然吃了一次油腻之物，会迫不及待地喝碗糁儿粥去腻。

鲜。鱼要出水鲜，肉要当天宰，虾要当天捞，蔬菜要带露拔，毛豆要早上剥，豇豆要清晨摘，芋头要当场刮，文蛤要现场劈，豆腐茶干要当天做。新鲜的原汁原味的食物，营养成分破坏少，不仅滋补，还有审美享受。

野。乡谚说：如皋人，生得怪，有菜不吃吃野菜。董小宛在水绘园就"蒲、藕、笋、蕨、鲜花、野菜、枸、蒿、蓉、菊之类，无不采入食物，芳旨盈席"（冒辟疆《影梅庵忆语》）。如皋人餐桌上，春有香椿头、榆树头、枸杞头、马齿苋，夏有芦笋、小蒜，秋冬有胡萝卜缨、荠菜、毛老虎、狗脚瓣、鹅儿头、紫花菜，黄花菜更是他们的钟爱。

江海老味道

江海老味道之老,不仅是在味蕾上绽放时光久远的记忆,更是南通人代代延续的乡恋乡思。

清末民初如东栟茶人缪文功有诗《采鲜行》,对南通江珍海鲜进行铺陈描述,"吾乡滨海富珍错,佳味登盘殊不恶","我生本非饕餮人,到此居然难俭约",在这里,连做一个节俭之人都不容易,可见舌尖上的美味是让人多么的陶醉与流连。

南黄海渔民间,传唱着一首《十二月鱼鲜歌》:

万里黄海水连天,我家住在黄海边。
一年四季十二月,月月鱼儿离水鲜。
正月里龙头鱼儿来报喜,二月里刀鱼正当时。
三月里黄花鱼上了市,口吃鲜鱼心上喜。
四月里鳓鱼大眼白,五月里马鲛来当家。
六月里鲹鱼肥又大,捕鱼人我笑哈哈。
七金八鲅九箭头,十月里来鲻鱼像铁头。
十一月带鱼白如银,十二月鲈鱼最出名。

海鲜固然令人垂涎，但南通人记忆最清晰的还是"长江四鲜"：刀鱼、河豚、鲥鱼、鮰鱼。

扬子江头雪作涛，纤鳞泼泼形如刀。光绪《通州直隶州志》有记载："刀鲚俗名刀鱼，在海名黄雀鱼，仲春由海入江，鲜白如银，长如匕首。"此时的刀鱼，骨软肉嫩，鲜美无比。李渔曾有言，说食鲥鲟易腻，而食刀鱼"则愈嚼越甘，至果腹而不能释手"。

刀鱼极鲜，肉极细，但刺极多，明末清初文学评论家金圣叹认为刀鱼刺多是人生恨事之一。但有人对刀鱼多刺却十分欣赏，认为吃刀鱼须得慢慢

王个簃所作《刀鱼图》

吃慢慢品，就好像品咂人生，慢慢品，才能品出人生的甘美来。

京剧大师梅兰芳极爱刀鱼，但刀鱼刺多，倘若伤了嗓子，那可是了不得的事。南通大厨便使出"皮里锋芒肉里匀，精工搜剔在全身"的技巧来，将刀鱼剔去鱼刺，做出冷盘、热炒、大菜、点心俱全的"无刺刀鱼全席"，梅先生十分欣赏。

"吴门画派"传人、沪上国画名家王个簃是海门人，自然对刀鱼很不陌生。一次，挚友请人带了几尾大条宽边刀鱼到沪上，用箩筐装着，送与王个簃，王个簃一见这上海滩极为稀罕的大刀鱼，十分高兴，立马趁鲜烹烧，与恩师吴昌硕对酒分享，随后即兴作《刀鱼图》请恩师指点。《刀鱼图》笔墨凝练，形神兼备，吴昌硕十分赞赏。王个簃于图上一横一纵题双款，纵款曰："通州

钱浩斋赠刀鱼数贯与缶翁煮酒共啖作此遣兴,丙寅个簃贤。"横款是七言绝句一首:"大江之委正月天,有鱼游刃味至鲜。子舆不云鱼我欲,对兹合馋三尺涎。"此画1932年在伦敦、柏林获奖,乃王个簃代表作。王个簃1926年创作了这幅画,28年后的1954年,他又在画上题长跋,以回忆此事,纪念恩师。

在南通一带流传一句话"拼死吃河豚",意思是说,河豚有剧毒,但肉质鲜美无比,挡不住诱惑,拼却一死,也要品尝禁脔。

一条野生河豚,足能毒死30个大人,让人不寒而栗。旧时,每到长江春汛,就会时不时地有人因吃河豚而亡的消息传来,甚至一家老小灭绝,官府屡屡发布禁食河豚令,一些明白人也规劝莫食河豚。明代李时珍《本草纲目》说河豚"味胜山珍,毒超砒霜","美无度,祸无涯"。

于是,拼死吃、谨慎吃、绝不吃,三种争论便喋喋不休起来。

南通的如皋、无锡的江阴、镇江的扬中是河豚的主产地,南通河豚以如皋长江镇最有名。明《嘉靖通州志》、《万历通州志》和清《光绪通州直隶志》均对南通河豚有记载。苏东坡诗云:"竹外桃花三两枝,春江水暖鸭先知。蒌蒿满地芦芽短,正是河豚欲上时。"每到此时,长江镇的河豚烹饪高手就忙碌起来。河豚的毒素主要集中在内脏、性腺、血液、眼睛、腮等部位,肉质不含毒素,所以,厨师清洗河豚都非常小心,把这些蕴含毒素的部位,分门别类集中收集,少一点都不行,所以"拼死吃河豚"就有了专业的说法,叫"拼洗吃河豚"。河豚烧好,厨师先吃,半小时后才上桌,上桌后,主家先动筷,绝不邀请客人"请吃,请吃",客人谁想吃,自便。

现在,海安市老坝港中洋集团试养无毒河豚成功,养殖的河豚成为筵席之上常见之物。

南通天生港、芦泾港、任港、姚港、狼山一带,出产的鲥鱼远近闻名。鲥鱼在明万历年间起为岁贡品,清康熙时已是"满汉全席"中重要菜肴,被宫内授予"鳞品第一"。不是所有的老百姓都能吃得起或吃得到鲥鱼的,清代,通州官场有一个惯例,凡江边捕得的第一尾鲥鱼,必先送总兵,总兵必不受,再送知州,知州仍不受,再送训导,训导又叫教谕,是儒学学官,儒生的老师,训导即受而食之。这一惯例,年年以此为常,表示尊师重道。无独有偶,有一年端午节，有人送徐悲鸿夫妇一尾鲥鱼，夫妇俩不舍得吃，即派人送往年长的齐白石，并附送一包粽子，又怕齐白石不知烹烩特性，还随信一封，嘱咐烹制时"不必去鳞，因鳞内有油，宜清蒸，味道鲜美"。

鲥鱼的烹制很讲究，需要达到袁枚在《随园食单》所说"有味使之出，无味使之入"的原汁原鲜、滋润绝美的境界。在食用上，有三个品尝层次，第一层，鱼鳞闪闪发光，入口丰润，富含胶原蛋白，滋养皮肤；第二层，鱼鳞下面的灰色肉质，口感绵密，富含不饱和脂肪酸，可降低胆固醇；第三层，细腻且蛋白质丰富的白色鱼肉，鲜嫩肥美。食时，先轻轻拨开鳞面，取出一两片，含入口中，细细吮吸一番后吐出，时人称此"鲥鱼吃鳞，甲鱼吃裙"，然后就可慢慢品尝鱼鳞之下的鱼肉了。美食家沈宏非概括说："鲥鱼之鲜美不仅在鳞，而且是一直鲜到骨子里去的，也就是说，鲥鱼的每一根刺都值得用心吮吸。"不过，由于过度捕捞，野外逐渐难觅其踪。1988 年，鲥鱼被列入《中国濒危动物红皮书》。

鮰鱼的学名叫"长吻鮠"，又叫"江团""肥头鱼"，南通老百姓叫它"肥丫""白戟"，生长在大江大河的激流乱石之中。鮰鱼的季节性很强，春季叫"菜花鮰"，秋季叫"菊花鮰"，均肥硕腴美，大的能长 30 斤以上。

鮰鱼是淡水食用鱼中的上品，其鳔特别肥厚，干制鮰鱼肚十分名贵。鮰鱼的鱼皮有弹性，而且胶质多，红烧最佳，烧出来以后的色泽红润油光，鱼块还裹着一层薄而匀的卤汁，汤汁根本不用勾芡，因为鱼本身的胶质已经有了黏性，也就是所谓的"自来芡"，鱼表皮肥糯滋润，肉质软嫩无刺，酱味鲜咸之中有甜味。

南通烧鮰鱼，一般是红烧和白汁。

"红焖鮰鱼"色泽红亮，经长时间焖烧，各种调味品渗透至鱼肉内，味道咸中带甜，腴嫩鲜香，卤汁浓厚，滴汤成珠。吃这道菜，鱼和皮并重，各占一半。入口时鱼肉鲜嫩、鱼皮黏糯，有类似胶着的感觉；"白汁鮰鱼"汤汁似乳，稠浓粘唇，肉厚无刺，鲜嫩不腻。

鮰鱼固然好吃，鮰鱼鼻子更好吃。"鮰鱼鼻子"是指从鱼头到鱼眼睛到鮰鱼唇的这一段，是最肥美、最柔滑的地方，亦称"鹿头"。

不过，话说回来，南通江鲜河鲜固然独具特色，但跟海鲜相比，在品种上还不可同日而语。黄海的海鲜与东海、渤海、南海的海鲜有不同之处，清道光年间（1821—1850）姜灵煦《渔湾竹枝词》提到"本港海鲜"一词，现在的南通人便把与众不同的如东、启东、海门所产海鲜叫作"本港海鲜"。

很久很久以前，黄海也是蔚蓝的。700多年前，黄河夺淮入海，将大量泥沙输入黄海，沉积在黄海之中，而长江、淮河对黄海也不吝啬，日夜向黄海搬运泥沙，使黄海的黄皮肤难以褪色。这也带来一个好处，从长江、淮河奔向大海的水，携带大量悬浮生物和有机物，黄海浮游生物大量繁殖，使本港海鲜具有独特的鲜美口味。

本港海鲜品种上万，常挂在嘴边的名贵品种半百。大黄鱼、小黄鱼、鲥鱼、鲻鱼、银鲳鱼、带鱼、推沙鱼、梅头鱼、鲈鱼、鸦片鱼、多宝鱼、安康鱼、板鱼、马鲛鱼、箭头鱼、马面鲀、黄姑鱼、白姑鱼、秤心鳗、条鱼、文蛤、竹蛏、梭子蟹、金钩虾……无一不是美味。

南通味道，已经在漫长的时光中，跟故土、乡情、勤勉、坚忍这些人类美好情感和信念融合在一起。极致的美食，缩短了他乡与故乡的距离，才下舌头，却上心头，分不清哪是滋味，哪是情怀。

南通人常把一句话挂嘴边：每个城市都有不一样的街景、不一样的美食，不过，没有你的身影，似乎都一样。

NANTONG
THE BIOGRAPHY

南通 传

嶝出东方：海上丝绸之路新出海口

第十七章

孙中山《建国方略》里的吕四港

暾将出兮东方,照吾槛兮扶桑。

江苏第一缕阳光每天照旧从启东圆陀角升起。某一天,当太阳再一次升起,情况突然变了:一条钢铁长江大桥跨越南通、上海,天堑变成通途,昔日乱石堆积、芦苇摇曳的海滩,竖起一排排塔吊和龙门吊,高大的厂房鳞次栉比,一座座海上生产平台,像突然间长出来的小岛。圆陀角阳光照耀着的,是中国最大的海工平台生产基地。

孙中山先生 100 年前描绘的民族复兴宏图,正在这一代中国人手中实现。孙中山先生虽然没有到过南通,但他与南通的深厚渊源,却可以追溯到民国之初。

南京湖南路上,有一幢砖木结构洋楼。今天看来,它既不巍峨高大,也不雄伟壮观,但它在民国史上却占据重要地位,是民国早期重大历史事件的亲历者和见证者,被国务院列为全国重点文物保护单位。这幢法国罗浮宫建筑风格的小楼,早期有个响亮的名字:江苏咨议局,始建于 1909 年,由张謇主持、通州师范学校测绘科和土木工科首届毕业生孙支夏设计建造。

中国第一个国际博览会"南洋劝业会"在这里举办,辛亥革命中宣布起义的十七个省的代表,在这栋楼里,商讨建立临时中央政府大事,推选孙中山为临时大总统,宣布改国号为中华民国,确定 1912 年为中华民国元年。1912

张謇主持、孙支夏设计建造的江苏咨议局大厦

年1月1日晚,孙中山在此宣誓就任中华民国临时大总统,江苏代表、后出任启东县首任县长的袁希洛向孙中山授总统印,于是,这幢大楼便有了"民国产房"的历史地位。三个月后,孙中山为南北和平大局所计,辞去中华民国临时大总统之职,在江苏咨议局会堂提交辞呈,行解职礼。时隔17年,孙先生重返江苏咨议局会堂,却安睡在灵柩里,国民政府在这里设公祭灵堂。

几乎整整一部民国史,就在由南通人设计建造的这座大厦里写就,许多重大历史事件的发生,都以这座洋楼作为背景。

孙中山宣誓就任临时大总统后的第三天,与中华民国实业部长张謇会面。两人聊了什么,史书没有记载,但张謇回去后,即以大生纱厂作担保,分两次向日本三井洋行借款,总计80万银元,帮助孙中山渡难关,如果没有这笔款项,民国政府顺利过渡将不可思议。对于这次会面详情,孙中山没有提及,张謇日记里只有"不知崖畔"四个字,这就给研究者留下很多想象空间,直接说这是张謇对孙先生的"讥评"。

既然是想象,那就一定还有别的空间,真相可以是这样的:

孙中山与张謇会面,有两个内容,一个是请张謇帮助国民政府筹款度难关，另一个是与张謇探讨建国方略。孙中山先生很尊重张謇，认为他是实实在在干实事且卓有成效的实干家，孙中山经常说自己"予不名一文也，所带回者革命之精神耳"，对于如何建国、治国，一直在思考与探索中。这次见面，孙中山当然不会放过当面与张謇探讨和征询建议的机会。肯定的，孙中山谈了他的设想，从"知难行易"的哲学思想出发，提出快速进行经济建设的宏伟纲领，包括建设16万公里铁路、160万公里公路；建立东、南、北三个美国纽约港那样的世界级大港；采取"开放包容"政策，实行对外开放，引用外资和技术发展中国的实业；全面提升民族自信，实现民族伟大复兴。

对于筹款一事，张謇立即照办；但对于孙先生的宏伟蓝图，张謇一时还拐不过弯，觉得过于宏大，脱离现实。张謇的理想是立足当下，放眼未来，一件事一件事地做，他要把南通建成未来社会的楷模，建成中国社会的标本。所以，他对孙中山先生所谈的，一方面觉得过于理想主义，另一方面，觉得自己境界还没达到如此高度，跟不上孙先生节奏，故而有些"不知崖畔"。

若如此看，那些说张謇"讥评"孙中山先生的判断，才真正是"不知崖畔"。

1917年至1919年，孙中山倾其所学，完成他毕生最重要的著作之一《建国方略》，这是他政治思想和建国思想的集大成之作，其中诸多篇章，对启东吕四进行了较为详实的阐述和规划，提出除了要兴建东方大港之外，还要在"扬子江口北边一点"建"吕四港"，计划建筑"吕四港南京线"铁路和"海岸线"铁路，构成中央铁路系统的一部分，以破解南通交通制约经济社会发展的瓶颈。孙中山先生写道：

> 此线由吕四港而起。吕四港者，将夹于扬子江口北端尽处应建之渔业港也。自吕四港起西行，至于通州，转西北行，至如皋，又西行至泰州、扬州、六合、南京。

吕四原来写作吕泗，写着写着，就写成吕四了。有关吕四的传说很多，吕四的地名就因为仙人吕洞宾四次来这里而得名。吕洞宾当年为什么来这凄风苦雨的黄海边,就不得而知。吕四是我国传统的四大渔场之一,盛产鲳鱼、大小黄鱼、带鱼、梭子鱼、海蜇、文蛤等两千多种海产品,吕四海蜇是中国国家地理标志产品,吕四的文蛤跟如东的文蛤同一族系,共享"天下第一鲜"的美名。有一传说:明正德皇帝喜爱到江南游春赏花,这年,他乘船驶进黄海,突遭暴风,漂流了三昼夜,直泊到吕泗(吕四)附近的秦潭村,又饥又渴的他便独自上岸觅食。

时值夜深,家家关门闭户,只有一扇窗口透出灯火,正德皇帝叩门进屋,说明来意。正在织网的渔家女子秦娥,便以一大碗大麦蚬子饭,一碗文蛤菠菜汤,予以款待。一见热气腾腾、喷香扑鼻的渔家饭菜,皇帝狼吞虎咽起来,特别是又鲜又美的文蛤菠菜汤,不但喝个精光,还连声赞道:"好鲜,好鲜,真是天下第一鲜。"

返回京城后,他总不忘那顿渔家饭菜,怒斥宫中御厨不会做菜。吓得御厨们踏上吕泗岛,请秦娥来到京城,教厨师做文蛤菜。皇帝吃得津津有味,又赐金银绢帛,又欲挽留,秦娥以家有老父需尽孝固辞,皇帝加封秦女,派官员护送回乡。从此,文蛤便以"天下第一鲜"而名扬宇内。

这段掌故显然很离奇,又是突遭暴风,又是独自上岸觅食,简直匪夷所思,所以,另一民间传说将主角正德皇帝换成乾隆皇帝,因为乾隆皇帝喜欢游山玩水踏春寻芳,这样,"偶遇"吕四就顺理成章些。殊不知,乾隆皇帝只钟情江南秀山丽水,而这里的盐碱之地,他根本就不屑一顾。不管怎样,黄海之畔的百姓很天真,也很真诚,必须让一个皇帝来赞一赞他们的海鲜,只有皇帝的金口玉言,才能使之名扬天下。

孙中山先生显然是了解吕四的,他不仅了解吕四,更了解南通,所以,孙先生在《建国方略》中把吕四规划进东方大港中来,把南通纳入沿海铁路大动脉中来。

从江河到江海的华丽转身

经济学家在考察中国城市发展历史之后，发现在闭关锁国政府治理下的海边城市，并不具备十分了不起的优势。南通，一个演绎沧海变桑田神奇故事的地方，一个长江三角洲地区的重要港口城市，一个长江流域物资运转枢纽，历史上与成为"东方大港"的机遇擦身而过，不能不让人感到遗憾。也许，南通离上海太近，不能与之相提并论，只能笼罩在上海的光环下。但是，历史上的南通曾有过骄人的辉煌，中国民族轻工业发祥地的地位，让南通拥有无数拥趸者。

毛泽东主席在新中国成立初期，与全国工商界人士畅谈时说过一番话：中国的民族工业不能忘记四个人，重工业不能忘记张之洞，轻工业不能忘记张謇，化学工业不能忘记范旭东，运输业不能忘记卢作孚。1895年张謇在家乡筹办的大生纱厂，开中国民族工业风气之先，奠定了南通在中国民族工业史上的地位，使南通作为当时中国现代化的样板，成为新生活的"模范城市"。

中国的民族轻工业，大凡有三大支柱，一纺织，二面粉，三缫丝。棉纺织业的发展程度，是一个地区、一个城市工业化水平的标志。选址在唐闸古镇的大生纱厂，是当时十九家华资纱厂中最成功的一家，南通率先进入工业化，一度领先江南，势头盖过无锡，直到20世纪20年代后期，江苏头号工业城市的桂冠，才移交给江南。

航拍南通通海港区集装箱作业区码头

    我们把 100 年前南通一度领先江南的风景，称作"昔日的辉煌"，铸造这段辉煌的南通工业化进程，是在垄断资本占绝对优势的情况下取得的，是特殊时代的"计划经济"，如果没有张謇的独立筹划和运作，没有他的宏观控制，没有自治理想变相的"准政府"行为，成就这样的辉煌几乎是天方夜谭。南通历史上的辉煌，正好与江南苏锡常工业发展中的竞争局面背道而驰，清末民初的苏南竞争经济，使其在单纯逐利的角斗中获得巨大利益，在背负着"经济动物"的恶名之下，达到可持续发展。而南通，却以它垄断经济的失败，凝固为舍身救世姿态和悲壮英雄形象。故此，胡适评说张謇：

    张季直先生在近代中国史上是一个很伟大的失败的英雄，这是谁都不能否认的。他独力开辟了无数新路，做了三十年的开路先锋，养活了几百万人，造福于一方，而影响及于全国。终于因为他开辟的路子太多，担负的事业过于伟大，他不能不抱着许多未完的志愿而死。

江苏地分江南江北，江南江北不仅仅是地域概念，也代表一种贫富概念。江南多为富庶之地，历来是"苏湖熟，天下足"的鱼米之乡；江北有苏中苏北平原，地域广阔，抵得上几个江南，但自从1128年南宋为阻止金兵南下，挖开黄河堤坝，迫使黄河之水改道，经河南、山东，流入江苏，夺淮入海，之后，整个江北的经济便一蹶不振，贫穷落后的帽子，再也没有摘掉过。南通毋庸置疑地处江北，却是江北最南端，离最为发达富庶的苏锡常咫尺之遥，历史上就有"小上海"之称，经济地位排名甚至超过江南某些城市，所以，南通人最不愿意被人叫作江北人。

这跟面子无关。整个江北，南通经济最发达，即使以苏南、苏中、苏北来划分经济区域，南通也是苏中经济区域的龙头。南通的经济崛起，对于整个江苏有着十分重要的示范意义，毕竟江北要比江南大很多，江北经济上去了，江苏的经济前途就无法限量。南通需要做打破江南江北差异的先行者，做江北经济区域的领头羊和排头兵。

其实，大自然对南通恩宠有加，赐予这片土地以富庶和收获：

在这里，旱了，可借助长江引流灌溉，涝了，可借依托长江排洪入海；

在这里，"黄金海岸"与"黄金水道"集于一身，200多公里的长江岸线和200多公里的海岸线，适合建数万吨级深水泊位；

在这里，海岸带面积广袤无垠，沿海滩涂是我国沿海地区土地资源最丰富的地区之一；

在这里，地下埋藏着丰富的矿产资源，已探明有铁矿、石油、天然气、煤、大理石等，这对于冲积平原来说，十分罕见；

在这里，适种范围广泛，盛产水稻、蚕茧、棉花、油料等作物，水产资源十分丰富，是全国文蛤、紫菜、河鳗、沙蚕、对虾的出口基地。

南通人说：给我一个支点，我可以撬动地球。重铸昔日辉煌，这是南通人的追求和理想。

南通需要一个机遇。

1984年3月，南通迎来建城千年以来最重要的高速发展契机：中共中央、国务院决定对沿海地区十四个城市大连、秦皇岛、天津、烟台、青岛、连云港、南通、上海、宁波、温州、福州、广州、湛江、北海实行进一步开放,设立经济技术开发区,以沿海开放城市的名义,成为我国全面对外开放仅次于深圳、珠海、汕头、厦门、海南以及喀什、霍尔果斯经济特区的第二个开放层次,为现代化建设发挥先导作用。

改革开放的春风,吹绿长城内外、大江南北,南通抓住沿海开发的机遇,实现华丽转身,从江河时代,迈向江海时代,演绎出荡气回肠的江海交融乐章。

从此时起,南通加快经济结构调整,在稳定发展农业、加快推进工业化、大力发展服务业的基础上,产业结构不断转型升级,迈入后工业化时代;

南通加速基础设施建设,形成公、铁、水、空交通立体网,"南通难通"的帽子抛还给历史;

江海开发全面提速,围绕陆海统筹、江海联动,大产业项目快速集聚,一批对南通发展具有重大拉动力的新兴产业,落户沿江沿海;

南通所属各个县(市)区均建立开发园区,海安、如皋、海门经济开发区和南通高新区,跻身国家级开发区,建成一批跨江、跨国合作园区;

南通地区国内生产总值(GDP)超万亿,跻身GDP万亿城市俱乐部,列全国大中城市前十九。

……

向海图强

什么地方位于江北却有江南之秀?
什么地方距京千里却也曾叫通州?
什么地方左窗可听海右窗涌江声?
什么地方城在水中坐人在画中游?

什么地方男也儒雅女也清秀?
什么地方风也轻快雨也温柔?
什么地方满目浓绿让人美不够?
什么地方酒醇汤鲜叫人醉个透?

我喜欢紫琅阁上把酒,
看雨打鲜荷听珠玉声稠。
我喜欢濠河水上行舟,
游处处名胜思代代风流。

……

位于中央创新区的南通大剧院和南通美术馆（右）

人们的笑脸告诉我，
那文明生活的渴望已经变成了每天的日子。
眼前一切告诉我，
那实业救国的梦想已经化入现代化建设的洪流！

南通，这就是南通。
让人来了不想走！
南通，这就是南通。
让人走了，就永远把她梦中留。

这是诗人曹勇抒情朗诵诗《濠河漫咏》里的诗段，描绘了南通的风貌，道尽了南通的风流。

确实，今天的南通，能让人放飞心情的地方很多：

可以到"海上长城"范公堤上徐行漫步，思接千载，抒发思古幽情，让思绪穿越时间隧道，去寻找盐民砌灶煮盐和抗击海潮的壮阔情景；可以到如皋千年古刹定慧寺沐手焚香，顶礼膜拜，脚步一拐，走进水绘园，去倾听冒辟疆和董小宛的爱情故事，或者去花木园欣赏"两弯半"小叶罗汉松盆景；可以到海安百脚街，踏访江北抗联的斗争足迹，在韩紫石公馆，聆听陈毅军长激情澎湃的演讲，在"七战七捷纪念碑"下，感受粟裕将军"战神"的才能；可以到启东，站在寅阳的礁石上深呼吸，看江苏最早的日出冉冉升起，然后去吕四港，看万帆启航，听渔家号子，吃炝文蛤，嘬醉泥螺；可以在黄海滩涂踩文蛤，跳"海上迪斯科"，放哨口风筝，披着晚霞，在海子牛晚归的铃声里，一路洒下收获的歌声；可以到海门，选一个退潮的清晨，乘快艇登上蛎蚜山，近距离观赏由贝壳组成的神奇礁石，感受大自然的鬼斧神工；可以登上八小佛教名山之首狼山，站在广教寺前，领略"长啸一声山鸣谷应，举头四顾海阔天空"之壮景，入庙拜谒大势至菩萨和僧伽大圣菩萨，让"狼山菩萨照远不照

南通兴东国际机场日出

近"一言成谶;还可以到濠河泛舟,跟随悠悠清流一路参观博物馆群,眺望北极阁的伟岸,倾听天宁寺的晨钟暮鼓,观赏沿河两岸万家灯火,感叹这条全国保存最为完整的古护城河的秀美,以及南通古城这条"翡翠项链"的特有韵味。

花向江南去,风从海上来。乘风潮头立,扬帆正当时。

一百年前,孙中山先生亲手为南通描绘的宏伟蓝图,经过几代人的努力,已经成为现实。吕四不仅是我国重要的渔业港口,而且已是上海北翼临港产业基地和物流中心,产业涉及到高端装备制造、新材料、新能源,物流涉及到粮、棉、油、糖、冷链、汽车及零配件,成长为黄海之畔生态宜居的新型海港城市。更为重要的是,作为国家"一带一路"连接点、长江经济带战略支点、"长三角"港口群核心枢纽之一、上海国际航运中心北翼集装箱干线港,以洋口港、通州湾、海门港、吕四港共同组成的"大通州湾",成为国家海陆空大运输新的出海口,上承海上丝绸之路的历史地位,下启未来的历史辉煌。

向海图强,逐梦蓝海,迈向江海新时代。世世代代生活在这片年轻土地上说江淮官话、吴地方言、孤岛语言的江海儿女,从海上丝绸之路新出海口出发,扬起风帆,破浪前行,驶向深蓝。

大事记

· 6000余年前，南通西北部扬泰岗地外缘成陆，开始有人类氏族部落在这里繁衍生息。

· 隋前，胡逗洲逐渐成洲，洲上多流人，以煮盐为业。

· 汉元狩六年（前117）置临海郡，辖海陵等29个县，今海安地域为海陵县辖地。

· 东晋义熙七年（411），置宁海（今海安曲塘）、如皋、临江、蒲涛（今如皋白蒲）县，属南兖州（今扬州）。

· 南朝宋泰始七年（471），析宁海县西部另立海安县，不久撤销。

· 隋开皇三年（583），如皋县并入宁海县，后并入海陵县。

· 唐乾符二年（875），于胡逗洲设狼山镇，归浙江西道节度使管辖。

· 南唐保大十年（952），升海陵县如皋场为如皋县。

· 后周显德五年（958），设置静海军，后改通州，领静海、海门二县，始筑州城，立四门，开挖环城濠河和穿城市河，濠河内连市河，外接盐运河，通江达海。

· 元至正十五年（1278），通州升为通州路，6年后恢复为州。

· 明洪武元年（1368），通州直管静海，领海门、崇明二县；又八年，崇明改隶苏州府。

·清康熙十一年（1672），海门境大部坍塌，废县为乡，并入通州。

·清雍正二年（1724），通州升直隶州，划泰兴、如皋二县归通州管辖。

·乾隆三十三年（1768），划通州19个沙、崇明11个沙和新涨10个沙，设海门直隶厅。

·中华民国元年（1912），通州废州设县，改称南通县，废海门厅，设海门县。

·民国十七年（1928），原属崇明县的外沙置启东县。

·民国二十三年（1934），南通城设江苏省行政第七区专员公署，辖南通、如皋、海门、启东、崇明五县。

·民国二十五年（1936），苏七区改为苏四区，增辖靖江县。

·民国三十二年（1943），划东台、泰县、如皋三县部分地域设置紫石县，1948年改称海安县。

·1945年，如皋西乡的如西县复名如皋县，如皋东乡的如皋县定名如东县。

·1949年2月，中国人民解放军攻占南通城，南通全境解放。

·1953年1月，重建江苏省，南通市改为省辖市，同时建南通专区。

·1983年3月，南通地市合并，地区行政公署撤销，南通市实行市管县体制。

·1984年，南通被列为全国十四个沿海开放城市之一，驰上经济发展快车道。

·2020年，南通地区生产总值突破万亿元。

后　记

　　这一说，已是60余年前的事儿了。

　　初夏的夜晚，凉风习习。南通城东南濠河的小桥畔，泊着一艘乌篷小船，船尾堆着一些铁匠使唤的家什，风箱、铁砧、铁钳、锤子和已打造好了的火钳、菜刀等，前甲板上一只竹篾盘篮里，酣睡着一个皮肤黝黑的男孩儿，一对年轻夫妇分别依靠舱门而坐，俯视熟睡的幼儿，满眼慈爱。

　　这是一条铁匠船，船行到哪儿，就在哪儿靠岸，打铁的家什伙儿往河岸上一搬，支起炉子，架起风箱，自然就有人前来订购铁具，什么钉耙、锄头、斧头、菜刀、铲刀，一应农具和日常用品。生意好就多呆，生意淡了，扯起船帆走人，换个地方继续打铁。

　　俗云，"世上有三苦，行船打铁磨豆腐"，这对夫妇，苦了三苦中的两苦。三伏里，顶着毒日头，烤着炉火，挥着十八磅的铁锤，汗水随着叮叮咚咚的敲打声摔在地上，一摔十八瓣；数九天，操起结着冰碴的竹篙，敲开船头河面的冰块，艰难地撑船缓行，两只手背布满冻裂的口子，撕心裂肺地疼。就这样，从时属扬州今属泰州的兴化市戴南镇，一路行，一路停，来到南通谋生，停靠在南通师范学校旁边的小桥下。

　　这座桥有个名字，叫"怡桥"，说是张謇所建。当年，张謇为了方便师范学校的学生到博物苑参观学习，在师范学校与博物苑之间筑了一道坝，坝中间开了个豁口，让河水流通，豁口上建桥。此时，张謇45岁刚刚得子，取名怡祖，字孝若，意思是晚年得子，祖宗都开心，于是将这桥叫作"怡桥"。后来，师范学校师生在桥上建亭，名"怡亭"，以纪念师范学校教育家顾怡生。

又一阵轻风吹来，河岸柳树枝条微拂，河水拍打着船帮，小船轻轻摇晃，皎洁的月亮蹲在柳树梢向下俯瞰。不远处，南通师范学校里传来一阵丝竹管弦音乐和学生唱歌的声音，小夫妻俩听着听着，陶醉了。半晌，女人摸了摸孩子的脸庞，叹了口气，说，什么时候我们的孩子才能过上这样的日子！

男人听了一愣，他跟着也摸了摸孩子的脸庞，此刻，一个重大的、改变一生命运的决策在心底产生。

第二天，男人寻人卖掉船，把家什搬上岸，在城北通扬运河猫儿桥边组建生产合作社，水上人家不再漂泊，在古城南通安了自己的家，他和他的后人成了新南通人。

不用再说了，这对夫妇就是我那年轻时的父母。

我提这段往事，只是想说，如果没有那晚师范学校的丝竹管弦之声，没有母亲那一声叹息，没有父亲所作的重大决定，我就不会成为南通人；我如果不是南通人，就不会有与这本《南通传》的缘分。当这本书杀青的时候，首先浮上我脑海的，是父亲直至记忆力衰退到认不出人，却依然能清晰讲述的这段往事。我想以此书感谢我年轻时的父母，致敬我今已年迈的母亲，告慰我远去的父亲。

可是，多少年来，我跟我的父母不一样，他们很快便融进这方土地，就像所有因为各种原因迁徙而来的移民一样，成为说着里下河口音的南通人；而我，记忆依然停留在他们给我讲述的那晚情景之中，心在路上，念在远方。直到那一天，女儿当了母亲的消息传来，我突然觉得，我的上上辈和我的下下辈，与脚下的这片江海冲积沙土，早已在冥冥中结下不解之缘，我就像海边的一棵"蓬蓬树"，根深深地扎在土壤下，身上布满斑驳的苔痕。远处的故乡，早已成为闻名遐迩的不锈钢城，人们不再以鄙夷的眼光打量那常因水患四处逃难的人群，而我终于像鱼儿一样，安之若素、怡然自得地在濠河畅游。

也许，我不是为南通作传的最佳人选，我对南通这片古老而又年轻的土地了解并不深；何况，在此之前，南通还没有一本全景式描写历史的书籍。当然，这本书也做不到这一点。说到这儿，我要感谢几个人，首先是南通报业传媒集团朱一卉，以及南通市委宣传部黄正平、南通大学艺术学院吴耀华诸位先生，是他们的极力推荐和鼓励，让我增添信心；其次，是外文出版社编辑蔡莉莉老师，在我写作过程中悉心指导，让这本书稿尽量少留遗憾，指导我的，还有我的老师张松林先生；还有就是南通大学钱健教授，虽然我与他较少谋面，但我从他发表在报纸上的文章中知道，南通在历史上从来就是海上丝绸之路的重要节点，南通本土文化历来就有浓郁的海上丝绸之路色彩，只是一直被人们所忽略。

钱健教授在文章里说，南通的海上通道早在新石器时代便已开辟，海安青墩遗址发掘的部分陶器，明显受到西亚、北非和印度洋沿岸文明的影响，日本弥生文化早期遗址如板付、凌罗木等发现的稻作遗存，均与青墩、龙虬庄遗址的稻作遗存相同。南通外海具有得天独厚的季风和洋流优势，冬季偏北风，夏季偏南风，外洋南北向和东西向的洋流均在南通外海汇合，在长江口以东约100多公里处，形成洋流回旋中心，有经验的水手可以顺着洋流前往东、南、北不同方向：从南通江口出发，向东可达日本长崎、韩国仁川；向北可达塘沽、营口，穿过朝鲜海峡、对马海峡进入日本海；向南可至浙闽两广、东南亚、印度洋。所以，南通的海上丝绸之路并不局限于东海航线与南海航线，而是四通八达。

历史上，南通与海上丝绸之路的重要事件和人物很多，日本高僧藤原清河、圆仁，朝鲜"东国儒宗"崔致远，在南通登陆，由此北上扬州，进入大运河直达长安；东汉末年吕岱遣使南洋，是中国第一次派遣官方使团出使东南亚迤西诸国；元初朱清取海道经通州江海沙洲抵达大都，成功开辟海上漕运航线；张謇奉行"渔权即海权"思想，开展国际航运活动等。更为重要的是，南通作为一座滨海城市，南通人吃的、穿的、用的、民间信仰等，都有海上丝绸之路传来的异域基因，如东的祭神舞蹈"跳马伏"，源自巴基斯坦信德地区杀魔信仰；狼山广教寺奉祀的开山祖师泗州僧伽和尚，从西域何国经陆上丝绸之路入唐，其"大圣崇拜"则沿海上丝绸之路，东传到日本、朝鲜；建于唐代的天宁寺大雄之殿六根十二瓣瓜楞柱，源头是罗马帝国的"束柱"。至于南通人餐桌上的食物，很多来自东罗马帝国、阿拉伯国和近代欧洲传来与本地特产杂交品种，像海门香芋、狼山鸡，都是海上丝绸之路交流的典型代表。

我之所以梳理一遍钱健教授的观点，是因为他所说的那句话：南通海上丝绸之路的重要地位，长期以来一直被人们所忽略，造成这一现状的原因，是我们的祖先没有留下多少文字记录，因而很难见诸正史。这句话，让我有了试一试的冲动，说大点，就是钱教授唤醒我内心重拾南通"海洋文明"历史脉络和文化根基的欲望，这欲望的原点，早已在那晚师范学校丝竹管弦声中蛰伏下来。

当然，内心的沸腾并不能代替一切，仅凭对南通历史片鳞半爪和碎片化的记忆，显然力所不逮，唯一的只有恶补学养之不足。在这期间，江海文化研究会沈玉成、南通市委党史办原主任吴声和、南通市文联陈霞等，给我提供了大量资料，顺着历史的脉络，我开始梳理思路。《南通传》是一本地方史传，不是地方史志，应当是在基于并且忠于史料的基础上，允许文字上的自由和场景上的想象，用史学的严谨和文学的跳脱来谋篇布局。本书的结构，诗人仇红给了个戏谑的形象的名词"拧麻绳式"：依照历史的脉络，像刺绣前劈线一样，将发生在江海大地上的事件、人物、风物等，劈成一根根麻线，以这些麻线为经，围绕着它们把与之相关联的史料绞合一起，搓成一股股麻绳，麻绳与麻绳之间既相对独立，又互相关联。如果换种比喻，每一个章节就是一棵树，树干伸开许多丫杈，一棵棵独立的树，排列成一片森林。

现在回过头来看，书的前半部分写起来相对自由、轻松一些，因为，先人留给我们的文字记录太少，史前记载甚而是空白，记录南通北部最早的文字是"鲁哀公会卫侯于郧"八个字，而且是从清同治元年（1862）所立的今海安立发桥碑文上抄下来的；记录南通南部最早的文字是狼山北麓园题名坡石刻"天祐三年□月十四日东洲静海都镇遏使姚存上西都朝觐迥到此"26个字，这正好给复原历史场景、复活人物形象留下许多空间；书的后半部分，史料渐渐丰厚，可资参考与借鉴的史实多起来，反而从史料中跳不出来，笔墨凝滞。于是，我对初稿作了大刀阔斧的砍斫，砍斫四万余字的枝枝叉叉，最终形成如今挂一漏万的文字。

如果是一本通史稿或全史稿，此书显然空白点太多。不过，此书旨在重现与探索南通历史的走向、凝视南通海上丝绸之路的历史，故此，她在我心目中是一位骨感美人。

图书在版编目（CIP）数据

南通传：江海门户 / 黄俊生著． -- 北京：外文出版社，2023.8
（丝路百城传）
ISBN 978-7-119-13313-3

Ⅰ．①南… Ⅱ．①黄… Ⅲ．①文化史－研究－南通 Ⅳ．①K295.33

中国版本图书馆CIP数据核字（2022）第246806号

出版指导：陆彩荣
出版统筹：胡开敏　文　芳
责任编辑：蔡莉莉　祝晓涵
装帧设计：冷暖儿　魏　丹
封面制作：北京凤焉图文设计工作室
图片提供：视觉中国　黄俊生　等
作者肖像：张健生
印刷监制：章云天

南通传
江海门户

黄俊生 著

©2023 外文出版社有限责任公司
出　版　人：胡开敏
出版发行：外文出版社有限责任公司
地　　址：北京市西城区百万庄大街24号　　邮政编码：100037
网　　址：http://www.flp.com.cn　　电子邮箱：flp@cipg.org.cn
电　　话：008610-68320579（总编室）　008610-68996167（编辑部）
　　　　　008610-68995852（发行部）　008610-68996185（投稿电话）
印　　刷：北京盛通印刷股份有限公司
经　　销：新华书店 / 外文书店
开　　本：710mm×1000mm　　1/16
装　　别：精装
字　　数：300千
印　　张：23.75
版　　次：2023年8月第1版第1次印刷
书　　号：ISBN 978-7-119-13313-3
定　　价：92.00元

版权所有　侵权必究　如有印装问题本社负责调换（电话：68996172）